私立大学に何がおこっているのか

―― 「成長」を超えた「発展」か、忍び寄る「破綻」か ――

岡本史紀 著

成文堂

はじめに

「大学倒産の時代がやってくる」、このようなショッキングなタイトルが目に飛び込んできた。今なら決して違和感はない。しかし時代は30年前の1986（昭和61）年である。タイトルの後にサブタイトルとして以下の文章が続く。
―― 昭和60年代の後半には18歳人口が減少し始める。現在不人気な大学は、そのとき生き残れるか。10年後、あなたの母校はなくなっていないか ――

これは中央公論1986（昭和61）年11月号の記事だが、執筆者は丹羽健夫（当時：河合塾進学教育本部長）、黒木康之（当時：河合塾教育情報部次長）である。その当時、米国での大学倒産は以前から伝えられていたが、我が国では18歳人口がピークを迎える前で、多くの大学が拡大路線を選択しようとしていた時代である。この記事は人口減に入る昭和の60年代後半から70年代にかけて問題は深刻であるとして、どんな大学が危ないか、調べてみたらあまりにも多いので呆然としたとのことで始まっている。

それから10年、1996（平成8）年6月21日放映のNHKクローズアップ現代にも「試練の私大経営」として少子化・大学倒産時代の到来について取り上げられ、それへの私学の取組みを中心に番組が構成された。そこには芝浦工大の給与体系見直し委員会の様子が紹介されていた。最近、何人かでその映像を見る機会があったが、多くの者の印象として20年前の番組にもかかわらず、今の時代にも十分通用する内容であったとの感想であった。それは私立大学の危機的状況は昔も今も変わっていないということである。ただ、21世紀に入って危機的状況は以前と比べて確実に進行している。

第1章「私立大学を取り巻く厳しい経営環境」では18歳人口減少を軸とした厳しい環境は広く一般に語られているところだが、筆者は特に大学進学率の地域格差に注目した。最近の入学定員超過抑制の動き、定員割れの三要因

と言われている「地方・小規模・新設」など私立大学の規模，立地にかかる構造的問題，学費改定の動き，奨学金問題，キャンパス都心回帰，地方出身者の東京離れ等についても言及する。一方，新卒解職率３年で３割強，雇用の４割非正規社員という就職・雇用状況は，米国と同じように大学での教育は学生個人にとって必ずしも有利な投資ではなく，むしろ割に合わない消費にすぎないとの風潮が危惧される。

これらの諸状況は私立大学にとっては逆風で，「再生・発展」か「破綻」かの分かれ目の原因にもなる。これらに起因した大学の危機が18歳人口の減少以前に起こっても不思議ではない。最後に米国における1970～1980年代の人口減少期における現象と大学の対応について紹介する。

従来は危機的状態，破綻状態として参考に挙げられる事例校の多くは極めて特殊な大学，学校であり，いわゆる普通に，堅実に運営していた大学，学校がそのような状況に陥ることは稀なことのように見えていたが，今後はそうとは言い切れない。

第２章「大学倒産時代の始まり」では2000（平成12）年以降の大学破綻事例にふれて，それを契機とした文部科学省，私立学校振興・共済事業団の破綻などの危機が迫った大学に対する対応策を紹介。当事者である私立大学として，日本私立大学連盟の委員会の経営困難回避案を紹介する。さらに私立大学の経営破綻事例として，破産から解散，私的整理（募集停止，他法人への事業譲渡）という選択，学生募集停止という選択，等の３事例を紹介する。

第３章から第５章までは３章纏めて破綻の淵からの再生例である。先ず第３章ではマネジメント・ガバナンス的な側面，第４章では人事政策を中心とした財務的側面，第５章では教員人事政策を中心として人事的側面から述べている。特に第４章，第５章は私立大学にとって普遍的な課題である。ここの詳細については拙著「私学の再生経営」（成文堂既刊）を参照して頂きたい。

第３章「破綻の淵からの脱出例」では1970年代，財政が自転車操業状態にあった芝浦工大の再生への道筋を，財政状況の推移に沿って破綻回避について詳述する。

第4章「人件費比率92％から40％への奇跡」は厳しい経営環境のもと，多くの私立大学では収入増策はなかなか実現が難しい。そうした中で，今後取り得る経営改善の方向として支出抑制策がある。支出の過半は人件費で占められており，その人件費の適正化が今後，私立大学にとっては最大の課題である。ここではある大学で如何にして人件費比率を92％から40％前後まで減少させたか，給与を半減しても足りないような人件費の削減が，給与を上げながらどのように実現できたかについて述べる。併せて人件費比率減少過程における定年引き下げなど諸施策についても取り上げた。

　第5章「再生の鍵は教員人事」は前章に引き続いて人件費の過半は教員人件費であることから，教員人事政策について述べる。経営改善という観点からは教員人件費の適正化は主要課題であるが，大学の本業である教育・研究と教員人事は密接な関係にあり，この点からも最重要課題である。法人経営に直結する学生募集は教育の活性化と大きく関係し，その点も勘案して教員人事政策を進める必要がある。

　第6章「低迷する女子大，再生に向けて」では低迷している私立大学の代表として，地方の私立大学と共に女子大を取り上げる。ここでは厳しさを増している女子大の低迷の主因と再生の方向性について述べる。第2章の破綻の事例校の内2校は女子大，第7章で紹介する改革の事例のうち2校は前身が女子短大である。これは女子短大が共学化した後にも新たな試練が待ち受けていたことを示している。1995（平成7）年以降女子短大数は女子の高等教育機関への進学率上昇に伴って，急激に減少し，その多くは4年制女子大，もしくは共学化し大学となった。その時期は18歳人口減少期と重なり，さらに近年の大学の新設・認可も重なり大学間の競争はより激化した。

　第7章「地方の私立大学の挑戦」は文部科学省が定員割れ私大の主要な3要因としている「地方・小規模・新設」に該当する地方の厳しい環境の中で，挑戦している3私立大学の改革への取組み事例を紹介する。いずれも再生・発展途上の事例であり，メディア等で改革への取り組みは注目を集めている。

　最後の第8章「私立中学・高校のパラダイムシフト」は，今までの大学

法人とは異なり，それ以上に経営環境が厳しい高校法人で，パラダイムシフトが起こっている最近の私立中高の異変について述べる。全国で私立の高等学校の多くは定員割れを起こしており，私立大学より事態は深刻である。最近，全国で私立の5高校法人が破綻して，民事再生の対象校となった。その内2校は千葉県にある。その学校の破綻原因，千葉県の積極的対応，それとは対照的な東京で起こった中学入試の奇跡的事例を紹介する。

筆者は私立大学の再生，発展にとって，時代を先取りする特色ある教育（学科，学部など），即ち教育（大学）の個性化，及び時代の変化に対応可能な組織，すなわち柔軟な教学組織が重要な要因であると考えている。

3年前の拙著「私学の再生経営」では，芝浦工大の破綻の淵からの再生について，35年間の経緯を，再生施策と大学財政への効果を軸に述べた。今回は一つの大学に注目するのではなく，18歳人口減少と共に影響が危惧される大学進学率低下等々，私学の危機が叫ばれる時代に，成長を超えた「再生・発展」か，忍び寄る「破綻」かという状況に直面している私学関係者の益々の奮起を期待し，再生・発展の指標となるべく本書を提案したい。

最後に本書の刊行に際して，編集等で大変お世話になった株式会社成文堂編集部の飯村晃弘氏，さらにご協力を頂いた日本私立大学連盟事務局の山下隆一氏，そして常日頃から，ご支援・ご協力を頂いた日本私立学校振興・共済事業団私学経営情報センター長の谷地明弘氏はじめ同センターの方々，ならびに今回の執筆でご多忙のところヒアリングにご協力頂き，併せて資料等を快くご提供頂いた関連大学の方々には心より感謝申し上げる。

2016年4月

目　次

はじめに

第1章　私立大学を取り巻く厳しい経営環境　1

大学進学率における地域格差の拡大　1
私立大学の規模・立地による構造的課題　6
大都市部の私立大学入学定員超過率の抑制政策　7
大学の生き残り競争時代の到来と「2018年」問題　13
大学進学率は今後上昇するか　16
キャンパス都心回帰は神話たりうるか　17
私立8大学，公立大学へ移行　22
学校法人合併の動き　23
私立大学の学費──高止まり，そして相次ぐ値上げの動き　23
格差社会が学生・保護者に及ぼす影響　26
不況の影と進む東京離れ　27
人生の重荷となる奨学金返済　28
大学への補助金の効果　30
女子の受け皿で増える傾向，准看護師養成校と短期大学3部　30
3年で3割強の新卒解職率，雇用の4割非正規社員　31
米国の人口減少期に於ける大学の対応策　32

第2章　大学倒産時代の始まり　37

予想もしなかった大学倒産　37
文科省による学校法人の経営破綻対策　38
私学事業団による具体的対応策　41
私立大学当事者の経営破綻回避策　47
私学の返済延滞増加　52
私立学校法の改正──危機的状態にある学校法人への行政措置　53
最近の私立大学破綻事例　55
　(I)　解散　55

	破綻の経緯 ………………………………………………………	55
	破綻法人の財務状況………………………………………………	56
	転学支援 …………………………………………………………	60
	解散命令に至る背景………………………………………………	61
(II)	私的整理──大学募集停止，他法人への事業（カリキュラム・在学生・教員）譲渡 ………………………………………………	61
	破綻の経緯 ………………………………………………………	61
	経営困難校の財務状況 …………………………………………	62
(III)	大学募集停止 ……………………………………………………	66

第3章　破綻の淵からの脱出例 ……………………………… 69

困難さを増す私学経営 ………………………………………… 69
経営破綻の淵に立った私立大学の財務状況と問題点……………… 70
破綻の淵からの再起 ……………………………………………… 73
補助金の復活など社会的信頼の回復，学費の倍額近い改定 …… 74
「繕い」から「創造」へ ………………………………………… 76
教学改革，併設校改革もスタート ……………………………… 77
財政危機からの脱出……………………………………………… 78
破綻回避 ………………………………………………………… 84

第4章　人件費比率92％から40％への奇跡……………… 87

私立大学における人件費構造改革 ……………………………… 87
人件費比率92％から40％へ …………………………………… 88
如何にして収入増を実現したか ………………………………… 91
収入を増やしながら支出を抑制する …………………………… 95
人件費適正化の諸施策…………………………………………… 96
人事給与制度改革 ……………………………………………… 98
能力と責任に見合う人事給与制度へ …………………………… 99
学費負担者の支払い能力を考慮した給与のあり方……………… 101

定年年齢変更の経緯 …………………………………………………… 102
　　選択定年制度の導入 …………………………………………………… 102
　　定年制度の見直し・新定年制度の必要性 …………………………… 103
　　定年引き下げの実施 …………………………………………………… 109
　　新定年制度の骨子及び代償措置 ……………………………………… 111
　　定年年令確認請求事件 ………………………………………………… 112
　　定年年齢引き下げ訴訟の勝敗のポイント …………………………… 117

第5章　再生の鍵は教員人事 …………………………………………… 121
　　教員人事政策をめぐる私立大学における課題 ……………………… 121
　　教員採用（人事）の背景 ……………………………………………… 122
　　教員人事改革に関する基本事項 ……………………………………… 124
　　採用方法の具体的改善策 ……………………………………………… 128
　　教員採用人事の本格的検討 …………………………………………… 131
　　教員人事政策改革案 …………………………………………………… 132
　　教員定数決定，教員人事委員会設置，教員人事改革実施へ ……… 133
　　教員候補者選考委員会 ………………………………………………… 136
　　財政状態（学費収入）に基づく教員定数の算出 …………………… 136
　　定年引き下げと再雇用制度 …………………………………………… 139
　　定年制度改革，教員人事政策の効果 ………………………………… 140
　　龍谷大学における人件費枠の設定 …………………………………… 143
　　非常勤講師と労働契約法の改正 ……………………………………… 144

第6章　低迷する女子大，再生に向けて ……………………………… 147
　　「2018年問題」と女子大・女子短大 ………………………………… 147
　　戦前の女子教育の歩み ………………………………………………… 148
　　戦後の女子大，女子短大誕生 ………………………………………… 149
　　女子の進学率向上と女子短大全盛期 ………………………………… 151
　　女子短大への進学率急減と女子大離れ ……………………………… 154

女子の社会進出と総合職志向 ……………………………………… 157
　　女子の職業観の変化 …………………………………………………… 159
　　女子大における教育 …………………………………………………… 161
　　女子大の低迷 …………………………………………………………… 164
　　女子大付属中学高等学校の変遷 …………………………………… 166
　　女子大の共学化 ………………………………………………………… 167
　　社会は女子大に何を求めているか ………………………………… 171
　　短大で発展し，薬学などの理系分野に挑戦した武庫川女子大学 ……… 175
　　女子大の今後は ………………………………………………………… 180

第7章　地方の私立大学の挑戦 …………………………………………… 181
　(Ⅰ)　"個性が輝く大学"を目指して…崖っぷちからの脱出大作戦
　　　（長岡大学） ……………………………………………………… 181
　　生き残り戦略 …………………………………………………………… 181
　　面倒見の良さと地域の教育力活用 ………………………………… 183
　　定員割れでも黒字実現 ………………………………………………… 184
　　第2次危機到来 ………………………………………………………… 186
　　学生募集の大転換，再び志願者増加，定員増へ ……………… 187
　(Ⅱ)　地方・小規模をメリットに，教職一体で取り組む共愛グローカル
　　　プロジェクト（共愛学園前橋国際大学） ……………………… 189
　　学生中心主義，地域との共生，ちょっと大変だけど実力がつく大
　　学 ………………………………………………………………………… 189
　　先進的な教職一体ガバナンス，スタッフ会議とセンター制度 …… 191
　　学生募集の試練 ………………………………………………………… 193
　　コース制と特待制度の導入 ………………………………………… 194
　　入試のV字回復と経営改善 ………………………………………… 197
　　共愛・グローカルプロジェクトの深化 …………………………… 199
　(Ⅲ)　5学部統合1学群化と教学ガバナンス改革（札幌大学） ………… 201
　　学部再編改革の背景 …………………………………………………… 201

改革の第一歩 …………………………………………………… 203
　　　5学部6学科から1学群1学域への再編 ……………………… 204
　　　学群化と教学ガバナンス改革 …………………………………… 206
　　　教学組織改編に対応した事務局組織 …………………………… 209
　　　今後の改革の方向………………………………………………… 210
　⑷　3私立大学の挑戦から見えてきた大学改革の方向 ………………… 211

第8章　私立中学・高校再生のパラダイムシフト ………… 215
　私立高等学校を取り巻く経営環境 ………………………………… 215
　首都圏の私立中学の入試動向 ……………………………………… 216
　高校法人の財政課題………………………………………………… 217
　人件費に配慮した教員人事 ………………………………………… 219
　千葉県の私立高校経営破綻，特待生制度響く　負債5億円超す ……… 223
　千葉県の積極的対応，学校法人に特別検査実施………………… 224
　存続へ，横浜市の法人が引き継ぐ ………………………………… 225
　苦しい私学，補助金頼み…………………………………………… 225
　地方で経営破綻など続出，千葉でもまた ………………………… 226
　奇跡が起こった，入学者22名から223名へ急増
　（三田国際学園中学校・高等学校）……………………………… 228

参考文献　233
おわりに　237

第 1 章

私立大学を取り巻く厳しい経営環境

　本章は私立大学を巡る厳しい経営環境で大学進学率の地域格差を取り上げる。さらに私立大学が抱える規模・立地にかかる構造的課題，入学者の定員超過率の抑制政策などを取り上げ，学費の問題，保護者の経済負担，奨学金支援状況などを述べる。こうした諸状況にどのように私立大学が臨むか，「発展」か「破綻」かの分岐点に私立大学は今，立っている。加えて1980年代に人口減少期を迎えた米国の大学の対応策を紹介する。

大学進学率における地域格差の拡大

　大都市と地方で高校生の大学進学率の差が広がっている。文部科学省（以降，文科省と略す）の調査から都道府県別で最上位と最下位の差は40％，過去20年で２倍になった。家計状況と大学の都市集中が主因と見られる。住む場所の違いで高校生の進路が狭まりかねず，経済支援の充実などを求める意見がある。2015（平成27）年春は全国で106万8,989人が高校を卒業，大学には52万2,656人が入学，進学率は51.5％だった。表1.1及び図1.1は都道府県別の大学進学率を示すが，東京都の72.8％が最高で，次いで京都（64.4％）神奈川（54.9％）など。最低は鹿児島の35.1％で，低い順に岩手（35.5％），青森（36.3％）など。40％未満は14県だった。

　進学率は20年前に比べて全都道府県で上昇し，全国平均も32.8％から18.7ポイント伸びた。一方，都道府県別の最大差（進学率が最高の東京と最低の県との差）は広がり，1994（平成６）年の19.4ポイント（東京40.8％と沖縄21.4％）

の2倍になった（図1.2参照）。拡大の一因は大都市圏での進学率の急上昇である。20年間で東京は32ポイント，京都は27ポイント，神奈川は25ポイント伸びた。下位地域は伸びが鈍く，20年間で鹿児島は8ポイント，岩手は16ポイント，青森は17ポイントだった。伸び悩む地域には，県民所得の低い地域も多い。また大学進学率の男女差も地域によって異なる。2015（平成27）年度の大学進学率の男女差は2014（平成26）年度に続いて北海道が全国1位で1.40倍であった。

　最近，朴澤氏によって大学進学率の地域格差の変化に関して興味ある報告がなされた。大学進学率の地域格差拡大の背景について分析したものである。進学率の変化に関係すると思われる3つの要因について調べた。3つの要因とは出身県の家計所得，大学の収容力，大卒労働者数の規模である。先ず，家計所得の伸びが大きい県ほど進学率の上昇幅も大きいと考えられる。2つ目の要因たる大学の収容力とは大学の所在県の入学者数を3年前の中学校卒業者数で除した値で定義する指標を用い，これは地元の進学機会，つまり18歳人口に比した出身県内の大学教育供給量を示す。最後の要因である出身県における大卒労働者の規模を若年（20～24歳）「相対就業者数」という指標（大学・大学院就業者数を，高校卒就業者数で除した値）で表現して，1990（平成2）年と2010（平成22）年の2時点間差を算出した。他の2つの要因も20年間の2時点間差でみて，進学率との相関を調べたものである。結論としては男女別の大学進学率の地域格差について見ると，家計所得は男女とも殆ど関連性はなく，大学の収容力については男子より女子の進学にとっては重要な要因となり，男女とも大学進学率に関係するのは出身県における大卒労働者数の規模であるとの報告がなされている。

　地域によって広がる大学進学率の差は，能力があるのに進学できないという状況を生んでいる。大学の少ない地域から，大都市圏の大学を目指す高校生を持つ家庭には下宿代などの経済負担がのしかかる。「本当は大学行きたいのだけど，親から言われたのだよね」。青森県の高校で進路指導を担当する教諭は3年生の女子生徒が冗談めかした言葉に切なくなったとの新聞記事があった。

隣の秋田県は，小中学生の全国学力調査で上位の常連だが，高校生の大学進学率は42％で全国平均を下回る。高校生の大学進学率の下位10道県の1人あたりの県民所得は30～40位台だった。全国大学生協連合会の調査では，下宿生の生活費は約12万円，自宅通学より平均6万円多い。家賃が高い大都市での下宿はさらに経済的負担が大きい。

自宅から通うにも地方は大学が少ない。文科省の調査結果によると，大学進学率の下位10道県では2014（平成26）年春，地元大学に入学した総数は，各道県の高校卒業生数の10～30％台。高校生に対して大学の数が少ないことが浮き彫りになった。

大学進学者の中で地元の大学に入った高校生の割合は，2012（平成24）年度の調査によると47都道府県のうち38都府県で10年前より増えていた。地元進学率が全国最高なのは愛知（71％）で，10年前より2ポイント，20年前より15ポイントも増えた。次いで10年前は全国1位だった北海道が70％で2位，さらに福岡（64％），東京（63％），宮城（58％）などが続いた。一方，この10年間で地元進学率が最も伸びた都道府県は群馬で，19％から30％になった。今や群馬では，東京より県内の大学を選ぶ生徒の方が多い。ほかにも滋賀，宮崎，石川，徳島で，地元の大学に進んだ生徒の割合が10ポイント近く増えた。

一方，大都市圏では大学の集中が進む。東京都内の大学に入学した学生は，都内の高校を卒業した生徒数の1.4倍。数字上に地元の高校生が全員進学できる状態である。京都府も同様，南関東の4都県や大阪と兵庫を含めた3府県に広げても，高校卒業生数に対する地元の大学入学者数の割合は，20年前より大幅に伸びていた。大都市圏では国公私立を問わず，高校側の進学熱も高い。少子化が進む中，若年人口が多い都市部に大学が集まるのは当然である。学生は語学学習や資格取得など将来に備えた学外活動をしやすい都市の大学に目が行く。一方，競争の激化で特色のない大学の多くが定員割れという事態も生まれている。

表1.1 都道府県別の大学進学率（％）（2015年（平成27）年度）

	合計	男子	女子	男／女
北海道	41.6	48.3	34.5	1.401
青森県	36.3	38.3	34.2	1.122
岩手県	35.5	37.9	33.1	1.144
宮城県	46.0	40.6	40.0	1.121
秋田県	37.5	39.9	35.1	1.137
山形県	38.8	40.9	36.6	1.117
福島県	37.8	40.7	35.0	1.163
茨城県	51.2	55.0	47.1	1.168
栃木県	48.2	51.3	44.9	1.143
群馬県	46.0	49.9	42.1	1.186
埼玉県	51.1	57.6	44.2	1.304
千葉県	52.6	58.5	46.4	1.261
東京都	72.8	73.4	72.1	1.019
神奈川県	54.9	59.2	50.4	1.175
新潟県	41.8	45.0	38.5	1.170
富山県	44.6	48.7	40.4	1.206
石川県	48.3	51.6	45.0	1.148
福井県	46.9	52.8	40.6	1.300
山梨県	56.2	63.4	48.6	1.305
長野県	42.9	47.7	37.8	1.263
岐阜県	45.5	49.1	41.7	1.178
静岡県	48.4	53.6	43.0	1.247
愛知県	52.0	55.7	40.7	1.144
三重県	44.3	47.7	40.8	1.170
滋賀県	47.5	52.5	42.2	1.245
京都府	64.4	68.6	60.2	1.138
大阪府	55.4	60.6	50.0	1.210
兵庫県	54.6	57.3	51.8	1.107
奈良県	58.3	62.0	54.3	1.143
和歌山県	41.8	45.5	37.9	1.200
鳥取県	38.1	41.5	34.5	1.202
島根県	39.6	43.0	35.8	1.200
岡山県	46.0	47.8	44.0	1.087
広島県	53.4	56.5	50.2	1.125
山口県	37.8	41.0	34.5	1.188
徳島県	43.2	43.0	43.3	0.004
香川県	47.7	50.1	45.2	1.109
愛媛県	44.7	47.1	42.1	1.119

高知県	40.8	41.6	39.9	1.042
福岡県	47.4	51.5	43.2	1.193
佐賀県	39.1	42.4	35.8	1.186
長崎県	36.9	39.0	34.7	1.122
熊本県	40.6	42.7	38.3	1.113
大分県	36.8	40.4	33.0	1.223
宮崎県	36.4	38.8	33.8	1.150
鹿児島県	35.1	40.8	29.2	1.395
沖縄県	37.3	39.3	35.1	1.123
全国	51.5	55.4	47.4	1.169

出典　文部科学省「学校基本調査・速報」（2015（平成27年）年度版）　武蔵野大学舞田敏彦作成

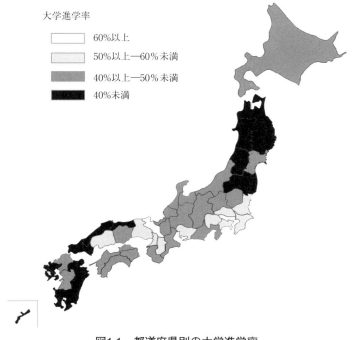

図1.1　都道府県別の大学進学率

出典　文部科学省「学校基本調査・速報」（2015（平成27）年度版）

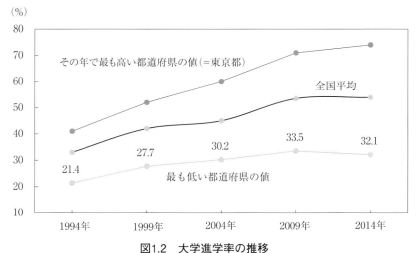

図1.2　大学進学率の推移
出典　文部科学省「学校基本調査」

私立大学の規模・立地による構造的課題

　図1.3は私立大学の学校数及び在学生数の規模別構成比率（2014（平成26）年5月現在）を示す。これを見ると在学生数が1万人以上の大規模私立大学は全体の7％で39校であるが、在学生数は私立大学全体の在学生総数の約40％を占めている。また在学生数が5千人以上で見ると私立大学は全体の19％の106校となるが、通っている在学生数は全体の64％を占め、ほぼ私立大学全体の在学生総数の約3分の2である。一方、在学生数が1千人以上5千人未満の中規模私立大学は全体のほぼ半数に近い47％の269校であるが、在学生数は総数の31％である。さらに1千人未満の小規模私立大学はほぼ3分の1に近い35％で203校であるが、在学生数は全体の6％に過ぎない。これが規模から見た私立大学の構造的問題である。

　2000（平成12）年以降、大学間競争の激化により、大学・短大法人の経営は総じて悪化している。この点は図1.4の定員割れ大学数の推移を見れば明らかである。第2次ベビーブーム世代のピーク時の1992（平成4）年以降の推移をみると、入学定員割れ大学の比率は急速に上昇し、最近では約46％の

大学が定員割れしている。定員割れの状況は定員の2割以上に達しているのは全体の2割程度である。さらに赤字経営の法人の割合も急速に拡大している。学校法人の帰属収支差額比率（（帰属収入－消費支出）÷帰属収入）マイナス（赤字経営）の年度別推移を図1.5に示す。この結果は2008（平成20）年をピークにその後は減少傾向で2013（平成25）年度は32%の173法人。今後，これがどのような傾向を示すか微妙である。さらに帰属収支差額比率も長期低落傾向を示している。

　ただ法人間の格差が拡大している。帰属収支差額比率も上下に大きく分散している。年々低水準の法人が増加しているが，これはキャッシュフローの悪化であり，ストック（保有資産）に余裕があれば直ちに破綻することはない。フローとストックを組み合わせて経営状況を判断することについては第2章で詳述する。

　図1.6は2013（平成25）年度の帰属収支差額比率の大学類型別の分布を示す。ここでは大学類型として地方・都市と中小規模と大規模に分類する。先ず都市は政令指定都市と東京23区，大規模は在籍学生数が2,000人以上，中小規模は在籍学生数が2,000人未満である。なお棒グラフ中の数字はそれぞれの範囲にある大学数を示す。また四角の枠の数字は帰属収支差額比率がマイナスの割合である。ここからは帰属収支差額比率がマイナス（赤字経営）となっている大学の割合は地方・都市とも中小規模で51.5%と45.0%で高くなっている。さらにマイナス比率が20%以上の割合は20%から25%に上る。

　一方，大規模大学では地方・都市とも帰属収支差額比率がマイナスとなっている大学は22.6%と13.8%で，8割近くの大学でプラス（黒字経営）である。私立大学の規模が大きく経営を左右している姿が浮き彫りになっている。

大都市部の私立大学入学定員超過率の抑制政策

　文科省は，今後，地方創生の観点から大学進学時における大都市圏への学生集中を避けるため，早ければ2016（平成28）年度の大学入学者から，首都圏など大都市部にある私立大学の入学者を抑制する方針を定めた。実際に

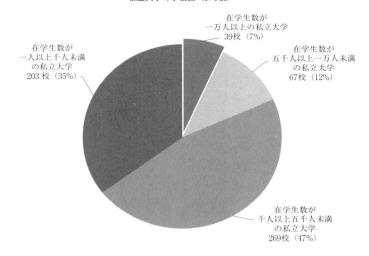

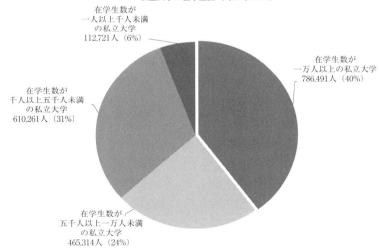

図1.3 私立大学の学校数及び在学生数の規模別構成比率（2014（平成26）年5月現在）

出典　日本私立学校振興・共済事業団

第1章　私立大学を取り巻く厳しい経営環境　9

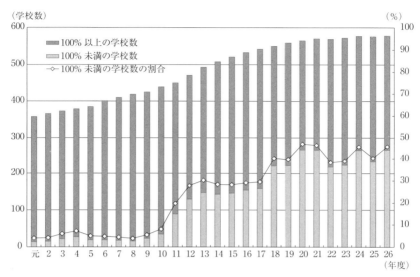

図1.4　定員割れ大学数の推移（1988（平成元）年度～2014（平成26）年度）
出典　日本私立学校振興・共済事業団

は，入学定員を超えて学生を受け入れた私大に対し，超過した学生数に応じて補助金（私学助成金）を減額する方針である。まず，私立大学等経常費補助金における措置については，入学定員充足率が一定の基準を超えた場合に，私学助成を全額不交付とする基準を厳格化するとともに，入学定員充足率が1.0倍を超える場合に超過入学者数に応じた学生経費相当額を減額する措置を導入することを，2019（平成31）年度までの4年間で段階的に実施する（表1.2参照）。

現在，収容定員8,000人以上の大規模大学が定員の1.2倍以上を入学させた場合，私学助成金を全額カットしているが，この基準も1.1倍へと厳格化する。収容定員4,000人以上，8,000人未満の中規模大学も，現行の1.3倍から1.2倍へ引き下げる。ただ，4,000人未満の小規模大学は現在の1.3倍を維持し，小規模校が多い地方の私大が不利にならないよう配慮する。現在は定員超過しても定員分の助成金を交付しているが，今後は超過した場合は定員分から

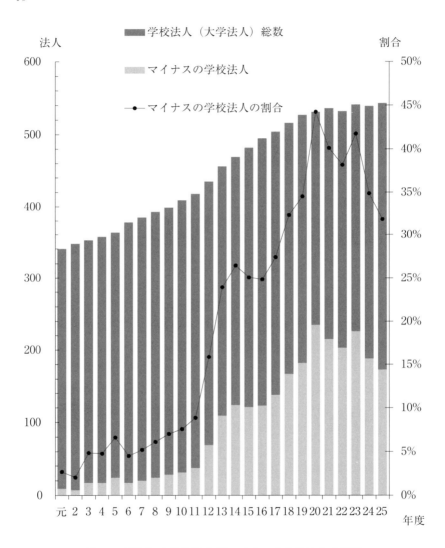

図1.5　帰属収支差額比率がマイナスの大学法人の推移
出典　日本私立学校振興・共済事業団

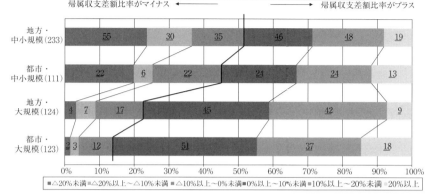

図1.6 帰属収支差額比率の大学類型別の分布（2014（平成26）年度）
出典　日本私立学校振興・共済事業団

表1.2　私立大学等経常費補助金における措置

大学規模 入学定員充足率		大規模大学 （収容定員8,000 人以上）	中規模大学 （収容定員4,000人以 上，8,000人未満）	小規模大学 （収容定員4,000 人未満）
現行	全額不交付	1.2倍以上	1.3倍以上	
強化(案)策	①全額不交付 （平成30年度までに 段階的に厳格化）	1.1倍以上	1.2倍以上	1.3倍以上
	②学生超過分減額 （平成31年度に措置）	1.0倍超	1.0倍超	1.0倍超

※なお，各大学が積極的に入学定員充足率1.0倍とすることを促すため，上記の措置に加え，入学定員充足率を0.95～1.0倍とした場合に私学助成を上乗せするインセンティブ措置を新たに導入（2019（平成31）年度に措置）。
出典　文部科学省発表資料

カットする方針。また入学者が定員を数％下回っても，定員に近づける「努力」をしたと認め，定員分の助成金を交付する。

次に，大学設置認可における措置については，既存学部の入学定員充足率

(修学年限4年の場合，開設年度から過去4年間の平均値）が一定の基準を超える公私立大学による新たな学部等の設置認可申請を許可しないこととする取り扱いに関し，基準の厳格化を図る（こちらも2019（平成31）年度開設申請分までに段階的に措置）（表1.3参照）。

現行は各学部も過去4年間の定員超過率が1.3倍未満であれば認めているが，大学や学部の規模に応じて1.15～1.05倍にまで引き下げる方向で最終調整している。なお，国立大学に対する措置については，入学定員充足率が1.0倍を超える場合に超過入学者数に応じた教育相当額を国庫返納させる措置を導入する予定である。

私立大学等経常費補助金は私立大学や高等専門学校を対象に，教育・研究環境の向上や負担軽減のため補助する制度で，教職員数や学生数に応じて交付する。私立大学では収入の約1割を占め，2013（平成25）年度は880校に計3,204億円を交付した。

私立大学は全国に603校あり，約48万人の学生の65％が3大都市圏に集中している。対象となるのは首都圏（東京都，埼玉，千葉，神奈川），関西圏（京都，大阪，兵庫），中部圏（愛知）の私立大学である。

この3大都市圏を対象とする点については，文科省や日本私立学校振興・共済事業団（以降私学事業団と略す）によると，2014（平成26）年度は私立大全体では46％が定員割れを起こしているが，多くは地方の大学である。この割合は前年度より5.5ポイント上昇している。しかし，3大都市圏での入学

表1.3 大学等設置認可における措置

大学規模 学部規模 入学定員充足率	大・中規模大学 (収容定員4,000人以上)			小規模大学 (収納定員4,000人未満)
	大規模学部 (学部入学定員300人以上)	中規模学部 (学部入学定員100人～300人未満)	小規模学部 (学部入学定員100人未満)	
現行	1.3倍以上			
強化策（案）	1.05倍以上	1.1倍以上	1.15倍以上	

出典　文部科学省発表資料

者は約31万人に上り，全私立大学の入学者の65％，国公私立合わせた入学者のおよそ半数を占める。このうち入学定員を超過した人数は計約33,000人（首都圏22,007人，関西圏7,541人，中部圏3,386人）。中でも110％以上の学生数は計約26,000人で8割を占める。特に定員8,000人以上の大規模大学で目立つ。今回の措置により，3大都市圏において約14,000人，東京圏において約11,000人の超過入学者が抑制されることが見込まれる。

　定員超過率の厳格化のもう一つの狙いは，地方創生よりも以前から指摘されていたもので，教育環境の改善である。教員当たりの学生数（ST比）は，日本は欧米の有名大学と比べると高い傾向にある。国内の国立，私立のトップ大学である東京大，京都大，慶応大，早稲田大の4大学の平均は15.2である。一方，ハーバード大は4.36，ケンブリッジ大に4.66，カリフォルニア工科大は5.56などと教員数が充実している。このST比を下げることが必要である。

　そうした中で，定員超過は逆行する動きといえる。それでも一定の幅で認めているのは，受験生が他大学にどの程度流れるかを見極めるのが難しいことや，入学後に中退する学生が出ることなどから，大学は多めに合格者を出さざるを得ないことに配慮しているからである。政府の地方創生総合戦略は今後，大都市圏への集中を解消し，地方の学生が自分の住む県の大学に進学する割合を2020（平成32）年までに36％（2013（平成25）年度は33％）に引き上げる目標を掲げている。

大学の生き残り競争時代の到来と「2018年」問題

　1980年代に160万人前後で上下していた18歳人口は，1992（平成4）年に向かって205万人に急増した。しかし1992（平成4）年以降激減へと向かい，205万人から2011（平成23）年で18歳人口は120万人へと4割減少した。一方で高等教育進学者数は116万人から97万人と16％減にとどまった（図1.7参照）。その背景にあるのは高卒求人の減少で，1992（平成4）年に167万人あった高卒求人数は，2011（平成23）年には2割弱の32万人にまで減少した。この減少が大学進学率を押し上げた。この間，短大進学者も25万人から7万人に

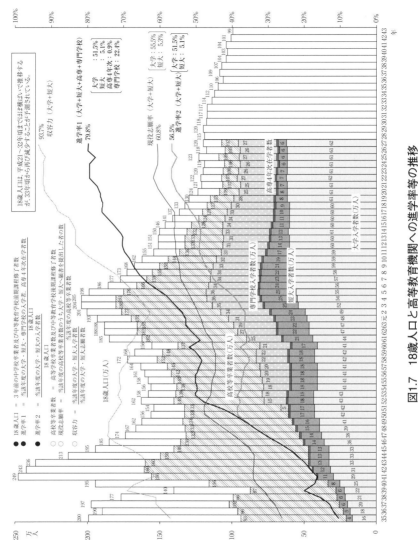

図1.7 18歳人口と高等教育機関への進学率等の推移
出典 文部科学省「学校基本調査」(平成27年度は速報値)

減少，大学進学率は27％から51％と約2倍になり，この時期は大学の一人勝ち時代であった。しかし，この20年で大学進学者が6万人増加する一方，大学数は257校増加し，大学間の競争は激化した。つまり『大学の生き残り競争時代』の到来がいわれた所以である。また，この大学数の増加は，時期を同じくして200近い女子短期大学が消えたことと密接に連関した現象であった。

　2000（平成12）年以降，長引く不況により，学生を取り巻く経済環境も悪化した。保護者の関心も就職に集まり，その影響は専門学校入学者数の増加となって現れた。2年間で職業や資格取得に直結する学びが評価され，高校新卒者だけでなく，就職難による大学卒の入学者も加わり，2010（平成22）年の専門学校入学者数はこれまでの減少傾向から反転して約2万人の増加となった。

　2012（平成24）年から2017（平成29）年までの6年間は18歳人口が120万人前後で安定する時期である。この間における入学者数の減少は18歳人口が減少することでは説明することができない。学生の集まる大学とそうでない大学の二極化が進んだのである。2018（平成30）年からは大幅な18歳人口の減少が予測されるため，2018（平成30）年を迎えるまでに各大学がどのポジションにいるかということが大きな課題となった。

　2018（平成30）年以降再び18歳人口の減少期に突入する。2018（平成30）年から2025（平成37）年までわずか8年間で約10万人の減少となる。大学進学率を50％として計算すると，大学進学者5万人減となり，定員規模500人の大学が100校なくなる規模の減少である。2025（平成37）年以降も人口減少は進むため，2018（平成30）年以降になると，改革を行ったとしても，効果を上げることは難しくなる。しかも少子化は低学年から進んでいるため，併設中学高校を経営している法人にとっては，大学のブランド力低下は併設校の募集悪化に直結する。これから2017（平成29）年までが改革の好機であり，最後のチャンスとなるかもしれない。

大学進学率は今後上昇するか

図1.7の進学率を見ると，進学率2（大学＋短大）は当該年度の大学・短大の入学者数の18歳人口に対する割合で示したものであるが，2015（平成27）年度は56.5％（大学51.5％，短大5.1％）であった。この進学率の56.5％が上がればという話も時々聞かれるが，私立大学にとってはありがたい話であるがなかなか容易ではない。その際に比較として挙げられる欧米の大学進学率であるが，特にOECD平均（60％）と比べて高いとはいえないことがよく指摘される。2011（平成23）年の統計では大学進学率の高い国はポルトガルの98％，オーストラリアの96％，ノルウエーの76％，アメリカ，スウェーデンの72％，デンマークの71％，オランダの65％，イギリスの64％，スペインの53％，韓国の69％，日本より低い国はイタリアの48％，ドイツの46％，フランスの39％，ベルギーの33％である。アメリカは2年制の機関を含む値である。

例えばオーストラリアは学生に占める留学生の割合が一番高く，学士課程・修士課程では20.8％であり，その次にイギリスの18.3％，OECD平均では6.9％，日本の3.1％を大幅に上回っている。

さらに諸外国は25歳以上の入学者の割合が平均約2割に達し，社会人学生も相当数含まれる一方，日本の社会人学生比率は約2％であり，大きく下回る。例えば，ポルトガルは36％，オーストラリアは26％，スウェーデンで30％，アメリカで23％，イギリスで19％，オランダで10％，韓国で18％である。

以上の点を考え合わせれば日本の大学進学率は他の国と比較してそれほど低い値ではないと推察される。別な見方をするならば当該年度の大学・短大・専門学校の入学者数と高専4年次在学者数の18歳人口に対する割合で示した進学率1（大学＋短大＋高専4年次＋専門学校）では，2015（平成27）年度は80.0％であった。この進学率1はすでにピークに到達していると見られるが，この進学率が先ほどの諸外国の大学進学率に相当するものと見ることもできる。筆者は今後，この進学率は既に上限近くに達していると見ており，一方，進学率2は進学率1と進学率2の間にある高専と専門学校への進

学の動向に左右されるものと見ている。そのうち高専は若干数であるので，比較的大きい割合を占めている専門学校への進学の動向が今後どのように推移するかが，大学の進学率に大きく影響するものである。

別な見方をすれば，この進学率1と進学率2の間の領域は高校を卒業した段階で職直結若しくは資格直結で進路を考える18歳の層とも捉える事ができる。今後，大学，短期大学はこの層を学生募集の対象として取り込むことを考えるのも一案である。少なくとも短大は就学年数もほぼ同じであり，教育上の接点はつくりやすい。2018（平成30）年以降の課題である。

今後の経済状況によっては，4年間の学費負担は保護者にとっては重くなり，職に直結すると見られやすい専門学校への進学は増加する傾向にある。現在は大学への進学者数と専門学校への進学者数は全国平均では5対2であるが，地方，特に九州，北海道などでは3対2の割合である。この現象は今後，地方から大都市圏へと波及する可能性もある。このことも2018（平成30）年以降，18歳人口の減少とともに考えておく必要があり，私立大学にとっては無視できないことである。

キャンパス都心回帰は神話たりうるか

私立大学がキャンパスを郊外から都心部に移す動きが全国に広がっている。少子化などを背景に大学間の生き残り競争が激しくなる中，学生獲得のために便利さをアピールしたい為である。首都圏と近畿圏では，1960（昭和35）年前後に相次いで成立した工業・工場等制限法で大規模なキャンパス開設が制限され，郊外移転が進んだ。しかし2002（平成14）年に同法が廃止され，18歳人口が減少に転じる「2018年問題」が迫ると，一転して都心回帰の流れが強まった。首都圏でも私立大学の都心回帰は加速している。明治大学はJR中野駅から歩いて10分ほどの場所に14階建てビルを新設。2013（平成25）年春，総合数理学部を新設するとともに国際日本学部を東京都杉並区の和泉キャンパスから移転させた。現在，約2,000名が学ぶ。

青山学院大学は2013（平成25）年度から，神奈川県相模原市で学んでいた文系の1，2年生を東京・青山に集約した。東京歯科大も2013（平成25）年

9月，卒業生や他大学との連携強化などを理由に，病院実習生を除く学生約700人を千葉市から東京・水道橋に移した。立正大は埼玉県熊谷市にある法学部を，2014（平成26）年度から東京・品川に移した。大学誘致に取り組む足立区には2006（平成18）年以降，東京芸術大学，東京未来大学，帝京科学大学，東京電機大学の4大学が進出し，文教大学も数年後に新キャンパスを開く。

　関西では，同志社大学が文系4学部1，2年生を京都府京田辺市から京都市上京区の今出川キャンパスに移した。龍谷大学は2015（平成27）年，国際文化学部を大津市の瀬田キャンパスから京都市伏見区の深草キャンパスに移した。

　立命館大学（京都市）は2015（平成27）年春，大阪市茨木市に「大阪いばらきキャンパス」を新設した。JR大阪駅から快速電車で約12分の茨木駅近くにあり，京都と滋賀の2キャンパスから約5,500人が移った。

　周辺に全国有数の商業施設が集積するJR大阪駅から徒歩5分の地に大阪工業大学（大阪市）は市立小学校跡地に22階建て校舎を建設中である。2017（平成29）年春からロボット工学科などの約1,200人が学ぶ。

　名古屋市でもここ数年，私立大学の学部移転や新設の動きが相次いでいる。南山大学は2013（平成25）年9月下旬，愛知県瀬戸市のキャンパスを引き払い，2015（平成27）年度から名古屋市内のキャンパスに統合すると発表した。2012（平成24）年には愛知大（名古屋市東区）が名古屋駅近くに新キャンパスを開き，学生7千人が通っている。愛知学院大（同県日進市）は2014（平成26）年，名古屋市北区の名城公園近くに商学部などビジネス系3学部の拠点となる新キャンパスを開いた。

　名城大学は岐阜県可児市にある都市情報学部を名古屋市東区に移す。愛知大学や，2007（平成19）年に瀬戸市から名古屋市熱田区に本部や学部を移した名古屋学院大学は，移転前後に志願者が増えた。

　大都市圏に限って大学全体の総定員数を増やすことを規制していた工業（場）等制限法が撤廃された後の首都圏の2005年から2015年にかけて，新たに都心部にキャンパスを取得又は再開発等々，都市部への移転でキャンパス

表1.4 キャンパスを都心に回帰した大学

大学名	実施年	旧所在地	新所在地
東洋大学	2005	埼玉県朝霞市	東京都文京区
城西大学	2005	埼玉県坂戸市	東京都千代田区
城西国際大学	2006	千葉県東金市	東京都千代田区
芝浦工業大学	2006	東京都港区，埼玉県さいたま市	東京都江東区
東京芸術大学	2006	茨城県取手市	東京都足立区
共立女子大学	2006	東京都八王子市	東京都千代田区
工学院大学	2006	東京都八王子市	東京都新宿区
法政大学	2007	東京都小金井市	東京都千代田区
上野学園大学	2007	埼玉県草加市	東京都台東区
東京家政大学	2007	埼玉県狭山市	東京都板橋区
東洋学園大学	2007	千葉県流山市	東京都文京区
立正大学	2007	埼玉県熊谷市	東京都品川区
跡見学園女子大学	2008	埼玉県新座市	東京都文京区
帝京平成大学	2008	千葉県市原市	東京都豊島区
東洋大学	2009	群馬県板倉町	東京都文京区
日本大学	2009	埼玉県さいたま市	東京都千代田区
東京家政大学	2009	埼玉県狭山市	東京都板橋区
國學院大学	2010	神奈川県横浜市	東京都渋谷区
女子美術大学	2010	神奈川県相模原市	東京都杉並区
帝京科学大学	2010	山梨県上野原市	東京都足立区
東京工科大学	2010	東京都八王子市	東京都大田区
二松學舍大学	2010	千葉県柏市	東京都千代田区
東京家政学院大学	2011	東京都町田市	東京都千代田区
専修大学	2012	神奈川県川崎市	東京都千代田区
武蔵野大学	2012	東京都西東京市	東京都江東区
青山学院大学	2013	神奈川県相模原市	東京都渋谷区
帝京平成大学	2013	千葉県市原市	東京都中野区
東京歯科大学	2013	千葉県千葉市	東京都千代田区
東京理科大学	2013	東京都新宿区，千葉県野田市	東京都葛飾区
実践女子大学	2014	東京都日野市	東京都渋谷区
東京工芸大学	2014	神奈川県厚木市	東京都中野区

東洋学園大学	2014	千葉県流山市	東京都文京区
立正大学	2014	埼玉県熊谷市	東京都品川区
大妻女子大学	2015	埼玉県入間市	東京都千代田区
川村学園女子大学	2015	千葉県我孫子市	東京都豊島区
拓殖大学	2015	東京都八王子市	東京都文京区
大妻女子大学	2016	東京都多摩市	東京都千代田区
東京成徳大学	2016	千葉県八千代市	東京都北区
東京理科大学	2016	埼玉県久喜市	東京都新宿区
東洋学園大学	2016	千葉県流山市	東京都文京区
津田塾大学	2017予定	東京都小平市	東京都渋谷区
東京電機大学	2018予定	千葉県印西市	東京都足立区
日本女子大学	2021予定	神奈川県川崎市	東京都文京区

出典　リクルート　カレッジマネジメント163，195より著者作成

　の拡張，集約等を行ったものを年ごとに追ってみよう（表1.4参照）。ここ最近では，2010（平成22）年には国学院大学，女子美術大学，帝京科学大学，二松学舎大学，2011（平成23）年には東京家政学院大学，2012（平成24）年には専修大学，東京電機大学，武蔵野大学，2013（平成25）年には青山学院大学，帝京平成大学，東京歯科大学，東京理科大学，明治大学，2014（平成26）年には実践女子大学，東京工芸大学，東洋学園大学，立正大学，2015（平成27）年には大妻女子大学，川村学園女子大学，拓殖大学などである。2005（平成17）年以降，表1.4を見ても既に30数例のキャンパスの都心回帰がある。

　さらに今後都心部にキャンパス移転を予定している大学は大妻女子大学（2016（平成28）年～2018（平成30）年），杏林大学（2016（平成28）年），東京成徳大学（2016（平成28）年），東京理科大学（2016（平成28）年），東洋学園大学（2016（平成28）年），関東学院大学（2017（平成29）年），日本女子大学（2021（平成33）年）などである。

　ここで，今までに都心部に移転を行った大学の学生募集への影響を見よう。首都圏での最初の頃の移転であった芝浦工業大学の場合は良い結果が持

たらされた（図4.5参照）。詳細にみると，主たる学部であった工学部11学科の内，9学科は，学年ごとに郊外と都市部に分けて配置，残りの2学科は大宮キャンパスで全学年就学であった。豊洲進出により就学地は郊外と都市部に分けてのキャンパス配置となった。豊洲進出後，志願者数は増加した。一方，大宮キャンパスを全学年就学地のままとしたシステム工学部（現システム理工学部）は豊洲キャンパス進出ではほとんど無関係であった。しかし，工学部の豊洲キャンパス進出後，システム工学部への志願者数は工学部と同様に増加し，同程度の好影響が現れた。これは豊洲キャンパス開学が物理的な移転効果に加えて，それを契機にして大学全体のイメージアップに大きく貢献し，そのことが志願者増となって現れたものと見ている。

　2006（平成18）年の豊洲キャンパス開学後，システム工学部の理学系分野へ進出，さらにデザイン工学系の分野への展開など新分野への進出という教学展開を併行して行った（本書，pp94～95に詳述）。その結果，2006（平成18）年度の大学全体の志願者数は19,000人弱で，5年後の2011（平成23）年度には2倍近い34,000人強になった。一方，実際に豊洲キャンパス移転の主役であった工学部だけに関して見れば，2006（平成18）年度の志願者数は16,000人強で，2年後に19,000人強になった。これだけを見ると志願者数は他の大学の事例と同様に2割程度の増加でしかなかった。

　最近の移転の事例で，直接移転をしなかった学部でも学生募集に好影響が現れているケースが青山学院大学，実践女子大学でも見られた。

　2005（平成17）年から2009（平成21）年ごろまでは都心へのキャンパス移転によって学生募集という点では効果的であった事例もかなり見られるが，最近の移転の事例からは志願者の獲得には好影響を示している大学も確かに多々あるが，都心への移転だけでは，学部によっては志願者の獲得が継続しない事例も見られるようになってきた。都心部へ移転することは競合他社の多い場所での競争となる面もあり，大学の評価は単に立地ではなく，教育の中味が常に問われるのではないか。都心への移転は効果的な策の一つと言われてきたが，その神話は崩れつつある。表1.4を参考にキャンパス移転を実施した大学の移転前後の志願者数の動向を見れば明らかである。単なる"都

心へのキャンパス引っ越し"というだけでは志願者数が増加した場合でも1〜2割程度であることに気がつくであろう。キャンパス移転は莫大な投資を伴うため、その投資効果についても併せて議論が必要になるのではないか。

私立8大学，公立大学へ移行

地方にある小規模私立大学で公設民営方式による学校法人から公立大学法人へ移行するケースが最近起こっている。公立大学法人が制度化される以前は，地方公共団体が私立学校法による学校法人を設立して大学の設置・運営を代行させる手法が広く行われた。しかしここにきて，いわゆる「公設民営」（あるいは公私協力）方式で開学した私立大学が公立大学法人による運営に移行するケースが見られる。その多くは学生募集で苦戦をしている大学で，学生確保の改善，経営基盤の安定化を期待した動きのようである。

その最初は2009（平成21）年に高知工科大学が学校法人高知工科大学から高知県設置の公立大学法人高知工科大学へ移管され，初めてのケースとなった。2010（平成22）年には静岡文化芸術大学が学校法人静岡文化芸術大学から公立大学法人静岡文化芸術大学へ，名桜大学が学校法人名護総合学園から公立大学法人名桜大学へ移管された。また，2012（平成24）年4月から，学校法人鳥取環境大学が設置する鳥取環境大学も公立大学法人となった。2014（平成26）年4月から，長岡造形大学が学校法人長岡造形大学から長岡市が設置する公立大学法人長岡造形大学へ移管された。2016（平成28）年4月には長野大学が学校法人長野学園から上田市が設置する公立大学法人に，成美大学が学校法人成美学園から福知山市が設置する公立大学法人に，山口東京理科大学が学校法人東京理科大学から山陽小野田市が設置する公立大学法人に移行した。さらに諏訪東京理科大学（長野県，諏訪市），新潟産業大学（柏崎市），旭川大学（旭川市）など公立化への協議が始まっている。

最近，文科省は地方創生の担い手が私立大学であることから地方の私立大学等に様々な補助金など支援策を講じている。しかし地方にある小規模私立大学を支援する意図は理解できるが，一方受け手である私立大学の取るべき対策は，その意図に沿ったもので進むかは見通せない。この公立化の動きと

文科省の支援策の間にはずれを感じる。一部には「小規模大学に有利に働く政策であっても，大学側の対策としては公立化を追求するとなっては，地方の私立大学を育てる政策効果が乏しいものになる危険性がある」という意見もある。

学校法人合併の動き

2014（平成26）年10月に上智大学を運営する学校法人上智学院は神奈川，兵庫，広島，福岡の各県で中高一貫校を運営する4つの学校法人と2016（平成28）年4月の合併を目指して協議に入ったと発表した。上智学院と合併する学校法人は栄光学園（鎌倉市），六甲学院（神戸市），広島学院（広島市），泰星学園（福岡市）である。いずれもカトリック教会イエズス会の教育理念を共有し，幅広い教育ネットワークの構築を目指すという。合併後は上智学院に統合する。4つの中高一貫校は，大学の付属校にはならず，これまでの教育方針を継続し，独立採算を維持する。学校法人は2014（平成26）年5月時点で6,846法人，今までの合併は2法人の合併で，グループ法人でもないのに，これほど大規模な合併は珍しい。

学校法人の合併では以前であるが，1995（平成7）年に愛知県の学校法人南山学園と学校法人名古屋聖霊学園との合併，2007（平成19）年に東京都の学校法人慶應義塾と学校法人共立薬科大学，兵庫県の学校法人関西学院と学校法人聖和大学などが話題となった。最近では2014（平成26）年に前出の学校法人南山学園と神奈川県の学校法人聖園学院が合併，2016（平成28）年4月に東京の学校法人武蔵野大学と学校法人千代田女学園が合併することが認可された。

私立大学の学費——高止まり，そして相次ぐ値上げの動き

文科省が発表した調査結果によると，2013（平成25）年度の私立574大学の平均授業料は，前年度より0.1％増の86万72円。過去最高額を2年連続で更新した。入学金は26万4,390円（前年度比1.2％減），施設整備費は18万8,063円（同0.4％減）。入学年次に学生が納める合計金額の平均は，前年度より約

３千円安い131万2,526円となったが，2009（平成21）年度以降は，ほぼ横ばいとなっている。私立大学の学費（一般には学費と言われているが，正式には学生生徒等納付金，以降学納金と略す）は下がらない。それは2002（平成14）年度以降，教育水準を維持するのに必要な人件費，教育研究経費の合計が，学費などの収入合計を上回る状態が続いている。しかもその差は年々増え，2012（平成24）年度では収入２兆5,376億円に対し，支出が２兆8,226億円となり，差額は３千億円近くに達した。しかし学費の改定は難しい。少子化の中で，大学間の学生獲得競争が激しくなっており，学費の値上げによって志願者が減る可能性があるからである。しかも学生獲得のためには教員の数を増やしたり，就職支援体制を整備する投資は避けられず，コストは増える一方である。このような事情が学費高止まりの背景にある。

しかし最近，全国の私立大学で学費を値上げする動きもでてきた。少人数授業の充実や教育設備の改善など「教育環境充実のため」と説明。学費収入に頼る私立大学の経営が厳しくなっている事情がある。

７万人近い学生を抱える日本大学は，2014（平成26）年度の新入生から，植物資源科学科など理系５学科の学費を年20万円値上げするのをはじめ，14学部のうち６学部で５万～20万円（4.3％～16.0％）値上げする。値上げの理由は値上げの対象となった学部は最長で17年間学費を据え置いてきたが，少子化で学生が減る中，教育環境を整備充実させるためには，従来の学費では十分な対応が難しくなったことを上げている。

早稲田大学は，2014（平成26）年度以降の学費に新たに，「全学グローバル教育費」を設け，全学年から年間７万円を徴収する。これまで１，２年次に計15万円を徴収していた「基礎教育充実費」は廃止するが，４年間で見ると計13万円の負担増になる。従来の充実費は，少人数制の英語授業や学術論文用の文章作成など全学部生を対象とした授業にあててきた。2014（平成26）年度からは，こうした学部横断的授業を３，４年次も増やす方針で，値上げ分はこうした経費などにあてられる。

2006（平成18）年度から続けてきた授業料の年間0.7％値上げは，来年度も全学年で実施し，５千～７千円値上げした。さらに，政治経済学部は2014

（平成26）年度入学者から授業料を3万円上げた。

　明治大学は，授業料を文系学部で5万円，理系学部で4万円値上げした。5年ぶりの値上げについて，教育研究環境の維持向上のためと説明している。一方，入学金は8万円減額した。

　上智大学は，在学生について学費を文系学部で7,200円，理系学部で1万3,700円値上げした（看護学科を除く）。また既存の施設設備費とオリエンテーション費を統合して新設する「教育充実費」の徴収額を新入生から年間2万円増やす。青山学院大学は文学部の2学科と国際政治経済学部で「教育活動料」をそれぞれ1万円ずつ値上げ。毎年数千円ずつ上げてきた「施設設備料」は引き続き全学部で4千～6千円値上げした。

　中央大学は1991（平成3）年度以降，断続的に授業料を値上げしてきたが，2014（平成26）年度は，全学部全学年で2万1,300～2万6,600円（2～3％）値上げした。慶応大学の値上げは2年連続で，全学部（一部除く）で1万～2万円値上げ。関西大も4万～6万円値上げした。

　2014（平成26）年度は消費税が5％から8％に上がった。各大学は億円単位の負担増を見込むが，学費の値上げはあくまで「教育の質向上のため」と説明。増税負担分は，経費削減などで吸収するとした。ただ，大学の経営はますます厳しくなりそうだ。少子化による学生減少で，収入面に影響が出始めている。また，授業へのIT機器の導入や少人数制授業の拡大などきめ細かい教育が求められるようになり，設備費や人件費などの支出はどんどん増えている。一方で，安易な学費値上げには保護者から厳しい視線が向けられる。

　早稲田大学は，毎年数％ずつの経費削減を実施してきた。2012（平成24）年度と2013（平成25）年度は教職員のボーナス減額にも踏み切った。2014（平成26）年度の学費を据え置いた主な大学は，東京理科大学，学習院大学，立教大学，法政大学，東洋大学，駒澤大学，専修大学，関西学院大学，同志社大学，立命館大学などがあるが，法政大学，専修大学などはこれまでの数年間で学費を値上げしている。東京理科大学，立教大学は翌年度改定を予定していた。

立教大学は2015（平成27）年度に学費改定を行なった。それは新入生には入学金を5万円減額（25万円を20万円に）する一方，授業料を3万円，教育充実費を7万円増額する（但し，現代心理学部心理学科については4万5千円の増額），学部2年次以上の在校生にも教育充実費を5万円増額（但し現代心理学部心理学科については2万5千円の増額）する内訳であった。
　東京理科大学も2015（平成27）年度に新入生の授業料を，理学部第一部，工学部第一部，理工学部，基礎工学部は，9万円の値上げを行った。
　しかし多くの大学は大学間競争も激しく，教育の内容や質の向上にはコストがかかるが，大幅に値上げすれば学生が集まらなくなるかもしれないことで考慮中である。

格差社会が学生・保護者に及ぼす影響
　春になると大学生活を楽しみに待つ人が多い。保護者にとっては，子供に最もお金がかかる時期でもある。全国大学生活協同組合連合会は2014（平成26）年4～5月にかけて，大学・短大に入学した新入生の保護者約2万人に受験から入学までに必要だった費用について調査した。
　その結果，全体の平均額は152万400円。自宅生の場合は平均で117万300円（国公立大学で108万4,400円，私立大学で128万1,300円），下宿生の場合は平均で186万400円（国公立大学で178万6,900円，私立大学で204万9,200円）であった。費用の内訳であるが，入学金や授業料などの学生生徒等納付金が費用総額に占める割合が最も高い。さらに下宿生にとっては家具や家電などの生活用品購入費，敷金・礼金や仲介手数料といった住まい探しの費用の負担も大きい。
　首都圏の私立大学に2014（平成26）年春入学したうち，親元を離れて通う学生（下宿生）の1日当たりの生活費は897円で，1986（昭和61）年度以降初めて900円をきった。保護者からの仕送り額も過去最低で，首都圏の私立大学に通う地方出身の学生らの窮状が浮かんだ。調査は東京私大教連が2014（平成26）年5月～7月，東京都と神奈川，埼玉，千葉，茨城の4県にある14大学の新入生の家計負担について，保護者に聞いた。4,330件の回答を得

て，約4割の下宿生に対する2014（平成26）年度の仕送り額は，新年度の出費が落ち着く6月以降の月平均8万8,500円で，前年度から500円減，1994（平成6）年度の月平均12万4,900円の約7割にまで減額していた。ここから家賃を除き，30日で割った「1日当たりの生活費」は897円になる。2千円超であった1990年代の半分以下だ。入学と同時に消費税率が引き上げられたにも関わらず，前年度を40円下回って過去最低だった。

　地方経済が疲弊して家計が苦しい中，就職を考えると首都圏の大学に通わざるを得ないのだろう。深夜のアルバイトをしたり，授業や課題に追われ，バイトが出来ない場合は1日の食事を1回に抑えたりといった学生を目にすることもある。このため，奨学金の利用は増えている。2012（平成24）年の日本学生支援機構（旧日本育英会）の調べでは，大学生の52.5％に達する。ところが支援機構の最も代表的な奨学金は，返済なしの「給付型」ではなく，「貸与型」。しかも有利子が中心だ。毎月10万円を4年間借りたら，卒業時の返済総額が600万円を超えることもある。

不況の影と進む東京離れ

　地域ごとに進学先の大学所在地に特色がある。例えば，東北では地元の大学が最多で，東京や宮城が続く場合が多い。東海も地元や愛知の次に多いのは東京だ。それが，中国・四国では地元の次は関西の大学で，東京はそれ以下という傾向。しかし九州・沖縄まで行くと，地元と福岡に次いで東京が多くなる。ただ，関東を除く全国で近年，ほぼ共通して「東京離れ」が進んでいる。進学先の上位五つに東京が入らないのは，10年前は滋賀と京都だけだったが，最近では奈良や鳥取など西日本に9府県，また関東を除く多くの地域で，東京に進む生徒の割合が10年前より減っている。その結果，都内の大学は関東ローカルの色合いが濃くなった。関東（1都6県）出身者の割合は74％で，2002（平成14）年より6ポイント増えた。これらは不況の影響で，費用が安く済む地元の大学を選ぶ傾向が増えた。しかし地方では就職難の不安もあるので，ある程度の雇用が見込める岡山や金沢など中核都市の大学も人気のようである。

人生の重荷となる奨学金返済

　経済的に苦しいと，進学しても道は険しい。学費の借金が重なり，家庭に負担がのしかかる。「教育格差を考える」との見出しの新聞記事を読んだ。いくつかの事例が紹介されている。宮城県に住む保育士の50歳の母親は，非正規雇用で稼ぐ月収約13万8千円で子供二人を育てている。私立大学に通う長女は，公立校に進学時から貸与型奨学金の借金を背負ってきた。大学でも奨学金を二つ借りたので，卒業時の残高は，合計260万円に上る見込みだ。中学2年の長男が高校に進学すれば，新たな借金が重なる。

　小学校教諭を目指す長女は奨学金返済のためにレジ打ちなど二つのバイトを掛け持ちする。だが，朝5時に起きて夜中まで学業とバイトに明け暮れる毎日。友人との付き合いもできず，夏になって「バイトがきついので，もう大学をやめたい」と言い出した。

　母親は「バイトをやめてもいいよ，と本当は言ってあげたい。でも，今止めたら150万円の借金はどうするのと言うしかない」。無事卒業できても，借金を返せる職に就けるか，確たる保証はない。「貧乏から脱出させるための進学でも，借金が増えるだけの『降りられない賭け』になっている」。収入が少ない貧困家庭の保護者の悩みは深い。

　子供の貧困率が過去最悪を記録する一方，国立大学の年間授業料は40年前の約15倍。奨学金という名の「借金」に頼らざるを得ない家庭は増え続けている。日本学生支援機構によると，昼間の4年制大学に通う学生のうち，奨学金を受けている割合は2012（平成24）年度に52.5％に達した。奨学金を受けている人のうち，約9割が貸与型だ。ある学生の例であるが，父親が交通事故による後遺障害で思うように働けず，苦しい家計状況で育った。大学2年の途中で学費を払えなくなり，除籍に。高校，大学で受けた奨学金約350万円が借金となって重くのしかかる。貧しいと知識を身につけるための教育さえ受けられない。貧乏なら働けという考え方が貧困の連鎖を生んでいる。

　日本学生支援機構の調査（2012（平成24）年度）によると，年間で大学の学費は通学費などを含めて国公立が約70万円，私立は約130万円。家賃や食費などの生活費を加えた平均総額は約188万円に上る。お金を借りる方法も

あり，約170万人が奨学金制度を利用している。ただ，卒業後，返済に苦労するケースも多い。返済不要の給付型は全体の1割。約120万人が奨学金を受けている日本学生支援機構では，2013（平成25）年度末で約33万人の返済が滞っている。総額は約957億円に上るという。

こういう事態に対して2017（平成29）年度から新しい国の奨学金制度「所得連動返還型奨学金」について文科省の有識者会議で議論が始まった。新制度は経済力に応じて弾力的に返せるようにと有識者会議が提言，卒業後の本人の収入が低いと返済月額も低く抑えられる仕組みであり，2016（平成28）年7月には高校3年生に予約を受け付け，2017（平成29）年4月から貸し始める。これは利用者約136万人の日本学生支援機構のみが対象で，現在も年収300万円以下なら返済を先延ばしできるが，例えば250万円なら月5千円，300万円なら1万円など，月に返す額をより柔軟にする。

有識者会議の主な検討課題は，①対象はどこまでか（大学院生を含めるかなど），②利子の有無，③既に返済を始めた人などに遡って適用できるようにするか，④返還する最低の所得額，⑤返済月額の最低額，⑥返還免除の扱い，⑦世帯年収か個人年収か，である。

米国でも同じような状況である。米国の大学でつくるNPO［カレッジ・ボード］によると，4年制大学の1年間にかかる費用は，私立大学の平均で約3万1千ドル（約370万円）にのぼる。30年前の約2.5倍だ。公立，一般私立大学の卒業生の約6割が借金を背負い，平均借入額は約2万7千ドル（約320万円）に達すると報告されている。米国では教育レベルが収入に大きく影響する。国勢調査局によると，2009（平成21）年の高卒者の平均年収は3万ドル余りだが，大卒者は5万6千ドル以上。ただ，大学の費用も高騰する一方である。米政府の最新の数字では年間の学費・寮費は公立大学で1万3,600ドル，私立大学で3万6,300ドル，インフレを考慮しても10年前から3〜4割上がった。

卒業時に学生は平均2万6千ドル以上のローンを抱えることになる。ニューヨーク連邦準備銀行の分析によると，個人の借り入れとしては，唯一，金融危機以降も増え続けている分野。財産と違い学位は清算できないと言わ

れ，破産申請して出直すことすら難しい。

　政府は貸与型の奨学金で教育の機会の不平等の問題を解決するつもりだが，それは今まで述べてきたように借金でしかない。負の遺産は親から子に引き継がれ，固定化する。私立大学も国立大学並みに授業料を引下げ，その分は税金で負担するとし，大卒者の生涯所得から得られる税収は，公的に投入した額を十分上回るという試算も報告されている。

大学への補助金の効果
　国が補助などとして大学に多額の税金を投じるのは無駄ではないか。そんな指摘に応えようと国立教育政策研究所が2012（平成24）年度のデータを使って試算した。調査結果によると，国公立，私立大に対する国の財政負担額（費用）は，学生１人当たりで計算すると253万7524円。一方，卒業後に推定平均年収で23歳から65歳まで働いた場合の納税額（所得税・住民税・消費税）は，高校を卒業して就職した人に比べて１人当たり607万4,363円多いという。失業者も比較的少なく，失業手当などの支出も抑えられたと計算。その分を，「失業給付の抑制額」「犯罪費用の抑制額」として含め，計608万4,468円を「利益」とした。「利益」から「費用」を差し引いたものが「効果額」で，354万6,944円だった。これは大学への公費負担は，それを上回る社会的な効果があるとみられる。

女子の受け皿で増える傾向，准看護師養成校と短期大学３部
　男子に比べて，受けられる教育に格差があるとされる女子。親の学歴や収入，地方出身かどうかなどの家庭環境を数値化し，子供が教育を受ける「期待教育年数」を算出すると，兄弟よりも姉妹の方が少なく，兄弟間の差は家庭環境が厳しいほど大きくなる。地域によっては男女の大学進学率には大きな差がある。経済的に厳しい女子高生の進路の受け皿になっているのが，働きながら学べる准看護師の養成校や短期大学の「３部」である。

　准看護師養成校は，２年で准看護師の試験を受けることができ，病院で働くこともできる。また，正看護師の学校より学費も安い。全国的に定員は減

っているが、厚生労働省の調査では全国の准看護師養成校の平均入学倍率は、2007（平成19）年度の1.9倍から、2013（平成25）年度は2.9倍に上がっている。北海道のある准看護師養成コースは、准看の学校が無い地域から志望する学生もいて、倍率は3倍と高い。近年は社会人入学が増え、女子高生は減少傾向だったが、2015（平成27）年度の志願者はやや増えた。今後は准看護師コースの定員を20人増やす予定だという。

短期大学3部は、経済的な事情で進学しにくい学生のために設置され、現在は全国に6大学ある。授業は午前中のみで、一般的な短大より学費が安い。岐阜聖徳学園大学短期大学部では2014（平成26）年度は50人の定員に128人が志願した。

3年で3割強の新卒解職率、雇用の4割非正規社員

大卒で就職した学生の約3分の1が3年で退職しているという実態が報告されている。厚生労働省（以降、厚労省と略す）によると2011（平成23）年3月卒で就職した学生は1年目で14.3％、2年目で23.5％、3年目で32.4％が解職（退職）している。会社などの規模を見てみると、規模が大きくなるに従ってこの解職率は減少する傾向がはっきり出ている。解職率の平均である32.4％より高い会社の規模は従業員が100人未満である。1,000人以上の大規模になると22.8％に下がる。退職した人の大半は転職を考えているが、正規社員として次の会社に就職できればよいが、一時的に非正規社員で雇用されたり、もしくは30歳以上での転職は段々希望に沿った就職の選択への道はより厳しくなり、非正規社員の形態で働くケースが多くなる傾向がある。正規社員から正規社員という形態で転職できる割合はおおよそ半数程度らしい。

2013（平成25）年度は新卒雇用の4割は非正規社員で初就職を迎えたとの報告もある。このうち退職して非正規から正規へ転職できるのは約4分の1程度である。このような状況を考えると私立大学へ4年間の通学に対し数百万円の学費支払いは投資効果という見方をすれば疑問が多少残る。

日本郵政グループで、フルタイムで働く正規社員の平均年収が約600万円に対し、期間雇用社員は同じだけ働いても約230万円。正規社員にはある住

宅手当や夏期・冬期休暇などはなく，有給休暇も少ない。パートやアルバイトといった非正規社員は，増加傾向にある。総務省が2015（平成27）年３月に発表した２月の労働力調査では，正規社員は3,277万人で非正規社員は1,974万人。20年間で正規社員は500万人以上減り，非正規社員は倍増した。役員を除く雇用者に占める割合は約２割から４割近くに上がった。

　非正規社員は，1990年代初めにバブル経済が崩壊し，企業が人件費削減で労働力を低賃金の非正規社員に頼るようになって増えた。規制緩和の流れで，1999（平成11）年に専門業務だけだった派遣の対象業務が原則自由化されると，派遣労働者はピークの2008（平成20）年に202万人に達した。

　日本では新卒の一括採用が主流だが，企業の採用規模はその時々の経済状況に左右される。就職氷河期に社会に出た学生の中には，仕方なく非正規社員の仕事を選ぶ学生が多かった。非正規社員は，正規社員に比べて賃金水準が低く，雇用も不安定。厚労省の2014（平成26）年の調査では，非正規社員の賃金は正規社員の約６割。年齢とともに賃金が増える正規社員とは違い，非正規社員は横ばいだ。

　非正規社員は女性に多く，全体の57％を占める。とりわけ女性の25〜34歳が前年同月より９万人増え，35〜44歳が10万人多く，45〜54歳も11万人上回った。子育てが一段落した世代を中心に就業が伸びている。

　また，65歳以上の高齢者の非正規社員も，男性で16万人，女性が10万人，それぞれ増えた。定年退職後，高齢者が非正規社員の仕事に就く構図が浮かび上がる。だが，給与水準が低い非正規ばかりが増えると，一人当たりの平均賃金は伸びない。

米国の人口減少期に於ける大学の対応策

　国立教育政策研究所の喜多村氏は米国における大学淘汰現象について，次のように述べている。米国の青年の人口は，1970年代から1980年代にかけて急激に上昇してきたが，1980（昭和55）年を境として1995（平成７）年に向かって急激に減少すると予想されていた。すなわち18〜21歳人口は，1960（昭和35）年の950万人から急速に増えて1970（昭和45）年の1,450万人に達し，

さらに1980（昭和55）年の1,700万人台へと70年代の10年間で250万人も増える。ところが，1980（昭和55）年をピークとして継続的に急減に向かい，1995（平成7）年には1,300万人台へと，じつに400万人も減少する。1980（昭和55）年当時の25％も減少してしまうという，言うまでもなくこのことは大学最大の顧客である若い人口層の減少を意味し，きびしい学生募集難の時代を迎えつつあった。

これに加えて高等教育のマス化の先端を走っていた米国では，1970年代初頭から大学適齢期である18歳人口層による大学進学傾向が頭打ちとなり，代わりに女性，マイノリティ・グループ，成人，パートタイム学生の高等教育進学が高まるという，学生の構成や学習パターンの変化が顕在化してきた。

こうして大学でさえあれば無条件に学生が集まってくるという時代は，当時の米国社会においてはしだいに過去のものとなった。これは現在の日本の大学にも当てはまることである。その原因としては適齢人口の減少，学費の高騰，大学進学による兵役免除の特権の廃止，大学進学を奨励する政府の資金援助の削減など大学進学を外部から抑制するような要因が，大きくはたらいていた。しかしその背景には，大学での教育は学生個人にとって必ずしも有利な投資ではなく，むしろ社会的・経済的にも割にあわない消費にすぎないと見る風潮が，当時広まってきていたことも一因のようである。大学を教育産業とみたて，学生をその教育サービスを購買する消費者と見るならば，大学はいまや消費者が支払う対価に見合うような教育サービスを提供し得ているか否かが，問われるようになったのである。これは日本においても留意しなければいけない点である。

1980年代初頭から90年代にかけての米国高等教育の諸現象は大学にとっても最も影響する学生数の減少に直面したとき，いかなる事態が生じ，どのような問題に直面するかを雄弁に物語っている。従来高校卒業後ストレートに進学してきた伝統的な学生層は，大学進学に対して慎重になり，学費の安い大学やコミュニティ・カレッジに流れたり，できるだけ就職に有利な学科・学部に集中するなど実業志向をつよめてきた。

こうして，学納金に依存する私立大学はもちろんのこと，学生入学者数が

予算の基盤とされている公立大学でも，学生募集に特別予算を投じたり，入学担当部署が重視され，新しい戦略や方法を採用して，激烈な青年獲得競争が大学相互間，軍隊と大学の間でも闘わされたのである。

日本においても，1970年代の後半あたりから，過去20年余にわたって上昇してきた大学・短大進学率も頭打ちの傾向を示しはじめ，代わって専修学校や職業訓練機関などの非大学型の教育機関への進学が，若い世代の間で徐々に拡がりつつあった。つまり学生における学校選択の変化，進路選択範囲の拡大，就学形態や学習パターンの多彩化など，青年層の進路の多様化傾向が顕在化しつつあった。

しかしながら1980年代のアメリカの大学・短大の場合をみると，全体的な青年人口の増減と，大学・短大の統廃合の状況とは必ずしも連動してたわけではなかったことは注目すべき点である。これは，全国的な人口動態は大学の存続に大きな影響を及ぼすと考えられているが，大学の新設統廃合の数量的変化には直接的に反映されるとはかぎらないことである。

アメリカの場合，人口動態の減少にもかかわらず，大学・短大の廃校数が比例して増加しなかった最大の理由は，青年人口は減少したが高等教育人口が減少しなかったためである。連邦教育省のデータによれば全米の高等教育機関の在籍者数は，1979（昭和54）年には1,157万人であったが，6年後の1985（昭和60）年には1,225万人と，70万人も増加しているのである。この年，270万人の18歳人口が高校を卒業し，約230万人が大学の1年次に入学しており，新卒者の進学率は60％と推定されるので，約70万人が18歳以外の年齢集団から大学に入学したと推定される。したがって，大学・短大の学生収容力に見合った学生顧客が，本来の高卒進学者以外の層から新たに補充されたわけである。これは大学の学生募集活動の側からみれば，大学が学生層の新市場開拓に成功したということを意味する。

このような予想外の学生確保の成功は，大学側の学生募集への努力に負うところが大きい。募集学生の対象は，社会人，学力優秀者，マイノリティ・グループ，パートタイム学生等であり，その方法は奨学金，高校訪問，大学訪問誘致，ダイレクト・メール，電話等によるものである。その結果，大学

入学者の3割近くが18歳人口（高卒ストレート進学者）以外の学生層で占められることになった。要するに，アメリカの高等教育機関は，全体的な人口減少期というインパクトに対して，学生募集活動の強化と新しい学生市場の開拓によって対応したのである。日本でもこの点に注目して18歳人口減少期に入ると，各大学では社会人教育，生涯学習の展開が試みられた。しかし成功事例はほとんど見当たらない。

　連邦政府の統計によれば，3,000校をはるかに超える巨大なアメリカの高等教育機関において，1960（昭和35）年から1990（平成2）年にかけての30年間の閉校総数は364校で，平均1年間に閉校数は既存の学校に対して1％前後を占めるにしかすぎなかった。・閉校されたもののうち，4年制大学は185校，短大は179校で，ほとんど拮抗していた。・設置者別では，公立38校（4年制大学1校，2年制37校）に対して，私立326校（4年制184校，2年制142校）と，圧倒的に私立の方が多い。公立では，閉校は圧倒的に2年制機関が多いが，私立ではむしろ4年制大学の方が短大を凌駕していた。しかしその閉校の数量的規模や閉校率は，既存の機関の数や新設校の増加と比べれば，ほとんど問題にならないほど小さい。閉校数は公立校より私立校の方が圧倒的に多いが，4年制機関と2年制機関とでは全体的にはあまり差がなく，公立では2年制機関が多く，私立では両者がほぼ拮抗している傾向がみられる。

　これまでに出された先行研究や調査結果によれば，アメリカの大学の閉鎖や合併の原因として最もよく挙げられるのは，財産難による経営の破綻と学生数の確保の失敗である。閉鎖・合併の運命に陥った大学・短大の共通点としては，小規模（学生数1,000人以下），無名で基本財産を持たない授業料依存型の新設の短大，または教養中心のリベラルアーツ・カレッジ，または，宗教系大学という特徴が挙げられている。逆に強い大学は，私立よりは公立，立地条件の良いこと，適当な額の基本財産を有していること，創立年が古いこと（100年以上の伝統をもつ大学はほとんど廃止されていない），威信のある大学院をもっていること，等々が挙げられている。

　人口減少期を乗り越えた米国大学の改革の成果について三菱総合研究所の

高橋衛氏の講演から石渡氏は次のように纏めている。「米国においては，1980（昭和55）年から1995（平成7）年の15年間に18歳人口は約2割減少した。その間に改革を迫られた大学は，米国でも上位30校から50校以下の大学である。さらに女子の共学志向が強く，また職業志向がこの間進行した」。日本の私学の2015（平成27）年（18歳人口120万人）から18年後の2033（平成45）年（100万人弱）の先行事例となりうる。

　その上で，米国の大学の改革の成果として，次の5項目を挙げている。①18歳学生の減少への対応策として22歳以上の層の取り込み，②職業に直結する教育科目・内容の設定，③情報化進展への対応，④大学マーケティングの進展，⑤企業経営と大学経営の類似，で日本の私立大学でも参考とすべきである。

第2章

大学倒産時代の始まり

　以前には予想もしなかった大学倒産が2000（平成12）年以降，現実化してきた。この破綻という事態に対し，監督官庁である文科省，私学事業団が考えている対策を紹介する。また当事者である私立大学も，公教育の一端を引き受けている社会的責任はある。基本的に一番優先すべきことはその顧客である学生の就学機会の担保である。

　さらに実際に破綻し解散した学校法人，経営が危機的状態にある学校法人，最後は定員割れ状態が続いていた大学で早期に学生募集を停止して，幼稚園から高校までの学園運営に選択と集中を図った学校法人，この3事例を取り上げる。

予想もしなかった大学倒産

　私立大学を取り巻く経営環境は2000（平成12）年以降，一段と厳しさを増してきた。かつては考えられなかった「私立大学の倒産」が現実の問題となってきた。従来は「護送船団方式」により，絶対に倒産はないと思われていたことだが経営破綻により倒産が起こった。2004（平成16）年6月には宮城県の4年制の大学が倒産し，2005（平成17）年6月には山口県の4年制の大学が倒産した。株式会社帝国データバンクの学校法人の倒産動向調査によると，2001（平成13）年から2007（平成19）年までの学校法人の倒産は22件，負債総額は1,414億3,400万円となった。2001（平成13）年から2003（平成15）年までは各年1件であったが，その後に2004（平成16）年に3件，2005（平

成17）年に5件と急増し，近年の倒産件数の増加が顕著となっている。特に2006（平成18）年は7件となり，過去最高となった。

　負債総額も2001（平成13）年に1.6億円，2002（平成14）年に約8.8億円，2003（平成15）年に194億円，2004（平成16）年に308.2億円，2005（平成17）年に199.5億円，2006（平成18）年は640億6,000万円と高水準を記録した。学校法人としては最大級の倒産（2006（平成18）年9月，民事再生，京都，負債489億円）が大きく影響した。2007（平成19）年は，件数は4件，負債総額も61億6,500万円に留まった。

　倒産態様別では，「民事再生法」が12件（構成比54.5％）と最多となり，「破産」が10件（同45.5％）で続いた。2007（平成19）年の4件は全て「破産」であった。倒産主因別では，「放漫経営」，「設備投資の失敗」が6件（同27.3％）と最多で，以下，「販売不振」の4件（同18.2％），「その他の経営計画の失敗」が2件（同9.1％）と続いた。「設備投資の失敗」は校舎・園舎ならびにプールなど施設の新築，改築に伴う借入金が負担となるケースが多い。「放漫経営」については，経営者間の内紛，自治体への補助金虚偽申請などで信用が低下するケースが見られた。

　先に述べた2004（平成16）年の宮城県の4年制大学の場合は大学初の民事再生法の適用となった。その後，2014（平成26）年に債権を完済，現在再生へ向けて進んでいる。

文科省による学校法人の経営破綻対策

　前節で述べたが，私立学校をめぐる経営環境は全体として大変厳しい状況にある。2014（平成26）年度に入学定員を充足していない私立学校の割合は，大学で約46％に上り，また2013（平成25）年度で単年度の帰属収入（借入金など負債とならない収入）で消費支出をまかなうことのできない帰属収支差額（＝帰属収入－消費支出）がマイナス（いわゆる赤字経営）の学校法人の割合も約32％を占めている。こういう数字から見ると，学生数の減少等から経営状況が悪化している学校法人が増えつつあるのも事実である。また，少数ではあるが，不適切な経理等，学生数の減少以外の要因から経営破綻に陥る

という事例も生じている。学校法人の経営破綻対策については，資金面の問題のみならず，学生の問題，教職員の問題等を含め様々な観点からの検討が必要である。

　その中でも，特に最優先に考えなければならない重要な課題は，在学生の就学機会の確保である。仮に学校法人の経営が破綻し，学生が在学したままの状態で学校が閉鎖に追い込まれることになった場合，最も大きな影響を被るのは在学生に他ならない。

　この場合，条件の整う他の学校への転学も考えられるが，一般的には，転学という形での就学機会の継続は決して容易なことではない。その上で，万一の場合に備え，転学による在学生の就学機会の確保を可能な限り支援するための仕組みについても，考えておく必要がある。

　以上のような背景から，2005（平成17）年5月に文科省は私立大学経営支援プロジェクトチームを設け，最近の具体的な事例も踏まえ，学校法人の経営破綻対策についての基本的な対応方針を取りまとめた（「経営困難な学校法人への対応方針について」2005（平成17）年5月）。その対応方針は「私立学校の自主性の尊重」と「学生の就学機会の確保」を基本の考えとし，要点は①経営基盤の強化は各学校法人が自らの責任で行うべきもの，②文科省は，経営分析及び指導・助言等を通じ，主体的な改善努力を支援，また③状況に応じ，経営改善計画の作成や，より抜本的な対応策の検討を求める，さらに④学校の存続が不可能でも，在学生が卒業するまでの間の授業継続を求める，⑤万一の場合には，関係者の協力により転学を支援するなどである。

　以下はプロジェクトチームの取りまとめた方針内容の骨子である。

> 1．学生の就学機会確保の重要性
> 　学校法人が経営破綻に陥り，学校を存続できなくなった場合，直接的に最も大きな影響を被るのは，当該学校に在学する学生である。このような形で突然に学生の就学機会が失われることは，単に一学校の問題にとどまらず，公教育に対する国民の信頼にも関わる問題である。学校法人はもち

ろんのこと，関係者は，できる限りこのような事態を避けるべくあらゆる手立てを尽くす必要がある。

２．最後の手段としての転学支援

仮に，関係者の理解が得られ，様々な条件が整った場合には，近隣の大学等への転学という方法も考えられる。現に，休校の決まった大学の学生の大部分を近隣の他大学が受け入れた例がある。しかし，これは極めて幸運な例であって，一般的には転学は決して容易ではない。

例えば，近隣に大学等が設置されていない場合，仮にあっても専門分野等が合致しない場合，カリキュラムや国家資格の取得・受験資格に係る要件が合致しない場合，転学生を受け入れるだけの施設・設備等が十分でない等の理由から受入が困難な場合，転学を希望する学生と他大学等の意向が合わない場合もある。当然ながら，希望する全ての学生がいずれかの大学等に転学できるという保証もない。また，既修得単位の認定や授業料の扱い等について調整がつかないこともあり得る。

他大学等への転学は，いわば最後に残るやむを得ない手段であることを，十分認識しておくべきである。

３．学生転学支援策

学校法人が経営破綻に陥り設置する大学等が存続できなくなった場合，学業の継続を希望する在学生の近隣の国公私立大学等への転学をできる限り支援するために，次のような対応策が考えられる。

①経営破綻に伴い，存続が困難となった大学等の設置者である学校法人は在学生等への説明，②文科省等に対し，在学生の転学に係る支援要請，③文科省において関係機関と連携を図りつつ今後の対応協議，④近隣の国公私立大学等，その他の個別の大学等，また地元自治体に対し，状況の説明とともに，学生の転学受入の協力を要請する，その上で，各大学等に対し学生の転学受入の可能性等について確認する。⑤学生の転学を受け入れる可能性のある大学等で「学生転学支援連絡会」（仮称）を構成し，この連絡会において受入分野，受入学生数等について事前の協議を行う。⑥破綻法人と各受入大学等との間で受入条件等について協議，調整を行う。⑦以

上を経て，正式に学生の転学が行われる。なお，受入大学等においては，既修得単位の認定をはじめ，転学生に対する履修上・学生生活上の指導等，適切な配慮が必要である。⑧報告：破綻法人が文科省に対し調整の結果を報告する。

　このような手順による転学支援をより円滑に進めるため，転学生を受け入れた大学等に対して

①転学生に係る入学金等の減免，既修得単位の認定等についての協力要請

②奨学金に係る配慮

③転学生の受入大学等に対する支援，とりわけ私立大学等が転学生を受け入れた場合には，

- 受け入れた転学生の定員上の取扱い（定員の一時的な増員など）を検討し，措置する
- 前記の取扱いに伴い，経常費補助金について必要な措置を実施
- 転学生に係る授業料の減免等に対する助成
- 転学生受入に係る融資

④転学に関する情報提供等

- 日本学生支援機構における転学情報の提供
- 私学団体による情報提供・相談窓口の開設

⑤学籍簿の管理

などの必要な施策を講じる。

私学事業団による具体的対応策

　文科省が取りまとめた「経営困難な学校法人への対応方針について」を受け，2005（平成17）年10月に私学事業団は「学校法人活性化・再生研究会」を設置し，最終報告（2007（平成19）年8月1日）として取りまとめた。

　この研究会の設置は経営環境の厳しい時代における学校法人の経営革新の課題を提起するとともに，私学事業団等が，経営困難な学校法人への再生支援から破綻処理までの各段階において，どのような役割を果たすべきかにつ

いて提言を行うことを目的としたものであった。

ここでは経営破綻を予防するための指標である「経営判断指標」とそれに基づく経営状態区分と各状態における対応，さらに転学支援など破綻後の対応について，最終報告書から抜粋して紹介する。

> 1．学校法人の経営困難状態の克服
> 1.1　破綻予防スキーム
> 　基本的な対応方針は，経営困難な学校法人を安易に切り捨てることではなく，経営困難な状態であっても再生の可能性があり，自ら意欲的に再建に取り組む学校法人に対しては，その再生を積極的に支援することにある。一方で再生が不可能な場合には，社会的な混乱を最小限に抑えるために，募集停止等による円滑な整理促進を図ることも避けられない。募集停止が間に合わず，学生が在学中に経営破綻する場合には，学生の修学機会を確保する対策が必要になる。
>
> 1.2　経営判断指標の設定
> 　経営悪化の兆候をできるだけ早期に発見し，まだ回復の可能性がある時点で警鐘を鳴らすことができれば，経営破綻の防止に有効である。そこで私学事業団において，学校法人の経営状態のモニタリングを行い，一定のレベルに至った場合には，私学事業団や文科省が指導・助言を開始する。その時期を判断するための基礎となる指標として経営判断指標を設定する。学校法人の破綻のきっかけは資金ショートであるため，指標としてはキャッシュフローを重視した。このため，まず資金収支計算書から施設設備に関する収支と財務活動に関する収支を除いて，教育研究活動に関する収支差額がどの程度生じているかを把握する。その上で，この教育研究活動のキャッシュフローが仮に赤字だった場合には，運用資産（現金預金や特定預金等の換金可能な資産）で何年補填できるのか，一方黒字だった場合には，外部負債（借入金等外部に返済が必要な負債）を一定の年限以内で返済可能であるかを分析することによって，学校法人の経営状態を分類した。具体的

には資金収支計算書を組み替えて「教育研究活動のキャッシュフロー」を抽出し，各学校法人の経営状態を分類しているが，この指標だけでは経営悪化の度合いを判断することは困難である。学生数の推移，支援団体等からの寄付，施設設備の状況等の関連する他のデータや定性的な要因を総合的に分析することが必要である。

1.3　経営状態区分の定義

経営判断指標では，「教育研究活動によるキャッシュフロー」が黒字であり，かつ外部負債も10年以内で返済が可能な状態であり，更に帰属収入から消費支出を控除した帰属収支差額もプラスであれば，「正常状態」と定義する。

経営判断指標において，「教育研究活動によるキャッシュフロー」が2年連続赤字か，又は過大な外部負債を抱え10年以内の返済が不可能な状態であり，経営上看過できない兆候が見られるが，学校法人自ら経営改革努力を行うことにより経営改善が可能な状態を経営困難状態（以下イエローゾーンという）と定義する。また，教育研究活動によるキャッシュフローが黒字でも帰属収支差額が赤字の場合は，イエローゾーンの予備的段階と見なすものとする。消費支出には減価償却費等の実際の支出を伴わないものが含まれるため，この状態であれば短期的な資金繰りは問題ない。しかし，耐用年数到来後に設備の取替更新ができない。このため正常状態とはせず，要注意の一歩手前の段階としてイエローゾーンの予備的段階と位置付けている。

イエローゾーンよりも経営状態が悪化し，自力での再生が極めて困難となった状態を「自力再生が極めて困難な状態（レッドゾーン）」と定義する。

1.4　経営困難状態（イエローゾーン）

イエローゾーンにおいては，正常状態に回復することを目標にした経営改善計画の策定を学校法人に要請する。経営改善計画を作成する主体は学校法人であるが，私学事業団はその作成を支援し，文科省と共同して計画の進捗状況を把握するとともに，その進捗状況によっては，経営改善計画の達成に向けた更に踏み込んだ文科省による指導・助言が必要となる。

経営改善計画においては，例えば３年以内に教育研究活動によるキャッシュフローを黒字化する等，経営判断指標に応じた達成すべき目標と必要な期限を明確にする必要がある。経営改善に向けた努力を尽くしたものの，状況が好転せず，経営改善計画の達成が不可能となり，学校法人の破綻が不可避な場合においては，募集停止を促すことも必要である。

　経営困難の原因が学生数の長期的な減少にあり，改組転換や教学面の再構築等の抜本的な対策を見出せないのであれば，定員を大きく下回る部門の募集停止という形で勇気ある撤退を行うか，その部門を引き受けてくれる支援法人を探すかの決断が経営者には求められる。募集停止を行う場合でも，収入が無くなる期間（大学で最低３年，短期大学で１年）の支出相当額の資金を残した上で，募集停止を行うには早期の決断が必要である。

1.5　自力再生が極めて困難な状態（レッドゾーン）

　過大な債務を抱えている等の理由で，自力での再生が極めて困難であると判断された場合には，以下のような対応が考えられる。

(1)私的整理による再生

　私的整理による債務整理とは，個々の債権者（主に金融債権者）の同意を得て債務の圧縮を行うものである。一般に民事再生の場合には，マスコミ等に破綻したというイメージで大きく取り上げられるため，風評被害の影響も無視できないが，私的整理であれば，債権者と法人との間で再生計画を進めることができるため，風評被害が少なくなり，財産価値の大幅な減少を避けることが期待できる。

　一方で，私的整理の場合には民事再生のように裁判所が関与し多数決で決定できるわけではないので，金融債権者同士の調整を行う必要がある。この金融債権者間の調整は，一般的には，金融債権者の数が多いほど，また，債権放棄の金額が多いほど困難となり，メインバンクが多大な負担を強いられるようなケースも多い。そのため容易に債権者間の調整が進まず，民事再生に駆け込むケースや不適切な者の介入を招くケースが生じやすい。

(2)民事再生

　民事再生とは再建型の倒産手続きであり，債務者自身が引き続き事業を

継続しながら債権者に対する弁済計画や経費削減等を定めた再生計画案を作成し，裁判所に提出し，出席した議決権者の過半数，かつ議決権者の議決権の総額の二分の一以上の議決権を有する者により可決された計画に基づいて債務を圧縮し再建を図る仕組みである。この民事再生の制度を利用して，債務を圧縮して早期に再出発を図ろうとしても，特に現在の民事再生法は民間企業を前提としているため，例えば，破綻を招いた原因が学部学科構成にあるとして，大幅な改組転換を計画するとしても，開設に至るまでには相当の期間を要すること，更に学生募集時期以降の混乱を避けることが必要なため，申立時期を選ぶ必要があること等，学校法人にとっては困難な点が多い。また，民事再生制度では経営者等が引き続き事業の再建を図ることが前提になっているが，実際は支援者の意向が強くなり，経営者が交代する事例が多い。

(3)募集停止

前記のように，私的整理による再生，民事再生には問題点や困難性が多い。有効な解決策が見つからず，破綻が不可避であると判断される場合には，学校法人の自主的な募集停止が必要となる。募集停止後は，学生が卒業するまで運営を継続し，在学生が全て卒業してから学校を廃止し，債務を整理した後，学校法人を解散することとなる。

2．破綻後の対応

2.1　破綻状態とは

破綻状態とは，下記の2つの場合が想定される。

①募集停止が間に合わず，資金ショート等により金融機関等の取引停止，競売，滞納差押え等の事態が発生し，教育研究活動の継続が困難となり，学校法人の機能が停止するに至った状態

②民事再生手続の申立棄却，再生計画等の否決，再生計画の取消し等により，民事再生手続による再生が困難となった状態

いずれの場合も破産手続きに進むことになると考えられ，理事若しくは債権者による主たる事務所の所在地の地方裁判所への申立てにより破産手続の開始決定がなされる。開始決定と同時に裁判所は破産管財人を選任し，

学校法人は破産管財人の監督のもとに置かれることになる。

2.2 破綻後の課題と対応策

破綻状態に陥った場合には，以下のような課題への対応が必要になる。こうした対応策は募集停止が間に合わず破綻した場合の非常的対策である。本来は自主的に募集停止し，在学生を卒業させてから学校を廃止することが経営者の基本的な責務である。学校法人が破綻に陥り，学生の修学機会を奪い，経営を途中で放棄する事態に陥った場合は，経営者はその責任を取って辞任するか，場合によっては経営者自身の私財提供や連帯保証が求められることもある。

(1)転学支援

破綻した大学の運営継続が困難な場合には，近隣の大学への転学が望ましい。

(2)破綻により残された学生を円滑に卒業まで教育する仕組みの検討

①近隣の大学による教育面の支援

②経営面の支援

(3)学籍簿の管理

前章の図1.5で示されていたように帰属収支差額比率についても法人間の格差が拡大し，上下に大きく分散している。低水準の法人が年々増加しているが，これはフローの悪化であり，ストックに余裕があれば直ちに破綻することはない。経営判断指標はフローとストックを組み合わせて経営状況の区分を見たものである。区分は正常状態（A2，A1），イエローゾーンの予備的段階（B0），レッドゾーン・イエローゾーン（B4，B3，B2，B1）の7区分である。7区分の中央のB1がイエローゾーンであり，財務的には自力再生が可能な段階である。B2，B3は自力再生が容易ではない段階であり，B4は自力再生が不可能なレッドゾーンである。

2012（平成24）年3月に経営判断指標を見直し（精緻化），経営状態を示す指標を7区分から14区分にし，併せて学校単位の指標を創設した。特徴は教育研究活動のキャッシュフローを活用，外部負債，運用資産の状況を加味し

て経営継続（可能）年数を算出，定量的な絶対評価にした。さらに2015（平成27）年9月30日に学校法人会計基準改正に伴って定量的な経営判断指標も変更になり，新たな指標を図2.1に示す。これで経営状態を把握した結果，改善が必要であれば，経営改善計画を作成して経営の安定化を図る。

私立大学当事者の経営破綻回避策

　私立大学諸団体の一つである一般社団法人日本私立大学連盟は，既に2000（平成12）年度末に「大学（学校法人）における経営―危機に直面する大学経営」をまとめ，危機回避のための提言を行なった。その後，委員会を設けて，危機管理マニュアル，危機対処法，及び最も大切な学生の学籍を管理するセーフティ・ネットについて提言した。ここでは委員会報告書「学校法人の経営困難回避策とクライシス・マネジメント」よりその概略について紹介する。

> 　学校法人は学校法人会計基準に基づいて法人の経理を行ない，その決算報告等を文科省に提出している。また私学事業団に対しても，私学助成の基礎データとして詳細な経営データを報告している。これらの決算報告等のデータから経営判断を容易にする指標を取り出し，法人自らがそれらを経年比較することで，問題点を早期に見つけだし，さらに経営悪化や悪化要因の増加を認識することが大切なことである。当事者としては自らの法人の苦境は本来認めたくないものであり，この財務状況悪化に対する認識の遅れがときには致命的になることもある。
>
> 　1．危機管理マニュアル
>
> 　学校法人の管理者は，その教職員とともに，少なくとも一年ごとに自らの経営・管理の状況を検証し，その結果を教職員に開示し，問題点があれば共に検討して，翌年には必ず問題を改善するよう目標を定めるべきである。このような年ごとのチェックと改善行動を真摯に行っていくことが，学校法人を健全に運営し発展させる確実な基盤となる。
>
> 　各法人の運営や財務の特徴はあるが，大まかにとらえて学校法人が経営

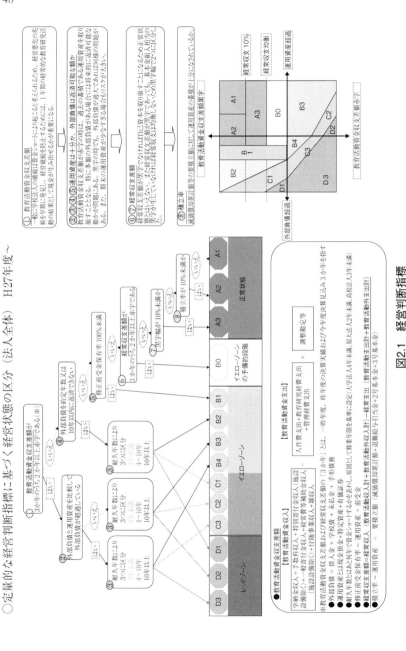

図2.1　経営判断指標
出典　日本私立学校振興・共済事業団

破綻に陥っていく過程を検証することで，自分の法人がどの段階にあるのかを検証し，回避するにはどのような対策が必要なのか，それは緊急に行うべきなのか否かなど，参考となる。図2.2は学校法人の経営困難へのプロセスを示したフローチャートであるが，法人運営の自己分析として，危機回避対策の参考に役立つものである。

２．危機対処法

　危機が進行しつつある時，学校法人の理事会が財務の問題点を早期に察知して対処しても，思うような成果が得られなかった場合，また中長期的にみて経営的に危険度が高いと判断された場合，理事会は当該学校法人の強みを活かせるうちに信頼の置ける活力ある他の学校法人などへの設置者変更または合併も視野に入れて，より財政的に安定した状況で教育活動を維持発展できる環境を整えるべきである。

　また積極的な対処を行っても効果が得られず破綻の危機に瀕した場合であっても，専門的な知識を駆使できる第三者とともに民事再生法に基づいた再生を検討するべきである。もしも，これもかなわないと判断された場合には，第一に学生や生徒の処遇を考慮するとともに学籍簿などの管理に対して万全の策を講ずるべきである。

３．学生の身分・学生管理等に関するセーフティ・ネット

　学校法人が危機的な事態に陥った場合，学生の身分と学籍管理に関するセーフティ・ネットの構築が重要な課題となる。とくに破綻の場合には，学生の身分と学籍は最優先で守らなければならない。本来，学校法人は学生を預かって必要な教育を行って付加価値を加え，これを世に送り出す使命を負っている。したがって，学校法人が預かる学生及びその学費は大切な公共財であると考えることができる。本来，学生の学籍はどこかしかるべき第三者機関（例えば私学事業団，大学基準協会など）で入学時から登録管理されるべきである。破綻した場合でも学籍が確保されていれば，学生とよく協議して引き受け先の学校法人を決めることができる。その後，移籍の決まった法人に当該学生の学籍情報を正確に伝えることができる。ときには，この第三者機関が学生との協議や移籍先の斡旋なども行う必要があ

初期段階（状況判断のミスと経営困窮）

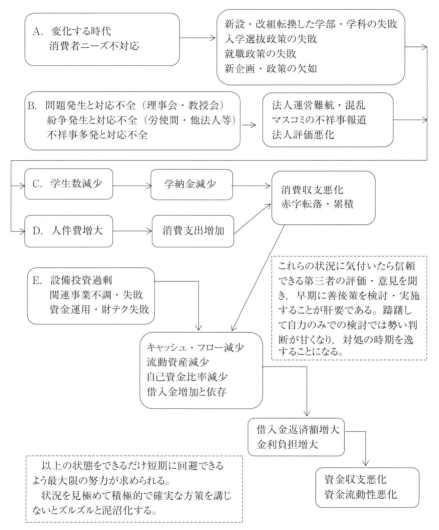

図2.2　学校法人の経営困難へのプロセス
出典　日本私立大学連盟経営委員会　学校法人の経営困難回避策とクライシス・マネジメント（最終報告）

中期段階（流動資金枯渇と）借入金依存

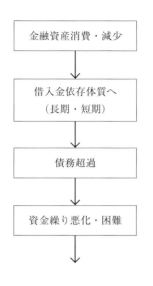

　前段の状況が回避できず，流動資産が減少すると，多くは短期の借入を行って急場を凌ぐこととなる。しかし，これはやがていわゆる自転車操業となり，やむを得ず金融資産やその他の資産を売却して，流動化を図ることになる。
　この状況が続き，起死回生の策が実行できなければ致命的な経過に至る。
　民事再生法の適用申請の検討も選択肢の一つとして視野に入れるべきである。

このあたりで大英断をしなければ破綻の道

末期段階（資金のショート・資金調達不能，そして破綻）

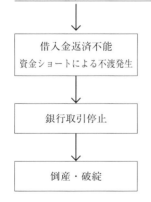

　こうなると，よほどの起死回生の方策がないと復帰は困難となる。
　この時点では，専門の弁護士などに相談して破産法の適用を考慮するべきである。

これらの一連の対応をスムーズに行うためには，日ごろから当該学校法人が情報を開示し，第三者機関による評価を継続的に受けていることが必須条件である。すなわち，第三者評価結果が同様であるか近似の法人同士では，学生の移籍を行いやすい。第三者評価結果で格差がある場合には，これを考慮したうえで移籍可能である。しかし．この第三者機関の評価結果が存在しない場合には，学生を受け入れる法人にとっては判断の基準がなく移籍は大変困難となる。

　破産にせよ民事再生にせよ，転学希望者が大量に発生する事態に備え，転学のスムーズな実現を側面から支援するために，私学団体や文科省，私学事業団としても，情報提供，斡旋その他のどのような協力をすることができるかを検討しておくことが必要なことである（例えば，収容定員上の余裕と受け入れ意志のある大学が近隣に存在するか，何人の受け入れが可能かといった情報を迅速に収集し，提供する方策など）。

私学の返済延滞増加

　私立の高校や大学などを運営する学校法人で借金の返済が滞るケースが増えている。私学への貸し付けを行う私学事業団が抱える不良債権を図2.3に示す。

　尚，不良債権とは民事再生，破産，再生手続きなどに入った「破産先債権」と返済期間を6カ月以上経過した「延滞債権」の合計で，2012（平成24）年度の合計額は114億9,900万円であった。5年前の2007（平成19）年度の約56億2,900万円の倍以上になった。

　貸付額全体に占める不良債権の割合は2007（平成19）年度の0.93％から2012（平成24）年度は1.96％と倍以上に増えた。貸付先の法人数は全体で1,463から1,330に減った一方で，不良債権を抱える法人は30から35に増えている。少子化や公立高の授業料無償化などで，これまでは比較的悪化が目立たなかった高校の経営が厳しくなっているのが一因である。

　その後の2013（平成25）年度，2014（平成26）年度であるが，不良債権は

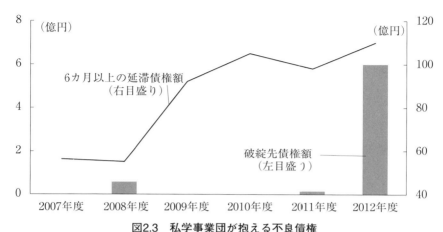

図2.3 私学事業団が抱える不良債権
出典 日本私立学校振興・共済事業団の数値より著者作成

各々約112億と94億に減少, 貸付額全体に占める不良債権の割合も1.96％と1.62％に減少している。

私学事業団は貸し付けにあたって担保や保証人をとっている。しかし貸付先が教育を担う学校法人で, これまで強制的な回収手続きを執った例はない。

私立学校法の改正——危機的状態にある学校法人への行政措置

文科省によると, 問題のある学校法人への行政措置は, 解散命令に限られていた。2013（平成25）年3月に解散命令を出した次節事例(I)の学園のケースでは, 数年前から経営悪化が表面化していたが, 学園側が指導に従わずに学生募集を続け, 在校生の転学先が確保される前に発令が決まる事態となった。

この大学の事例をもとに文科省は「著しく重大な問題を抱える学校法人への対応」として2014（平成26）年4月に私立学校法の改正を行なった。次節事例(I)の学園のように学校存続が危うい事態にありながら生徒募集を続ける例もあるため, 入学停止や在籍生の転学支援を行政が命じられる制度を新設

した。

　改正法は学校法人の運営が混乱した際，文科省や都道府県が実態を把握するため，立ち入り検査をできると規程。法令違反が明らかな場合は改善命令を出すほか，法人の財産を横領するなど不正行為をした役員を解職するよう命じることもできるようにした。

　国や自治体の監視権限が強まれば，私学の自主性を尊重する私立学校法の理念に抵触する可能性があることから，改善命令などの強制措置をとる場合は有識者からの意見聴取を義務付けた。

　改正内容は次の通りである。

　１．所轄庁による必要な措置の命令等
　⑴所轄庁は，学校法人が，法令の規定，法令の規定に基づく所轄庁の処分若しくは寄附行為に違反し，又はその運営が著しく適正を欠くと認めるときは，当該学校法人に対し，期限を定めて，違反の停止，運営の改善その他必要な措置をとるべきことを命ずること（以下「措置命令」という。）ができる。（第60条第１項関係）
　⑵学校法人が措置命令に従わないときは，所轄庁は，当該学校法人に対し，役員の解任を勧告することができることとしたこと。（第60条第９項関係）
　　この措置命令を行うことができる場合については，その基本的な考え方や具体例として，例えば，次のような場合を想定しているものであることが示された。
　①学校の運営に必要な資産の不足により，教育研究活動へ支障が生じている場合
　（具体例）
　・学校法人の所有する土地・建物が競売により売却され，必要な校地・校舎の一部が保有されていない
　・教職員の賃金未払いが生じ，必要な教職員数が不足しているなど
　②理事会において必要な意思決定ができず，教育研究活動への支障や，

学校法人の財産に重大な損害が生じている場合

（具体例）
・理事の地位をめぐる訴訟により，必要な予算の編成や事業計画の策定がなされず，教育研究活動に支障が生じている
・理事が，第三者の利益を図る目的で学校法人の財産を不当に流用し，学校法人の財産に重大な損害を与えているなど（大阪府の学校法人でも法人資産を不正融資した元理事長らが2013年，有罪判決を受けた）

最近の私立大学破綻事例
〔I〕 解散
破綻の経緯

ここでは，群馬県のある学校法人の事例を先ず取り上げる。この学園は1966（昭和41）年に群馬県高崎市に学校法人を設立，その後1981（昭和56）年に短期大学開学，さらに1992（平成4）年に専門学校を設立，短期大学と専門学校を統合して2004（平成16）年に大学を開学した。開学から8年後の2012（平成24）年4月に大学への入学者が0となった。文科省は2013（平成25）年3月に経営母体である学校法人に解散命令を発令した。当時，在籍学生は163名，同年3月16日に4年生54名が卒業，2，3年生109名のうち106名は群馬県内や近隣県の他大学に転学，就職等したものの，法人解散前日の3月27日時点で進路未定者が3名いた。3月28日に文科省から学校法人へ解散命令が出され，閉校となった。解散命令は2004〔平成16〕年7月から2004（平成16）年10月にかけて4学校法人に出されたが，在校生がいる学校法人に対する文科省の解散命令は史上初のことであった。

この大学は2学部，3学科で構成され，ある学部では全国でも珍しい4学期制を導入していた。もう一つの学部ではインターネットを通じて自宅で勉強するeラーニングを使用して行なうメディア授業を行なっていたが，日本高等教育評価機構は，この大学のeラーニングによる単位取得は大学設置基準に違反していると指摘した。

この学園の問題は文科省や群馬県に提出していた2002（平成14）年から

2004（平成16）年までの決算書に虚偽があったとして私学事業団から2008（平成20）年度の補助金の交付を取り消されたことから，端を発している。2009（平成21）年4月の入学予定者は2学部で77人と21人と大きく定員を割り込んだ。同年11月には刑事事件で有罪判決を受け執行猶予中だった女優が入学，マスコミに取り上げられることも多くなり，学園の知名度は上がり，入学志願者数の増加も見込まれていた。

　一方，2007（平成19）年頃から教職員への給与遅配が始まっていた。2009（平成21）年に教職員への給料遅配で，労働基準監督署から労働基準法違反で是正勧告を受けた。また東京地裁は大学のキャンパスについて仮差し押さえ命令を出した。群馬県教育委員会も学習面への影響を懸念し，県内の全公立高に対し「当学園が運営する学校へ入学させないように」と指導する旨の文書を送付した。2010（平成22）年，群馬県は学校法人に対し助成金の全額不交付を決定した。それ以外にも職員給与未払い（総額2億円超）や公共料金滞納が発生したことのみならず，理事長による金銭トラブルなどで多くの訴訟が行われていた。2011（平成23）年1月に当時の理事長は引責辞任した。2011（平成23）年3月には日本高等教育評価機構はこの大学の認証評価を「不認定」とした。

　その後も経営状態が改善しないため，文科省は2012（平成24）年10月，私立学校法に基づいた解散命令を2012（平成24）年度末までに発令することを表明し，大学設置・学校法人審議会は，2012（平成24）年10月25日，文部科学大臣に対し，私立学校法に基づいて，解散命令を出すことが妥当との答申，報告を出した。2013（平成25）年3月28日，学校法人は解散命令により廃止された。この直後の4月4日に債権者の私学事業団から破産を申し立てられた。同年6月4日，東京地方裁判所より破産手続き開始決定を受けた。負債総額は45億円。また群馬県は同年8月30日付で学園の生活協同組合に対して解散命令を出した。

破綻法人の財務状況

　この学校法人の財務状況はどうであったか。表2.1は2010（平成22）年度の

表2.1　決算書

資金収支計算　　　　　　　　　　　　　　　　　　　　　　　　　　（単位：千円）

収入		支出	
学生生徒等納付金収入	602,150	人件費支出	814,225
手数料収入	2,677	教育研究経費支出	316,043
寄付金収入	9	管理経費支出	260,171
補助金収入	0	借入金利息支出	718
資産運用収入	53	借入金等返済支出	131,555
資産売却収入	0	施設関係支出	0
事業収入	60,157	設備関係支出	0
雑収入	6,308	資産運用支出	0
借入金収入	302,366	その他の支出	142,826
前受金収入	195,436		
その他の収入	43,001		
資金収入調整勘定	-472,530	資金支出調整勘定	-813,930
前年度繰越支払資金	163,735	次年度繰越支払資金	51,754
収入の部合計	903,362	支出の部合計	903,362

消費収支計算　　　　　　　　　　　　　　　　　　　　　　　　　　（単位：千円）

収入		支出	
学生生徒等納付金	602,150	人件費	814,225
手数料	2,677	教育研究経費	446,202
寄付金	108,164	管理経費	277,842
補助金	0	借入金利息支出	7,459
資産運用収入	53	資産処分差額	0
資産売却差額	0	徴収不能額・徴収不能引当金繰入額	28,222
事業収入	60,157	消費支出の部合計	1,573,950
雑収入	37,355	当年度消費支出超過額	766,094
帰属収入合計	810,556	前年度繰越消費支出超過額	5,301,083
基本金組入額	-2,700	基本金取崩額	0
消費収入の部合計	807,856	翌年度繰越消費支出超過額	6,067,177

貸借対照表　　　　　　　　　　　　　　　　　　　　　　　　（単位：千円）

資産の部		負債・基本金・消費収支差額の部	
固定資産	5,146,134	固定負債	876,381
有形固定資産	5,076,455	流動負債	3,562,959
その他の固定資産	69,679	負債の部合計	4,439,340
流動資産	244,390	第1号基本金	6,884,361
		第4号基本金	134,000
		基本金の部合計	7,018,361
		消費収支差額の部合計	-6,067,177
資産の部合計	5,390,524	負債・基本金・消費収支差額の部合計	5,390,524

出典　公表データより著者作成

　決算書，財務諸表を示す。但しこの決算書も当該法人が群馬県に提出したものであり，数字の真偽のほどは不明であることをお断りしておく。
　先ず，この決算の概要ではなく，筆者が法人作成の決算書をみると，例えば学納金収入が，当初予算では決算と比較して倍額に近い数値が計上されていた。当初予算では定員ベースで計上したものと見られるが，これでは予算の意味がほとんどない。表2.1からは学納金収入の半分近い額の約3億円の借り入れがなされており，それに対し，借入金返済は約1.3億円しかなされていない。流動負債（短期借入など）が35.6億円近くあり，帰属収入の8.1億円を大きく上回っている。人件費は帰属収入を僅かであるが上回っており，人件費比率（＝人件費÷帰属収入）は100.5％，人件費依存率（＝人件費÷学生生徒等納付金）は135.2％である。消費支出は15.7億円で，当年度は約7.7億円の支出超過，翌年度への繰越消費収支差額（累積赤字）（各会計年度の消費収支差額の累積されたもの）は約60.7億円である。帰属収支差額比率（＝（帰属収入－消費支出）÷帰属収入）は－94.2％，消費支出比率（＝消費支出÷帰属収入）194.2％であり，財政は破綻状態であった。
　日本高等教育評価機構はこの大学の認証評価を行ない，以下の評価をした。ここからは2010（平成22）年度大学機関別認証評価報告書からの抜粋である。

> 　評価の結果，貴大学は日本高等教育評価機構が定める大学評価基準を満たしているとは認められない。
> 　財務及び運営面の窮状は理事会が機能していないことに起因する。先ず運営面では大学運営改善に関わる事案が議案として取上げられていないなど，理事会において改善に向けての取組みが見られない。また，大学の諸業務を監査する監事が役割を果たしていない。学部の教学組織が自らの役割を認識していないため，管理部門と教学部門の連携機能を果たすために設置された「連絡会議」が機能していない。自己点検・評価が授業評価アンケート実施に矮小化され，大学の運営全般についての点検・評価が行われていない。
> 　財務面では消費支出比率が年々悪化しており，収容定員充足率が過去5年間において定員数を大きく下回っている。2009（平成21）年度末の短期借入金残高は翌年度予算の帰属収入を大きく上回り，短期借入金の返済もほとんど予算化されていない。危機的財務状況にも関わらず財務に関する中長期計画が策定されていない。公開されている財務情報資料が私立学校法で定められた要件を満たしておらず，ホームページなどでの公開も行われていない。有価証券の購入と売却を繰返しているが，資産運用規程は全く整備されていない。

　基準1（建学の精神・大学の基本理念及び使命・目的），9（教育研究環境），10（社会連携）以外は満たしていない評価であったが，特に基準8（財務）を満たしていないと判定された財務については以下の指摘がなされた。

> 　消費支出比率が法人部門，大学部門ともに過去5年連続で100％を上回っており，その状況は悪化の一途をたどっている。また，収容定員充足率は過去5年間，両学部とも定員数を大きく下回っている。
> 　2009（平成21）年度末の短期借入金残高は2010（平成22）年度予算の帰属収入を大きく上回っている状況であり，短期借入金の返済は当初よりほと

んど予算化されていない。また，2009（平成21）年度末の未払金は2010（平成22）年11月の実地調査時点で支払いが滞ったままである。こうした危機的ともいえる財務状況であるにも関わらず，財務に関する中長期計画が全く策定されていない。

2009（平成21）年度収支計算書などの作成が私立学校法第47条で定められた期限に間に合わず，作成された収支計算書などには不適切な会計処理が散見される。更に，計算書類を文科省へ提出後に計算書類の金額を訂正したにも関わらず，訂正後の計算書類が文科省に提出されていない。

財務情報の公開に関しては，公開されている資料が私立学校法第47条で定められた要件を満たしていないのみならず，ホームページなどでの公開も全くなされていない。外部資金の導入に関しては，計算書類を改ざんして文科省に提出したとの理由で私立大学等経常費補助金が不交付となっており，他の補助金，寄付金などの導入も皆無に等しい。また，過去において有価証券の購入と売却を繰り返しているにも関わらず，資産運用規定は全く整備されていない。

転学支援

文科省が2012（平成24）年10月，私立学校法に基づいた解散命令を発令することを表明した。マスコミが一斉に報じた，残された課題は在校生への対応であった。文科省は，「当該大学に在籍する学生への支援等について」をリリース，全国の国公私立大学・短大を対象に学生の受け入れを要請した。同年11月時点で要請を受け入れた大学は69校。このほか，通常の編入試験を通じて受け入れを検討している大学も143校となり，学生が引き続き学習できる環境が整備された。

支援を表明した群馬県内のある大学は，当該大学の学生が同大学への編入を希望しているという事実を知り，転編入による支援を表明した。また都内の別の大学は，日本私立大学協会からの要請を受けたため，支援を表明した。専門学校や幼稚園の受け入れも進んだようである。しかし，今回の救済は学生のみであった。

解散命令に至る背景

文科省の「当学校法人に対する解散命令の手続に至った経緯」によると，同大学は開学以来，学生数が定員に達することはなく，経営状況は悪化，2007（平成19）年12月以降，経営や管理運営の改善を指導していた。しかしこの間も財務計算書類の虚偽記載や税金，公共料金等の滞納が生じていた。そこで補助金の不交付などの制裁措置を講じ，再度，学園側に対し経営改善を促したものの，その後も学園側から具体的な管理運営の改善策や今後の資金計画，債務返済計画などの提出はなかった。こうした状況を鑑みて，学園の運営が困難であるだけでなく，将来的には不利益を被る学生が増加することを懸念して，文科省は解散命令を出すことを決意した。なお，解散した学園は，私立学校法により，破産へ移行することが定められている。

(Ⅱ) 私的整理——大学募集停止，他法人への事業（カリキュラム・在学生・教員）譲渡

破綻の経緯

ここでは経営困難校である関西のある学校法人の事例についてふれる。同法人は大学，短大，中学・高校，幼稚園などを運営している。大学は2007（平成19）年に開学，1学部だけの単科大学で，2014（平成26）年度の入学生を含む約760人が在籍していた。この事例は私的整理による再生を目指して進行中であり，具体策として大学の募集停止，さらにその大学の在学生・教員をそのまま，近隣の他の大学に転学及び移籍させた事例である。同法人は2004（平成16）年から2008（平成20）年にかけて，デリバティブ取引を行ない，2008（平成20）年のリーマンショックの影響で多額の損失を出した。資産運用の失敗で資金繰りが急速に悪化し，2011（平成23）年には教職員の給与や賞与などの未払い，他の金銭問題など次々に明るみに出た。法人は経営陣を刷新し，職員の給与カットや中高のグランドの一部など所有地の売却に踏み切った。しかし，少子化の中で激化する他の大学との学生獲得競争にマイナスイメージも重くのしかかり，入学者数の減少に歯止めがかからなかった。

大学の入学者は2011（平成23）年度の265人から毎年減少，2014（平成26）年4月の新入生は6割に満たない157人まで落ちた。2012（平成24）年度から入学定員270名を3年連続で大幅に割り込んでいた。大学と短大，中，高の2012（平成24）年度の入学者は全体で2011（平成23）年度より3割以上減った。開学からわずか7年の2015（平成27）年度から大学は新入生の募集停止を発表した。その後，大学は文科省へ経緯を報告し，学生への説明も行った。

しかし2014（平成26）年3月，大学の認証評価機関である日本高等教育評価機構は「財政が危機的状況にある」と判断。同法人は運営の立て直しを進めてきたが，財政計画は「実効性に乏しい」と指摘された。2014（平成26）年7月，近隣の大学が設置認可申請中の学科に当該大学のカリキュラム・学生・教員を継承する方向で調整中と発表された。同年8月，その大学の学科の設置が認可された。在学生・教育資産は2015（平成27）年4月にその学科に継承された。なお，キャンパスは併設されている短期大学が継承し，2016（平成28）年からは中学校・高等学校も別の場所から移転してくる予定である。

経営困難校の財務状況

この学校法人の2008（平成20）年度の決算書，財務諸表を表2.2に示す。資金収支計算書を見ると，学納金収入は18.9億円，資産売却収入23.4億円，借入金収入が25億円であり，支出では人件費26.7億円，借入金等返済支出8.6億円，資産運用支出35.8億円で資産売却，資産運用，借入金に関する出入りが多いのが目につく。消費収支計算書では帰属収入の30.7億円に対し，支出では人件費が26.9億円，その他では資産処分差額（いわゆる資産売却損）の104億円が突出している。この資産処分差額の支出で当年度消費支出超過額（赤字）は123.5億円となり，翌年度繰越消費支出超過額（累積赤字）は124.7億円となった。

因みに前年度2007（平成19）年度は資産処分差額支出約5億円，当年度消費支出超過額（赤字）は24.3億円，翌年度繰越消費支出超過額（累積赤字）は

表2.2　決算書

資金収支計算　　　　　　　　　　　　　　　　　　　　　　　　　　（単位：千円）

収入		支出	
学生生徒等納付金収入	1,892,862	人件費支出	2,671,495
手数料収入	42,973	教育研究経費支出	814,472
寄付金収入	745	管理経費支出	696,860
補助金収入	601,800	借入金利息支出	151,150
資産運用収入	366,112	借入金等返済支出	864,150
資産売却収入	2,338,277	施設関係支出	255,561
事業収入	3,659	設備関係支出	36,075
雑収入	156,062	資産運用支出	3,578,881
借入金収入	2,500,000	その他の支出	1,429,902
前受金収入	599,411	資金支出調整勘定	-506,754
その他の収入	1,829,065	次年度繰越支払資金	290,863
資金収入調整勘定	-765,087		
前年度繰越支払資金	716,776		
収入の部合計	10,282,655	支出の部合計	10,282,655

消費収支計算　　　　　　　　　　　　　　　　　　　　　　　　　　（単位：千円）

収入		支出	
学生生徒等納付金	1,892,862	人件費	2,693,428
手数料	42,973	教育研究経費	1,156,878
寄付金	745	管理経費	788,512
補助金	601,800	借入金利息支出	151,150
資産運用収入	366,112	資産処分差額	10,409,286
資産売却差額	0	徴収不能額・徴収不能引当金繰入額	13,678
事業収入	3,659	消費支出の部合計	15,212,932
雑収入	161,753	当年度消費支出超過額	12,351,250
帰属収入合計	3,069,904	前年度繰越消費支出超過額	5,729,706
基本金組入額	-208,222	基本金取崩額	5,608,807
消費収入の部合計	2,861,682	翌年度繰越消費支出超過額	12,472,149

貸借対照表 (単位:千円)

資産の部		負債・基本金・消費収支差額の部	
固定資産	20,926,164	固定負債	8,576,312
有形固定資産	17,642,845	流動負債	3,944,750
その他の固定資産	3,283,319	負債の部合計	12,521,062
流動資産	761,539	第1号基本金	20,034,790
		第3号基本金	1,201,000
		第4号基本金	403,000
		基本金の部合計	21,638,790
		消費収支差額の部合計	-12,472,149
資産の部合計	21,687,703	負債・基本金・消費収支差額の部合計	21,687,703

出典　公表データより著者作成

57.3億円であったが、1年間で急激に財政は悪化した。

　財務比率を見ると、2008（平成20）年度で人件費比率は87.7％、人件費依存率は142.3％、帰属収支差額比率は－395.6％、消費支出比率495.6％であり、財政は危機的状態であった。流動比率は19.3％で余裕資金が乏しく新たな事業の展開は財政的には難しい状況であった。翌年度繰越消費支出超過額（累積赤字）は2010（平成22）年度には150億円超となった。

　それ以前の財務諸表などを併せてみると、2006（平成18）年～2008（平成20）年度にかけて資産運用収入、資産売却収入、と学納金収入が、2006（平成18）年度から2008（平成20）年度の人件費と資産運用支出で消えてしまったことから、翌年度繰り越し支払い資金が急激に減少し、貸借対照表からは2008（平成20）年度には現金が4号基本金を担保する額、2.9億しか残っていないことが示されている。

　2012（平成24）年度に理事長が現在の理事長に代わった。最近（2014（平成26）年度）の財政状況を見ると、以前に比べて改善されている。まず人件費比率が大幅に減少、2008（平成20）年度当時の約3分の1の31.9％に下がった。しかし、人件費依存率はそれほど下がらず、約2分の1の70.7％である。これは2014（平成26）年度の学納金収入は2008（平成20）年度と比較し

て25％減であったことを反映している。気になる点は学納金比率（＝学生生徒等納付金÷帰属収入）が私大平均に比べて低く，また最近は年々下降し，2014（平成26）年度は45.2％になった。それに代わって，資産売却差額（いわゆる資産売却益）は，2013（平成25）年度，2014（平成26）年度とも帰属収入の30％以上を占めている。これは，この法人の最近の法人経営のある側面を表している。2014（平成26）年度の帰属収支差額比率はプラス17.6％になり，2008（平成20）年度に比較して大幅に改善された。ただ，翌年度繰越消費支出超過額（累積赤字）も以前に比べて減ったが，まだ101億超あり，借入金も長期，短期で63億円残っていることを考えるとまだ先は長い道のりである。

　日本高等教育評価機構はこの大学の認証評価を行ない，以下の評価をした。ここからは2013（平成25）年度大学機関別認証評価報告書からの抜粋である。

> 　日本高等教育評価機構の認証評価では「大学評価基準に適合しているとは認められない」との判定であった。特に「基準3．経営・管理と財務」では経営の規律と誠実性の維持の表明のため，財務情報や教育研究情報の社会に対する公表が求められているが，貴大学ではこれらに関する最新の情報が公表されておらず，各種規定も整備されていない。また，理事会は継続的な審議ができる状態ではなく，機能しているとはいえない。特に寄附行為で定められている法人の資金調達（借入金）について，事前に評議員会での意見聴取が行われていない。完成年度を迎える前に借入金が増加するなど，財務基盤は大きく崩れており，借入金返済計画も不透明で，現在の財政計画は実行性に乏しく，財政は極めて危機的状況にあり，有効な再建計画が求められる。
> 　また理事会の機能については継続的な審議ができる状態ではなく，教育機関及び学校法人の公共性を保つための役割と機能を果たしているとはいえない。
> 　また法人の資金調達（借入金）の手続きに関しては，寄附行為で定められ

> ているが，2010（平成22）年7月の理事会で審議された借入金については，事前に評議員会の意見が聴取されておらず，理事会承認後の評議員会で「報告事項」として扱われているので改善が必要である。
>
> 　「財務基盤と収支」では大学は，2008（平成20）年のリーマンショックにより運用資金を失い，更にこれに関連しての借入金増加で財政が大きく崩れている。銀行団などとの借入金返済計画に関する特定調停は現在交渉中であるが，先行きは不透明である。借入金は，不動産の売却で一部返済する予定であり，不動産売却交渉は現在進行中である。しかしながら，今後の借入金返済については，自力で現金を増加させなければならないが，入学者は年々減少しており，学納金増加の目途が立っているとはいえない厳しい状況である。現在の財政計画は実行性に乏しく，財政は極めて危機的状況にあり，有効な再建計画が求められる。さらに改善を要する点では法人全体の学納金などの増収を図り，更なる経費削減により，キャッシュフローの安定黒字化と帰属収支の早期黒字化への改善が必要である。
>
> 　最後に自己点検・評価の適切性では2007（平成19）年度，2008（平成20）年に自己点検・評価活動の報告書として「大学評価委員会に対する学長諮問の答申」（報告書）が作成された。その後は，FD部会などを中心とした教学面での自己点検・評価活動にとどまっており，2013（平成25）年度認証評価のための「自己点検評価書」が作成されるまで，全学的な自己点検・評価報告書は作成されておらず，自己点検・評価活動が継続的に行われていない。

　以上が認証評価の結果であり，この結果が，2015（平成27）年度から学生募集停止の発表に繋がったようである。

(Ⅲ)　大学募集停止

　次の事例は東京郊外にある女子大学で，戦後女子短大を開設，その短大を学生募集停止して，4年制大学に改組した。しかし，2002（平成14）年開学以来，慢性的な学生不足で経営状況が悪化していた。入学定員は115名，

2012（平成24）年までの最近の入学者数の推移は，2008（平成20）年度は60名，2009（平成21）年度は70名，2010（平成22）年度は83名，2011（平成23）年度は58名，11年目を迎えた2012（平成24）年度には入学定員をそれまでの115名から20名減らして95名としたが，52名であった。2012（平成24）年度時点の在学している学生総数は264名で収容定員に対する充足率は57.4％であった。

　理事会は，大学を同年度の新入生を最後に学生の募集を停止し，2016年（平成28年）3月をもって閉校することを発表した。2012（平成24）年4月に文科省に対して届出を行なった。2012（平成24）年以降の学年進行に伴う学生数の推移を見ると2013（平成25）年度は152名，2014（平成26）年度は74名であった。今後は法人の教育目標である「高い品性を備え，人と社会に貢献する女性の育成」を目指し，小学校，中学・高等学校の教育学習環境の改善に努め，学園の発展に向け一層の努力を続けるとの声明を発表した。多くの女子大学併設の学校と同様に，高校から大学に内部進学する生徒はほんのわずかで，多くは他大学に進学していた。さらに高校までの校舎は都心にあり，大学は都心から離れた場所にあることもその一因と言われている。

　ここでは募集停止を決めた2012（平成24）年度かう学校閉校1年前の2014（平成26）年度までの在学生数減少を反映した財務状況の推移をみる。

　先ず，学納金収入は20億円から16.8億円に減収，さらに補助金収入は6.28億円から5.8億円に減収，したがって帰属収入は29.2億円から25.98億円に減収，消費収入も27.1億円から23.29億円に減収となった。一方，支出を見ると2012（平成24）年度と2014（平成26）年度を比較すると人件費は18.87億円から20.7億円に増加，教育研究費は8.35億円から7.81億円に減少，消費支出は30.54億円から30.09億円に減少したが，帰属収支は－1.34億円から－4.11億円，当年度消費収支は3.43億円の支出超過，から6.8億円の支出超過になった。翌年度繰超消費支出超過額（累積赤字）は52.88億円から63.16億円に達した。

　財務比率からは人件費比率は2012（平成24）年度から2014（平成26）年度にかけて64.6％から79.7％へ上昇，人件費依存率は94.4％から123.2％へ上昇，帰属収支差額比率は－4.6％から－15.9％に，消費収支比率も112.7％から

129.2％へ悪化した。

　やはり，一番気になるのは人件費である。大学の募集停止が発表されてから，学生数が減ったにも関わらず，人件費が上昇している点である。この点については退職者が増加したことによる退職金の増加もあったようである。教育研究経費は学生数減を反映して0.5億円減少している。事業報告書をみると，大学の教員数であるが，2012（平成24）年度は専任教員20名，兼務教員45名，2014（平成26）年度では専任教員19名，兼務教員35名であった。専任教員数が１名減っただけである。大学の閉校まで2015（平成27）年度の１年間残しただけだが，教員組織についても別な考え方もあると思われる。

　今後については，大学閉校後であるが，仮に校地を処分すれば土地・建物等の固定資産は減り，もし売却すれば流動資産の増加が見込まれる。その結果，基本金は減じ，消費支出超過額も減り，借入金も４億弱で少ないことも今後の経営に負担をかけずに済むようで，経営改善が見通せる。

第 3 章

破綻の淵からの脱出例

　本章では，借入金依存体質，いわゆる自転車操業状態に陥っていた大学が，資産，資金とも乏しい中で如何にして破綻の淵から脱出できたのか，その詳細を述べ，その脱出が何故可能であったのか言及する。

困難さを増す私学経営
　新設の大学・学部・学科などの設置認可申請にあたっては，「開設年度から完成年度までの各年度の経常経費の財源に，原則として，学納金（いわゆる学費），寄付金，資産運用収入その他確実な計画による資金をもって充てるものとし，借入金を充てるものでない」（学校法人の寄附行為及び寄附行為の変更の認可に関する審査基準，2007（平成19）年３月30日文科告41）ことが定められている。大学・学部等の設置認可にあたって，開設した大学などが完成年度（最初の卒業生がでる４年目をいう）以降も正常に運営していかれるかどうか，入学定員数，学費などが審査の対象となっている。したがって入学定員の学生数が確保されていれば，学校法人の収支は均衡するように設計されているはずである。
　しかし，実際には入学（収容）定員の学生数を確保できていても帰属収支（＝帰属収入－消費支出）が赤字（支出超過）となっている大学，また定員割れにも拘わらず支出抑制を図り，帰属収支が黒字（収入超過）になるように努力している大学などもある。ここでは入学定員の学生数を確保できていたが，破綻の淵まで陥った大学を取り上げる。

破綻の淵に立った資産，資金とも乏しい大学は如何にして再生への歩を進めたのか。1975（昭和50）年当時，私学関係者の間で「奇跡的」とも囁かれていた，筆者が長年勤務していた芝浦工大の「短期間での社会的信頼の回復」を事例として取り上げたい。

経営破綻の淵に立った私立大学の財務状況と問題点

芝浦工大は学園紛争により1965（昭和40）年以来，学費の増額改定ができず，収入は殆ど増加しないのに対し，経常支出は増加の一途を辿っていた。その当時の財務状況を調べてみると，1971（昭和46）年度決算の資金収支計算書（表3.1参照）によれば，その年度の学納金収入のかなりの部分が前年度に別途支出されているため，その年度の学納金収入に見合う分は年度当初に短期借り入れ（約14.9億円）を行い，その年度末に収納される前受金（翌年度の学納金収入など）で返済（約11億円）に充てる自転車操業状態で法人運営が行われていたことが見てとれる。また消費収支計算書では既に人件費支出が

表3.1　決算書

資金収支計算　　　　　　　　　　　　　　　　　　　　　　　　（単位千円）

収入		支出	
学生生徒納付金収入	1,077,604	人件費	1,125,028
手数料収入	56,776	教育研究経費	303,824
寄付金収入	4,000	管理経費	157,595
補助金収入	35,792	借入金等利息	49,670
資産運用収入	40,097	借入金等返済支出	1,100,286
資産売却収入	2,000	施設関係支出	243,306
事業収入	7,752	設備関係支出	161,770
雑収入	9,604	資産運用支出	5,063
借入金収入	1,490,100	補助活動事業支出	1,793
前受金収入	736,904	その他の支出	126,011
その他の収入	99,672	資金支出調整勘定	−122,132
資金収入調整勘定 前年度繰越支払資金	−932,681 841,604	次年度繰越支払資金	317,010
収入の部合計	3,469,224	支出の部合計	3,469,224

第3章 破綻の淵からの脱出例

消費収支計算　　　　　　　　　　　　　　　　　　　　　　（単位千円）

収　　入		支　　出	
学生生徒納付金	1,077,604	人件費	1,125,028
手数料	56,776	教育研究経費	362,086
寄付金	4,000	管理経費	182,893
補助金	35,792	借入金等利息	49,670
資産運用収入	40,097	その他の支出	0
資産売却差額	1,799	消費支出の部合計	1,719,677
事業収入	7,752	当年度消費支出超過額	486,253
雑収入	9,604	前年度繰越消費支出超過額	132,057
帰属収入の部合計	1,233,424	翌年度繰越消費支出超過額	618,310
基本金組入額合計	0		
消費収入の部合計	1,233,424		

貸借対照表　　　　　　　　　　　　　　　　　　　　　　　（単位千円）

資産の部		負債・基本金・消費収支差額の部	
固定資産	1,933,530	固定負債	1,023,609
有形固定資産	1,875,002	流動負債	497,735
その他の固定資産	58,528	負債の部合計	1,521,344
流動資産	485,291	当初基本金	76,464
		特定基本金	2,739
		増加基本金	1,436,584
		基本金の部合計	1,515,787
		消費収支差額の部合計	-618,310
資産の部合計	2,418,821	負債・基本金・消費収支差額の部合計	2,418,821

出典　芝浦工業大学学報　第12号　昭和47号

　学納金収入を超えており，同年度は帰属収入に対する人件費の割合である人件費比率が91％となった。国の補助金の交付を受けられなかったこともあって，経常収支は当然のことながら支出超過となり，12億円余りの帰属収入に対し5億円弱の赤字（支出超過）を計上した。

　その後についても，財政悪化の進行を止めることができず，人件費が学納金収入を上回る（学納金収入に対する人件費の割合，すなわち人件費依存率が

100％以上となる）という状態は1980（昭和55）年度まで続き，これにより毎年数億円の単年度赤字を計上し続けた。その結果，1988（昭和63）年度には借入金残高が45億円に上った（図3.6参照）。また累積赤字（繰越消費支出超過）についても，1991（平成3）年度に最大の30億円にまで膨らんだ。この時期が財政的な数字の規模からみると，最悪の時代であった。

大学がこのような財政悪化の状況にあったことは，学園紛争により正常な学校運営ができず，混乱の時代が長期にわたって継続したこと，さらに私学にとって主要な収入源である学納金収入について，改定など収入増が図れなかったことに起因した。また1965（昭和40）年前後，すなわち団塊世代が大学進学適齢期を迎えた頃，全国的にも大学の新増設が相次いだ。芝浦工大でも学科増を行い，それに必要な教員の多くを芝浦工大新卒者の採用により充足した。元々，工学系大学であるため，学生にきめ細かな教育を行うため，教員一人当たりの学生数は少なく，他大学に比べれば教員数は多い方であった。

当時，芝浦工大の給与水準は決して高くはなかったにもかかわらず，人件費比率が90％前後と異常に高かったのは，帰属収入に対し教職員数が多かったこと，特に教員数は大学設置基準での必要教員数より相当上回っていたことが原因であった。さらに72歳という高年令定年による年令構成の不均衡，高い平均年齢も影響した。

さらに1971（昭和46）年当時，学園紛争もあり，10月には日本私学振興財団（現私学事業団）理事長より学校法人芝浦工業大学理事長宛「昭和46年度私立大学等経常費補助金の交付決定の見送りについて」との通告があった。見送りの主たる理由は「教授会訴訟係属中である」ことであった。それに追い打ちをかけるように11月には芝浦工大理事長宛に，文部省大学学術局長より，1971（昭和46）年度私立大学研究設備整備費の補助金打切りの通知がきたのであった。私学振興財団の補助金は，私学にとって死命を制するような重大なものとなりつつあった。それは予算規模の拡大につれて，当然強まる傾向にあった。

破綻の淵からの再起

　1971（昭和46）年6月末に当時の理事会に対し評議員と卒業生の有志によって卒業生評議員の選任の不当性に基づき3理事の職務執行停止の仮処分申請が東京地方裁判所に提出された。その結果，10月15日には東京地方裁判所によって当時の理事長及び3理事の職務執行停止の仮処分が決定された。理事長職務代行，理事職代行には，後に最高裁判事になられた方（山崎豊子氏の外務省機密漏洩事件を題材にした小説「運命の人」にも登場する大野木（仮名）弁護士）を含めて3名の弁護士が任命された。この日を境にして翌秋までの1年間，芝浦工大は代行理事3名のもとに正常化の道を進んだ。

　理事代行らは，大学の再建のために最も重大なものは財政の建て直しであり，増大していく赤字を最小限度に止めるため，収入増として交付決定が見送られた日本私学振興財団からの補助金の復活，学費の改定等に取り組む必要性を指摘し，大学の制度，財政のあり方を検討するため，委員会を設けることを提案した。

　理事会は理事長（代行）の諮問機関として委員会を発足させ，教授会はじめ各方面へ，この委員会に代表（学長，教授会5名，職員3名，短大，工高，高校各1名）を出すよう呼びかけた。諮問事項は，①財政の再建策，②教職員の定員，給与制度，③経理，予算の合理化，④その他ということであった。この事項のうちどれ一つをとっても，教職員の将来に密接に関わる重大問題であった。委員会は6月に発足，8月末答申を目指してスタートした。漸く10月に委員会は，主要検討事項である財政問題について，法人収支の改善として，収入増の方法と支出削減の方法を提案した。

　まず収入増の方法としては，私学の主たる収入である学納金収入，いわゆる学費収入を総額で50％引き上げること，寄付金募集や国の補助金の獲得を図ること，他方，支出削減の方法としては，人件費を含む経常経費を向こう2年間，1972（昭和47）年度の予算額に据え置くこと，1971（昭和46）年6月施行の就業規則で教育職員，事務職員は70歳，技術職員，現業従事職員は65歳となっていた定年年令を大学教員については70歳，高校教員，職員については65歳に3年後から変更すること，を委員会の答申内容とした。

またこの時期，評議員会は頻繁に開かれ，予算等も2カ月ごとの暫定予算で法人運営がなされていた。

補助金の復活など社会的信頼の回復，学費の倍額近い改定

1972（昭和47）年10月，理事代行が大学を去った後，寄附行為に基づいて新たな理事会が発足した。理事会が手がけたことは，過去の「放漫な経営からきた財政上の危機」をもたらした学内機構で最も問題であった経理部門については，現職員の協力を基盤にしつつ，学校経理に長いキャリアを持つ方を新経理部長としてむかえ，更にその方面に詳しい専門家による顧問体制も整えた。学識経験者評議員として私学財政にくわしい方，大手有名私立大学などで理事を歴任し，文部省の大学設置関係委員などをされ私立大学の経営に詳しい方などをむかえ，法人運営の力強いアドバイザーを得て法人運営体制の強化を図った。

累積する赤字への直接的対応として私学振興財団からの補助金は1971（昭和46）年度は交付決定が見送られたが，1972（昭和47）年度末に補助額1億2千万円を得ることが実現した。また，これより先，やはり打ち切られていた文部省の研究設備整備費補助金も，大学の事情を熱心に説明した結果，1972（昭和47）年末交付決定をみた。さらに新理事会発足以来，過剰なまでに神経をつかった不正・不法な出費の節減も，学内諸方面の協力を得て大きな成果をあげ，赤字累積を少しでも少なくすることができた。

理事会は発足後，支出削減を推し進めるために，各部門責任者へ下記の4項目の「経費の節約について」の協力のお願いをした。

1. 今後新規の大きな経費を要する計画の実施については必ず各部門の責任者の起案書を提出して理事会の承認を受けること。
2. 既に承認済みのものにおいても出来るだけ節約して頂くよう努力工夫されること。
3. 各部門において単なる予算消化のための行為は厳に慎むこと。
4. その他財政再建上に必要な工夫と処置をとられること。

この経過を含め1973（昭和48）年度予算は，これまでの上方下達配分方式

を改め，初めての積み上げ方式を採用した。またこれまでのように予算年度開始後数ヶ月を経て予算決定という不合理さを改め，前年度内成立を実現した。さらに，新たな増収策として1973（昭和48）年度から寄付制度を設けた。その年の5月には，経常経費の補填のため，教職員はじめ広く校友ならびに関係方面にお願いして寄付金の募集（募金の目標：1億円，1口：1万円）を発表した。尚，この寄付金は私学振興財団を経由することによって指定寄付金となり，免税の扱いが受けられるようにした。

　1974（昭和49）年度に理事会は大胆な決断をした。それは9年ぶりに学費の"2倍近い"，今では考えられない大幅改定に踏み切ったことである。当初は前年の1973（昭和48）年度に改定を予定していたが，財政組織の総点検と改革を先行して学費改定をあえて1年後に見送った。しかし，この改定によっても，教育研究の最低条件の維持すら赤字を覚悟しなければならないという状況であった。

　学費の大幅改定もあり，1974（昭和49）年度の入学志願者数は大幅に減少し（図3.1参照），私学経営の危機の決定的局面を迎えた。この1974（昭和49）年は大学の進む道は決して容易なものでなく，むしろ，混乱からの再生を賭けているだけに一層苦しいものであった。それに追い打ちをかけるように日本全体を襲ったオイルショック後の狂乱インフレによる支出の見込み違いを一年間の懸命の内部努力によって凌いだ。その結果，重要な「繕い」はほぼ終了し，新しい学園の「創造」へ出発する年となった。当時，芝浦工大では確実に前進が続いた。財政事情も私学財団補助金について考える最高額の復活や一般寄付制度の出発，そして翌年，1975（昭和50）年度も2年続けての大幅な学費改定という大きな壁を乗り越えれば，最悪の危機は回避できることを確信した。

　一時打ち切りになっていた私学振興財団を通しての補助金は，1973（昭和48）年には前年の倍額を受け，1975（昭和50）年3月末には1974（昭和49）年度補助の合計額において，ほぼ減点なしの補助金交付を期待するまでになった。また私学振興財団からの低利融資についても，1974（昭和49）年度には長期融資の導入も実現した。

当時，私学関係者の間で「奇跡的」ともささやかれていた，このような「短期間での社会的信頼の回復」は，私学振興財団から指摘されていた杜撰な経理の根本的建て直しをはじめとする多くの項目の是正は勿論，諸規定，諸運営秩序の整備，財政基盤回復への努力，教育研究に関する多方面の努力と試み，学生定員の適正化など，教職員上げての活動なしでは実現し得なかった。既に前年末に公表し確定した1975（昭和50）年度学費の改定をもって帰属収支は黒字化し，財政的基盤づくりの第一段階は終了した。それ以降，帰属収支は現在までプラス状態が続いている。

「繕い」から「創造」へ

理事代行時代の大学は満身創痍の状態であり，まず何よりも「繕い」が必要であった。前理事会の発足から3年，任期満了により1975（昭和50）年10月新たな理事会が発足した。財政状態の苦しさに変わりなくても，不正の無い適性かつ清潔な金銭の扱いを基調に，経費の大幅な切り詰めをはかる一方，考えられるあらゆる増収策を進めた。その結果，私学財団の経常費補助では，ほぼ満額の線まで到達することができ，苦渋に満ちた学費改定も大きな混乱無く行なわれた。又新設の一般寄付も折からの不況の影響で必ずしも期待した結果には達しなかったというものの，一般社会からの力強い協力を得ることができ，増収について当時望み得るほぼ最高の成果を上げることができた。この結果，かって委員会で1972（昭和47）年の状況のまま維持すれば，1975（昭和50）年には60億円を超すと予測された累積赤字（繰越消費収支差額）の増加に歯止めをかけ，数値の上では50億円ほどの累積赤字増を食い止めることができた。未だ単年度収支のバランスは回復せず，財政の赤信号は消えていなかったが，その基盤だけはしっかりしてきた。このように理事会の目指した「繕い」はむしろ予想外の進展を見ることができ，1975（昭和50）年度に入ってからは「繕い」を多少残しつつも，「創造」の段階を提唱できる状況になった。

しかし財政状態は甚だ厳しいものであった。教育・研究環境を良くすれば財政が悪くなり，逆に財政を良くすれば環境が悪くなるいわゆる「蟻地獄」

の現象がある。前述の財政の安定化は一度にできるものではなく、苦しみの中から少しずつ前進をしなければならない。当時、教育・研究上の要求として、大学の特色を発揮する大型研究の実施、また緊急な問題として併設校の整備、大学の夜間部である二部を改革するための方策等が提案された。理事会は「蟻地獄」の中とはいいながら、この要求に対応できる体制を整える努力を選択した。

その努力の一例を紹介すると、当時1980（昭和55）年は値上げの年というのが一般常識になっていた。収入面の増収が見込めない反面、公共料金をはじめ諸物価の値上がりにより支出増は当面避けられない。そこで翌年度の当初予算では前年比10％減を基準として予算編成方針が出された。前年比10％減を実現するために「経費の節減について」という財務部長通達では教職員に不要不急の物品の購入中止または繰り延べ、暖房油及びガスの節約（温度の高い日の暖房器具の使用中止）、電気料の節約（休憩時、空室時の消灯、電熱器の使用制限）、水道料の節約（トイレ、実験用水等の節水）、用紙類の節減（コピー用紙の枚数を必要最小限にとどめる）、印刷費の節減（予備の印刷部数の縮小）、電話料の節減（通話時間の短縮）などに留意し実施するよう協力要請をした。

教学改革，併設校改革もスタート

教学改革もスタートした。1974（昭和49）年4月には理事会は学長から提案された建築、機械など大学院工学研究科修士課程に新たな専攻設置などを検討する大学院拡充案を承認した。その後、1975（昭和50）年11月に大学院工学研究科修士課程機械工学専攻、建設工学専攻の2専攻の増設が認可された。1976（昭和51）年4月の開設であるが、この2専攻の増設をもって漸く既存の電気工学専攻、金属工学専攻、工業化学専攻と合わせて5専攻となり、ほぼ全分野をカバーする大学院体制が整った。同時に既存の3専攻の定員増の申請も受理された。

芝浦工大には1971（昭和46）年当時、併設校（当時は付属校と言われていた）は池袋の普通高校と田町の工業高校の二校があった。昭和40年代の後半、社

会全体の豊かさのなかで大学進学率も高まった。1974（昭和49）年，工業高校は普通高校へとかわり，「芝浦工大付属第一高等学校」（以下付一高という）として生まれ変わった。芝浦校舎は純粋な大学施設としてだけに使う施設整備計画のなかで，付一高の移転の方針は決まった。

　幸いにも，千葉県柏市が芝浦工大の柏進出に好意を示し，校名を芝浦工業大学柏高等学校（以下柏高校という）とし，千葉県から補助金を受け，新しい学校を開設した。1980（昭和55）年，千葉県柏市に「芝浦工大柏高等学校」が開設し，普通科の男子校としてスタートした。池袋にあった芝浦工大高校は1970（昭和45）年頃では老朽化が進み，古くなった校舎は補修では追いつかなくなり，施設設備面での不備も多くなった。移転先の検討が始まり，1982（昭和57）年に芝浦工大高校は現在の板橋区坂下へ移転し，中学校を新設した。この中学校新設によって中学高校の経営収支も好転することになった。

　1980（昭和55）年の柏高校の誕生は，芝浦工大にとって再生の第一歩であった。それは工業高校→付一高→柏高校という学校の変遷の過程で，千葉県内の有数の進学校としての不動の地位を築き上げたことである。さらに芝浦校舎が大学のみの教育施設になったこと，狭い校舎であったが，その後のキャンパス改革の第一歩を踏み出すことになった。法人全体としては再生への道のりの途中であったが，1980（昭和55）年の柏高校の開設，1982（昭和57）年の芝浦工大中学校の新設は共に，完成年度には収容定員では各々500名と270名近い生徒増となり，大学の定員増に先駆けて法人の財政立て直しに大きく寄与した。

財政危機からの脱出

　図3.1は初年度学費と入学志願者数の推移を示したものである。初年度学費は1974（昭和49）年に9年ぶりに漸く改定が実現した。22万7千円から約2倍の43万円の大幅改定だった。その影響もあって入学志願者数は前年の9,715名から7,897名へ大幅減少した。さらに翌年（1975（昭和50）年度）も再度51万円に改定した。入学志願者数はさらに7,697名へ減少した。しかし，

1976（昭和51）年度からは再び増加し1万名を超え，現在まで入学志願者数はこの数を下回ったことはない。入学定員は1974（昭和49）年から770名に変更，近年では最低の志願者数であった1975（昭和50）年度の7,697名でも入学定員の10倍近い志願者数があったのである。図3.1はそれ以降ほぼ3年おきに初年度学費の改定を行なってきた様子が示されているが，しかし入学志願者数は1万名を下回ることはなかった。この安定した志願者数の確保がこの後の再生を一番後押ししたことであると筆者は考えている。

図3.2は1971（昭和46）年度から1988（昭和63）年度までの帰属収入，学納金収入，人件費支出の推移を示す。ここでは1974（昭和49）年度以降，学費の増額改定を受けて学納金収入が徐々に伸び始め，それと同時にそれ以上に帰属収入が急激に増えている様子が見て取れる。これは1972（昭和47）年度から徐々にではあるが回復した国の補助金収入と1973（昭和48）年度からスタートした寄付金制度の成果である。この2つの収入増によって1975（昭和50）年度から帰属収支は黒字化する結果をもたらした。なお1988（昭和63）年度の帰属収入の急増は不動産売却収入によるものである。一方人件費支

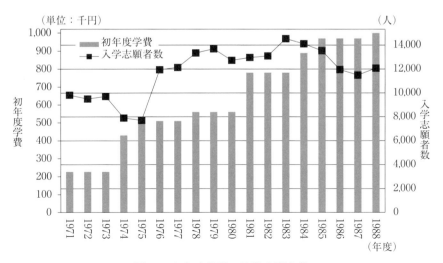

図3.1　初年度学費，入学志願者数

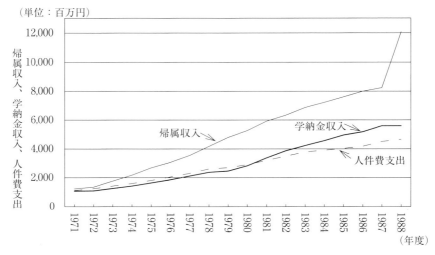

図3.2　帰属収入，学納金収入，人件費支出

出は1980（昭和55）年度までは学納金収入を若干であるが上回っているが，1981（昭和56）年度以降は逆転し，人件費支出の伸び率は学納金収入の伸びに比べても緩やかになった。

　図3.3は1971（昭和46）年度以降の国からの補助金収入と寄付金収入の推移を示したものである。先ず国からの補助金収入は1971（昭和46）年度は見送られたが，1972（昭和47）年度には理事代行の努力もあって早くも回復，その後は1980（昭和55）年度までは急激に増加した。しかし1980（昭和55）年度以降は緩やかに減少した。一方寄付金収入は1973（昭和48）年度から寄付事業が制度化され，1980（昭和55）年度からは収入額も2億円に達し，その後さらに伸びるがほぼ3億円前後で定着している。

　図3.4は人件費比率，人件費依存率の推移を示す。人件費比率は1971（昭和46）年度，1972（昭和47）年度は90％を超していた状態であったが，その後の1980（昭和55）年まで定年退職者の補充を含めて教職員の新規採用人事を見送った。その結果，図3.2の帰属収入の伸びも反映したこともあり，人件費比率は急激に減少し，1979（昭和54）年度以降は50％台をほぼ維持してい

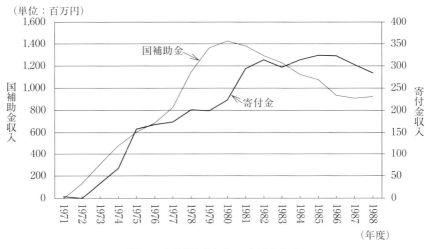

図3.3　国補助金収入，寄付金収入

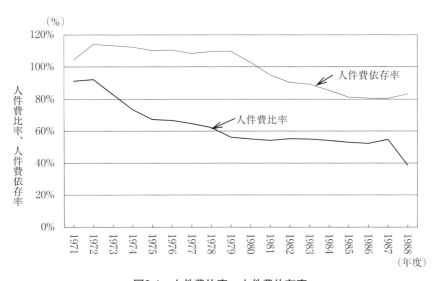

図3.4　人件費比率，人件費依存率

る。一方，人件費依存率は図3.2の人件費支出が学納金収入を上回っていた1980（昭和55）年度までは100％を上回っているが，それ以降の人件費支出は学納金収入を下回わり，1981（昭和56）年度以降，80～90％の間で推移している。

図3.5は帰属収支差額比率（＝（帰属収入－消費支出）÷帰属収入）および基本金組入れ率（＝基本金組入れ額÷帰属収入）を示す。帰属収支差額比率は1971（昭和46）年度に－40％付近に達したが，その後回復し，1975（昭和54）年度からはプラスに転じ1980（昭和55）年度以降20％を維持している。一方，基本金組入れ率は1971（昭和46）年度，1972（昭和47）年度ともゼロであったが，1974（昭和49）年度から計画的に組入れが行なわれ，1975（昭和50）年度からは10％台に達し，1979（昭和54）年度以降は20％以上を維持している。基本金とは学校運営に必要な資産のうち，継続的に維持していくべき資産の額を金額で表したものである。

また繰越消費収支差額（消費収支の累積赤字）は図3.6に示すが，1971（昭

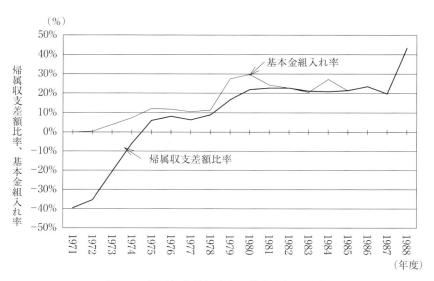

図3.5　帰属収支差額比率，基本金組入れ率

第3章 破綻の淵からの脱出例 83

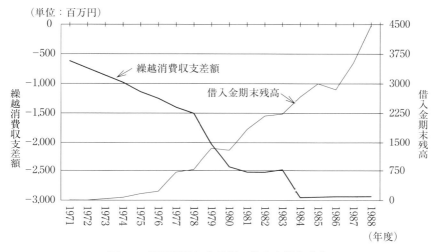

図3.6 繰越消費収支差額，借入金期末残高

和46）年度で既に繰越消費収支差額がマイナスとなる支出超過で，1974（昭和49）年度から支出超過は徐々に増え続け，1980（昭和55）年度から1983（昭和58）年度まで支出超過は増加せずほぼ一定であるが，1984（昭和59）年度からはさらに支出超過は増え30億円近くに達した。また，同図には借入金期末残高を示したが，1988（昭和63）年度に借入金は45億円に達した。

図3.7は短期借入金，および長期借入金の1971（昭和46）年度以降の状況を示す。1973（昭和48）年度の決算報告が筆者の手元になく，ここのデータは欠落している。1971（昭和46）年度からは資金繰りに窮していた状況が見え，1971（昭和46）年度から1981（昭和56）年度まで帰属収入が12億円から50億円の中でほぼ毎年，10億円以上の短期融資を受けて凌いできた様子が示されている。その様子は図3.8に示す前受け金保有率（＝現金預金÷前受け金）からも裏付けられる。前受け金保有率は1971（昭和46）年度に43％であったが1972（昭和47）年度には38％に下がり，1974（昭和49）年度から1980（昭和55）年度までは50％前後から60％前後で推移している。前受け金保有率は本来100％を割り込むと先食いして使い込んでいることを意味している。資金

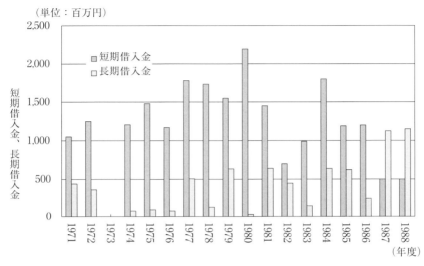

図3.7　短期借入金，長期借入金

収支の維持のためには短期融資に依存せざるを得ない状況を示している。さらに1982（昭和57）年度，1983（昭和58）年度は100％を一時的に超え，それを反映して短期借入金は10億円を下回った。1984（昭和59）年度から1986（昭和61）年度まで再び前受け金保有率は70％から80％付近に下がり，短期借入金も再び10億円を超し増加した。1987（昭和54）年度から漸く短期借入金は長期借入金に対し相対的に減り5億円程度に収まり，逆に長期借入金が10億円を超す状況に戻った。前受け金保有率も100％を超えるようになり，通常状態に回復しつつあった。一方，負債率（＝総負債÷自己資金）も図3.8に示されているが，1971（昭和46）年度以降40％を超す高い値であったが，1980（昭和55）年度以降，徐々に下がり，1988（昭和53）年度には漸く25％未満に到達した。

破綻回避

理事代行後の理事会の課題は，極言すれば「財政再建と破綻からの回避」

第 3 章 破綻の淵からの脱出例 85

図3.8 前受け金保有率，負債率

だった。いわゆる放漫経営時代の理事等に対する仮払金返還裁判に見られる財務の乱れ，年間10数億の財政規模の中での，11億余の学債返還，国の補助金の交付見送り，そして入学志願者の大幅減少等々を抱える中で「学費改定」が増収策として当然のこととして残されていた。にもかかわらず1973（昭和48）年の学費改定をあえて見送り，むしろ財政組織の総点検と改造を先行し，その上で1974（昭和49）年度，混乱の中から再生と「繕い」を標榜して，9年ぶりに学費改定を行い，その発表直後の石油パニックによる狂乱インフレによる見込み違いをうめるべく内部努力につとめた。

　1978（昭和53）年度は「単年度収支バランスと給与の引き上げ」のため学費を改定し，財政健全化と，学内運営機構の整備改善によって，当時では国の補助金の最大限交付を受けるに至った。その間，学債も殆ど返済し，10数年未修理のまま危険状態にあった芝浦校舎の改修を始める中で，1981（昭和56）年度の学費改定は「食い潰しバランスから脱却し，地盤沈下を食い止め，発展への足掛りを」として，今迄の「繕い」だけの財政計画から，一歩飛躍を目指した。他方，併設高校についても，付一高の移転を前提としての柏高

校の新設，また池袋から板橋新校舎への移転計画を進めることで，両校の基盤整備が固められていった。

　幸い芝浦工大では入学志願者数から見れば，1975（昭和50）年の7,700人という低落から脱し，1977（昭和52）年以来毎年1万3千人前後と過去最高の状態を続け，学生の質の向上と，社会的評価は漸く「安定」した。しかし，この「安定」の時こそ，将来へ向けて大学を改善する絶好の機会であり，「新たな転機」でもあった。

　新しい大学づくりのため，学長の下で進められていた将来計画，すなわちカリキュラム改革，学科の再編，さらに法人部門での定年制の検討，事務組織の改編，給与体系の見直し等は何れも生き残るため，又魅力ある大学作りのため欠くことのできない課題であったが，これらの多くはそれから数年後に大方は実現した。1975（昭和50）年度以降，帰属収支は黒字を維持，人件費比率は近年では40％付近に改善されている。

第4章

人件費比率92％から40％への奇跡

　私立大学の支出の過半を占めているのが人件費である。次に多く占める教育研究経費は大学本来の業務である教育研究にかかわる経費であり，安易に削減すべきではない。人件費の適正化が最大の課題である。加えて定年引き下げ問題についても詳述する。

私立大学における人件費構造改革
　私立大学は教育研究の充実・発展のためには，財政基盤の確立が不可欠である。財政基盤の強化には，収入増を図る努力は当然のことながら，決して容易なことではない。「入りを図り，出ずるを制する」という言葉がある。そこで着手せねばならないのが人件費構造改革である。学校においては，教職員の労務提供に対し，学校法人は賃金を支払う義務を負わなければならないのは当然のことである。賃金の決定は通常，生計費，世間相場，支払い能力の3要素により行われるが，厳しい経営環境の下で重視しなければならないのが，支払い能力である。
　従来の年功や経験年数といった曖昧な要素による賃金体系ではなく，限られた資源の適正配分と教職員の人材育成・適正処遇の上からも年功序列から脱却し，インセンティブのある能力重視型賃金体系の導入が必要である。先ず，第一に個別人件費の改革に取組むことが肝要である。次に平均給与単価×教職員数で算出される総額人件費の抑制の為に教職員数の削減に手をつけなければならない。財政上からも雇用できる教職員数を割り出し，それに基

づいて教職員の定員を決めるということも有効である。また総額人件費の抑制は平均年令を下げることによっても可能である。平均年齢を下げることは定年年齢とも関係し，定年年齢の引き下げは平均給与単価を下げることにつながる。さらに定期昇給制度の見直し，賞与の適正水準への削減，有期雇用教職員の採用による固定人件費から変動人件費への転換などの方策がある。これまで学校の構成員は専任教職員がその多くを占めていたが，これからは有期雇用の非専任教職員の活用など，教職員の採用形態の多様化を図るべきである。そのメリットは平均年令の上昇の抑制や退職金等の人件費の削減，また雇用調整が容易となる点である。

さらに私学の定年年令は企業と比べると高めであり，教員で65歳から70歳，職員で60歳から65歳が一般的である。労働行政上では60歳は法定義務で65歳が努力義務となっているが，高年齢者雇用安定法が改正され，65歳に段階的に定年年令を引き上げることが義務付けられた。これらのことから私立大学の定年はおおむね65歳が妥当な年令であると考えられる。それ以上の定年年令を設定している場合は，定年年令の引き下げ是正を行うとともに，個々人が自由に定年を決められる選択定年制度の導入を図ることが人事政策上望ましい。

人件費比率92％から40％へ

前章でも述べたが芝浦工大の場合，学納金収入は1965（昭和40）年度以来，殆ど増加しないのに対し，経常支出は増加の一途を辿った。1971（昭和46）年度を境に人件費支出が学納金収入を超えるに至り，同年度は人件費比率も91％に達した。経常収支は当然のことながら支出超過となり，12億円余りの収入に対し5億円弱の赤字を計上した（表3.1参照）。当時，芝浦工大は極めて近い将来，財政上崩壊してしまうことは明らかであった。

人件費比率は医歯系法人を除く全国大学法人の平均は52％であり，一般には45％前後が経営上健全であり，60％を超すと経営上問題がある比率である。芝浦工大の人件費比率の推移を図4.1に示す。人件費率は1971（昭和46）年度は91％，1972（昭和47）年度は92％であったがその後，主として教職員

第 4 章　人件費比率 92% から 40% への奇跡　89

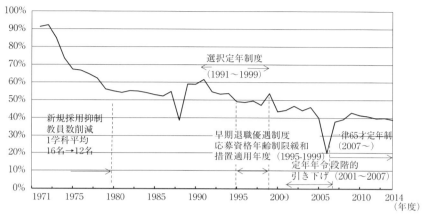

図4.1　人件費比率

の新規採用を抑制してきた結果，比率は急激に減少した。この1971（昭和46）年度以降は，教職員の新規採用を極力抑制し，各学科の教員数は16名〜20名であったが，定年退職した教員のいわゆる補充人事も見送られ，学科の教員数が12名に近づくように教員採用人事は凍結された。唯一，大学院新専攻開設に関わる教員人事しか認めなかった。また事務職の新人職員の定期採用は1980（昭和55）年度まで全くされなかった。この結果，事務組織では年齢構成に断層ができ，その後，計画的に中途採用を行い，回復を試みてきた。人件費比率は1979（昭和54）年度に60％をきり50数％に減少した。

　1980（昭和55）年度以降は1990（平成2）年度まで人件費比率はほぼ50％台で推移し，1991（平成3）年度だけ退職金の増によって瞬間的に60％を超した。1990（平成2）年度以降，学部学科の増設，収容定員増等教育基盤の拡大を図る一方で，人事給与制度改革，高齢教職員に対して選択定年制の実施，専任以外の多様な有期雇用の教職員採用制度の導入，定年年齢の一律65歳への引き下げなどを行い，その結果，財務内容が相当に改善された。人件費比率は1990（平成2）年度において59％あったものが，1991（平成3）年度以降，ほぼ直線的に減少し，2005（平成17）年度で40％程度に下がった。

　ただここでも，急激に下がっている谷の部分があるが，これは不動産売却

収入による帰属収入が急増した結果，急減したものである。2007（平成19）年度以降，人件費比率は全国大学法人の平均人件費率より12ポイント位低い値である40%前後で留まっており，定年年齢引き下げによる効果はこのあたりから現れている。

図4.2は人件費依存率の推移を示す。人件費依存率では不動産売却収入等による帰属収入の急増の影響を除き，人件費の推移が見られる。なお人件費依存率が100%を超すと学費では教職員の人件費を賄えていないことを表している。芝浦工大では1980（昭和55）年度までの10年間はそのような状況であったことが図4.2からわかる。それ以降は減少し，一時的に選択定年制度などにより退職者が多く出た年が退職金増により人件費が急増し，グラフでは大きなピークとなって現れる。2000（平成12）年度以降はほぼ60%前後に安定している。

人件費比率が92%から40%へ下がることは最近では奇跡的なことである。これは，近年学費改定など帰属収入の増加策が難しい状況では，安定した学校経営にとっては，支出の抑制，その中でも過半を占める人件費の適正化が大きな課題となっているからである。人件費比率を92%から40%に下げることはそうした状況下では給与を半分にするような話である。経営困難校な

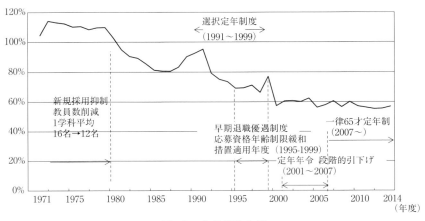

図4.2　人件費依存率

ら，やむを得ない臨時的措置として給与を何割かカットすることは考えられるが，それ自身もまたかなり異常な事態である。

筆者は長い間芝浦工大に勤務したが，その間，給与が下がった経験はない。最近の話では，ある新人職員は一流有名私立大学を卒業し，一流企業の内定を頂いたようだが，待遇が良いということで芝浦工大の事務職を選択した。給与の昇給・年末手当等を維持しながら，芝浦工大では人件費比率がなぜ下げられたのか，このことが本章の主題である。人件費比率を下げるには，帰属収入，とりわけ学納金収入の増加と支出，主として人件費支出の抑制の二つの道がある。先ず，最近ではなかなか考えづらいが学納金収入の増加について述べ，そのあとに多くの大学でも課題である人件費適正化について詳細に述べたい。

如何にして収入増を実現したか

私立大学の収入の内訳は通常，学納金収入が約80％を占め，国からの補助金が約10％，2〜3％が寄附金となっている。すなわち，私立大学は学費を値上げするか学生を増やすほかに収入を増やす方法がない。芝浦工大は学費単価と学生生徒数の両面からの増収策を実現してきた。学生生徒数を増やす具体的な手段として，一つは大学では新学部と新学科開設，併設校では中学校の開設，もう一つは高校，既存学部と大学院工学研究科での定員増である。

帰属収入の推移を図4.3に示す。図中には先ほどの学納金収入および人件費支出の推移も参考として同時に示した。帰属収入の合計は概ね右肩上がりで推移してきており，2011（平成23）年度は，20年前（1991（平成3）年）の2倍にあたる約198億円に達している。帰属収入で1988（昭和63）年度と2006（平成18）年度にピークが二つ現れるがこれはどちらも土地建物売却収入によるものである。帰属収入もピークを除けば，学納金収入と同様に年度とともに増加している様子がわかる。しかし1990（平成2）年度以降，帰属収入と学納金収入の差は僅かではあるが，開きつつある。特に2005（平成17）年度以降，差は広がる傾向を示している。この差は寄付金収入，補助金

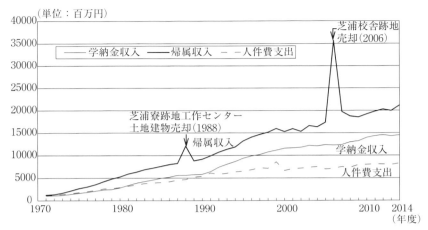

図4.3　帰属収入・学納金収入・人件費支出

収入,資産運用収入である。寄付金収入への対応は周年事業寄付など募金担当部署を設置して取り組み,一定程度の成果が得られた。補助金収入は2005（平成17）年度以降,20数億円で推移しており,2004（平成16）年度以前に比較して5億円から10億円増加した。

　ここで学納金収入の推移について見る。先ず学費単価について見ると,図4.4に約40年間の大学の初年度学費の推移を示す。芝浦工大は過去に,私立大学の中では極めて学費が低い大学と言われていた時代もあった。1971（昭和46）年度から1973（昭和48）年度までは初年度学費が227,000円でちょうどその時代であった。その後,学費の増額改定を繰り返した。それを可能ならしめたのは入学志願者数も若干の増減はあるものの,図4.5に入学志願者数の推移を示すが,年度とともにほぼ併行して全体的に増加を辿ったからである。ここ10年前まで大学学費は毎年小幅ではあるが学費の改定を行い,ついには都内の私立大学の中ではトップクラスに位置するまでになった。

　一方,志願者数は1971（昭和46）年度には1万名を割り込み,1975（昭和50）年度には7697名まで減少した。その後は多少凹凸もあるが増加した。1991（平成3）年度に大宮キャンパスにシステム工学部の開設,1992（平成

第4章 人件費比率92％から40％への奇跡 93

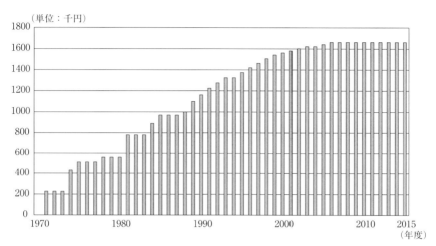

図4.4 初年度学費

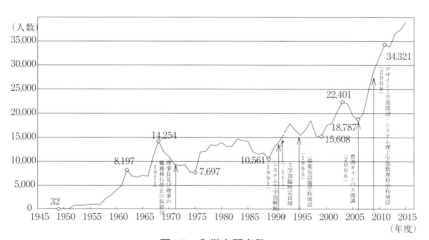

図4.5 入学志願者数

4)年度に工学部の臨時定員増,1995(平成7)年度に二部電気設備学科増設に伴い,急激に増加し長年の目標の20,000名に到達した。その後18,000名から22,000名の間で推移している。そして2006(平成18)年度の豊洲キャンパス開学,工学部3,4年生の就学地が芝浦から豊洲へ移った以降,志願者数は急上昇し,2008(平成20)年度のシステム工学部に生命科学科増設,2009(平成21)年度のデザイン工学部開設,システム理工学部に数理科学科増設で30,000名を超した。2015(平成27)年度には志願者数約38,000名に到達,どん底であった1975(昭和50)年度の5倍弱の志願者数にまで増加した。この志願者数の推移は1992(平成4)年度に205万人でピークとなった18歳人口が現在120万人まで減少しているのに対し,それとは反対の変化であった。このような志願者数の増加に後押しされて学費の継続的な改定が実現できたといっても過言ではない。

　図4.6は学納金(学費)収入の推移を示す。このグラフを見ると1979(昭和54)年度前後,1990(平成2)年度前後,2007(平成19)年度前後を境に収入の伸び方が変わり,4つの領域に分かれる様子が明らかである。先ず1979(昭和54)年度付近まではさほど変化の仕方は少ないが,初年度学費の大幅

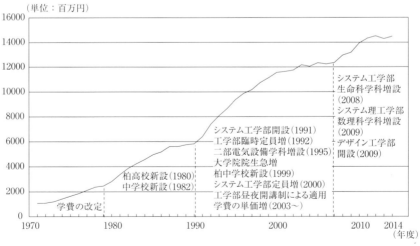

図4.6　学納金収入

改定によって学納金収入が伸びた時代である。1979（昭和54）年度～1990（平成2）年度は初年度学費の改定に加えて，1980（昭和55）年度に芝浦工業大学柏高等学校，1982（昭和57）年度に芝浦工業大学中学校を各々新設，その生徒数増も重なり学納金収入が伸びた時代である。

　1990（平成2）年度～2007（平成19）年度は1990（平成2）年度までの学納金収入増の要因に加えて1991（平成3）年度にはシステム工学部開設，1992（平成4）年度から工学部臨時定員増，1995（平成7）年度の工学部二部電気設備学科増設，1990（平成2）年度頃から大学院院生の急増，1999（平成11）年度の芝浦工業大学柏中学校新設，2000（平成12）年度にシステム工学部定員増，2003（平成15）年度に工学部二部2学科募集停止，工学部昼夜開講制による適用学費の単価増などによって学納金収入が大幅に伸びた時代である。

　最後の2008（平成20）年度以降はそれまでの要因に加えて，2008（平成20）年度にシステム工学部に生命科学科増設，2009（平成21）年度にシステム理工学部数理科学科増設，デザイン工学部デザイン工学科新設で定員増によって学納金収入が伸びた時代である。

　以上述べてきたように学納金収入は，学費の単価改定と新学部・新学科，既存学部，大学院の定員増，中学高校の開設など学生・生徒数の増加の両面から増えてきた。

収入を増やしながら支出を抑制する

　文部省は受験人口がピークに達する1992（平成4）年度に合わせて，期限付きで臨時定員増を認めた。芝浦工大はこの措置に乗り遅れ，締切り目前まで申請できなかった。新たな校舎を建てる資金もなかった。ただ，教員数は設置基準を上回る多くの教員を擁していたことから，教員数と校舎を現有のまま可能な範囲で申請を行った。

　一般に学生定員数の純増は，学費収入を増やす一方で支出増にも結びつく。学生数の増加に対応して教職員数や建物を増やせば，支出に跳ね返るからである。芝浦工大は戦後の拡大路線で教員を増員していたことから，大学

設置基準よりはるかに多くの教員数を擁していた。多くの教員にとっては新学部の設立と臨時定員増，二部新学科増設によって，新しい働く場所が増えた。

これらを踏まえて1991（平成3）年度から1995（平成7）年度の消費収支推移を見ると，システム工学部の設立や臨時定員増，二部新学科増設に伴い，学納金収入はおよそ64億円から94億円へと約30億円増（図4.6参照）を計上した。これに対して人件費は61億円から65億円とほぼ横ばいで（図4.7参照），教職員数も511名から517名と微増にとどまった。学生を増員して収入を引き上げ，教員の新規採用を控えて支出を抑える手段で収支バランスを是正したのである。これによって累積赤字を減らし，健全な財政基盤へと歩み出すことができた。このように芝浦工大は収入を増やしながら支出を抑制する手法で経営基盤を健全化していった。

人件費適正化の諸施策

図4.7は消費支出と人件費支出の推移を示す。消費支出は帰属収入の場合と同様，概ね右肩上がりで推移してきたが，その上昇率は帰属収入に比べ多少鈍い変化であった。2006（平成18）年度に大学がキャンパスを移転し，新

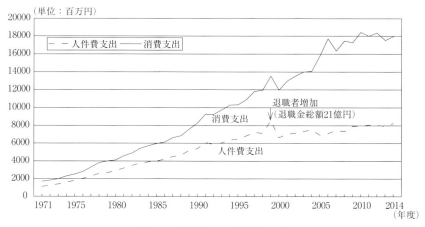

図4.7　消費支出・人件費支出

しい大きな校舎になったため，維持管理費や減価償却費が著しく増えた。同年度の消費支出は，25年前（1991（平成3）年）の2倍にあたる約180億円弱に達しているが，それまでは収入の伸びに比べ支出の伸びは抑えられてきたことがわかる。消費支出はほとんど人件費支出と同じような変化を辿っているが，1990（平成2）年度から消費支出と人件費支出の差は段々広がる。その一因は教育研究経費の中の減価償却費の増加である。1990（平成2）年度は約5億円程度であったが，1991（平成3）年度のシステム工学部施設・設備に係わる減価償却費の計上で8億円に増え，1995（平成7）年度で11億円，2000（平成12）年度で13億円，2005（平成17）年度で16億円，2010（平成22）年度で26億円に増えた。

消費支出と人件費支出の差は，主に定年年齢引き下げによる退職者増と新規採用の抑制を通じ人件費の適正化が図られたことにより，消費支出における教育研究経費の占める割合が相対的に増したことである。72歳，70歳であった定年年令を年次計画により65歳に引下げ，人員構成の刷新と人件費の圧縮をめざした結果，24年前（1992（平成4）年）に55％であった人件費比率は，2005（平成17）年度には40％にまで改善された。一方，工科系大学として教育研究経費の充実は大きな目標であり，この10年間少しずつ改善を重ね，キャンパス移転が大きな理由とはいえ，2011（平成18）年度には消費支出の40％に及んでいる。

先ず人件費支出では1995（平成7）年度から1999（平成11）年度まで選択定年制度適用年令拡大措置に伴う退職者の増（5年間で退職金54億円支出）が始まった。特に1999（平成11）年度は退職者が増加，それに伴い退職金が前年度に比べ10億円増の21億円となった結果，グラフ上にピークとなって現れた。それが，消費支出にもピークとなって出ている。これと同じく1990（平成2）年度と1991（平成3）年度にも選択定年制度改善に伴う退職者の増（退職金7.5億強支出）があった。その結果，人件費に小さいけれどピークとなって現れている。

さらに人件費支出は2000（平成12）年度から2004（平成16）年度までは退職給与引当金繰入れ基準改定（50％→100％繰入）に伴い過年度未繰入分の繰

入を行い，5年間で総額37億円を引当金に繰り入れた。2001（平成13）年度から2007（平成19）年度までは定年年齢引き下げ実施措置に伴う退職者の増で，7年間で200人が退職した。

芝浦工大全体でこの期間の教職員数は486名〜512名であったことを見れば，ここで教職員の大幅な入れ替えがあった。退職金の総額は7年間で22億円弱であった。このように1997（平成9）年度から2008（平成20）年度までの人件費は若干の凹凸があるがほぼ一定で，この凹凸は退職金（退職者数のちがい）と退職給与引当繰入によるものである。したがって帰属収入や学納金収入の推移に比較して1997（平成9）年度までは人件費の上昇率はゆるやかで，その後2008（平成20）年度まではほぼ一定で，それ以降，加齢により教職員の平均年令の上昇とともに再びゆるやかに上昇しつつある。これらが芝浦工大の教職員人事政策の効果であり，収入を増やし，支出を抑制してきた経営の改善状態を表している。

人事給与制度改革

経営の土台を固めるため具体的には先ず「人件費構造改革」の一環として教職員人事給与制度（個別人件費）の改革に着手した。給与は教職員一人一人にとりきわめて重要な関心事である。給与体系の適否は，個人の生活にとり，また大学全体の職場環境にとり，きわめて大きな影響を与える。

芝浦工大の場合，以前の給与体系は年齢給一本であった。長年の懸案だった人事給与制度の改正案がまとまったのは1989（平成元）年度である。新制度の狙いは「職場を活性化すること」「生き甲斐のある職場をつくること」にあった。それまでの人事給与制度は教員も職員も年令給で統一され，それぞれの能力や業績を評価する仕組みがなかった。そこに能力評価を加えることで，業務への励みに結びつけた。

従前の「仕事をしても，しなくても同一処遇，同一賃金」の悪弊高い年功人事及び年功給与制度を根本的に改め，職能資格を中心とする新しい人事・給与制度を1991（平成3）年度から実施した。この制度では，年令給一本だった職員の給与を，年令給と職能給とを加えた体系に改めた。

新しい人事給与制度では，職能資格を決定する考課制度も導入した。ここではまず，上位者のほかに，同位者や下位者からの評価を加えることにした。評価項目は上位者，同位者，下位者によって異なる。考課内容は，能力考課，成績考課，情意考課（仕事に対する意欲）の3つに分け，総合的に「公平かつ客観的」な考課を目指した。

能力と責任に見合う人事給与制度へ

新給与体系で5年を経過した段階で同制度の問題点を抽出した。その問題点を列挙すると

①年令給を教職員の家族構成をもとに東京都の標準生計費から求めた生計費を基準として考えると，全体として年令給が生計費より高い。

②職能給の資格間に殆ど格差がなく，また資格内の昇給ピッチが殆ど同じである。

③教員と職員の職能給に大きな格差がある。

④上位の資格に昇格する場合，直近上位に格付けされるため，給与の大幅な昇給がない。

⑤同一資格に長くとどまって上位の資格に行けない，または行こうとしない人でも給与はあまり不利にならない。

⑥賞与に業績等が反映されず，一律の額が支給される。

理事会では，委員会を設置し給与制度全般に関する資料収集，大学の給与と他大学等の給与との比較，検討を行ない，教職員の望ましい本俸表を設計し，最終答申がまとめられた。その内容は本俸（年令給と職能給）および手当からなる現行の給与体系において，下記のような変更を行うことを提案した。

(1)年齢給と職能給の割合

給与は基本的に年令給と職能給の2本立てとし，年令給を生活給と位置づけて見直しを行ない，生活のための限度額まで是正する。これ

により生じる原資を職能給（場合により手当）に振り向け，年令給と職能給の比率は4：6にする。

(2) 職能給の資格間格差

職能給は能力と責任に見合う給与としての性格を強くし，給与に占めるウエイトを大きくする。このためには，職能給全体を増額するとともに，資格間の格差を適切な範囲で大きくすべきである。また，高令者では生活費が減少するという事実から，55才以上の年令給を下げる。

(3) 手当の見直し

手当には生活補助的手当（家族手当，住宅手当等）と業務報酬的手当（役職手当，委員会手当等）があるが，生活補助的手当は，わが国の慣習上その廃止が著しく志気に影響するものを除いて，できるだけなくすことがよい。業務報酬的手当は，例えば一時的に役職につく場合などに，職能給では後刻役職を離れた際に降格が難しいというような欠点を補う上から有効である。しかし，明快な存在理由がある場合を除いて，この手当はできるだけ整理縮小する方向で見直すのがよい。

(4) 業績評価を給与や資格に反映

給与を業務内容，責任，能力，実績等に応じて決定しようとするならば，個人個人について，その評価を適正に行うことが必要になる。大学教員，中高教諭，事務職員では，業務環境や社会的な背景が非常に異なり，評価の仕方もそれぞれに応じて異なる。このため，業務の内容に応じた適切な評価方法を確立する必要がある。また業績評価の結果は，昇格や賞与に適切に反映させることが必要である。

(5) 高令者の給与

近年，高令教職員の処遇は経営の大きな課題となっている。それは21世紀を迎え，日本の総人口における年齢分布と同様に，教職員の平均年令が急速に高まりつつある。学校を活性化する上で，高令者の問題は重要課題であると考え，多くの議論がなされた。

高令者の給与は，生活費が減少するという事実から，55才以上の年

令給を下げる，あるいは資格によって一定年令から昇給は頭打ちとし，以後は物価上昇分程度を補充するものとするなどの意見もあった。しかし，この場合も資格ではなく年令により頭打ちを行うべきであり，一般の給与制度の適用年令を59歳までとした。

給与体系の大幅改定には原資が必要となり，結果的には小幅な体系の改定にとどまった。それによって給与が現状より下がる者には給与を下げることは難しく，調整手当手等の補填が必要となる。一方，現状よりさらに給与が上がる方にはその分の原資が必要となるからである。

学費負担者の支払い能力を考慮した給与のあり方
学費が収入の主なものである以上，その枠内で給与を考えねばならない。教育や研究で受験生にとって魅力的な大学になれば，学費を上げる可能性もあるが，それを前提に給与問題を楽観的に考えることはできない。むしろ，悲観的に考えておいた方が健全である。したがって，将来の学生数減少傾向を考えれば，給与はかなり引き締めることを前提にこの問題に対処しなければならない。健全な学校経営の見地から，給与総額が総収入に占める割合の目標値を明示し，コンセンサスを得ておくことが望ましい。また，給与の現状や学校の経営状態をオープンにして，全員が理解しておくことも必要である。

これからは非常に厳しい経営環境が予想される。学費負担者の経済状況など場合によれば，給与をダウンしないと乗り切れないような事態が起こらないともかぎらない。そのような時に，教職員が学校の経営状態に正しい知識と理解をもっていることが非常に大切なことである。

私立大学の学費は高止まり状態であるが，昨今の経済動向さらに，学費負担者の支払い能力を併せて考えると，大学進学率を維持するには私立大学の学費のあり方も見直すことが求められる。

定年年齢変更の経緯

　定年問題は，芝浦工大では1971（昭和47）年度に遡る。それ以前は教員も事務職員も72歳という高い定年年齢であった。新規採用者を対象に1971（昭和46）年度に就業規則の改正を行ない，教職員の定年年齢が70歳となったが，それ以降，さらに定年を引き下げる努力がなされた。当時財政上重大な危機に直面しており，大学の制度，財政のあり方を検討するために設置した理事長の諮問機関であった「制度委員会」は，1972（昭和47）年10月，定年年齢を大学教員については70歳，高校教員，職員については65歳に3年後から変更することを理事会に提案した。この提案を受けて，9年後の1981（昭和56）年度，再度就業規則の改正を行い，1971（昭和46）年度に引き続き大学としては2回目の定年年齢変更として，高校教諭及び事務職員の新たに採用する者に対して65歳定年制を導入した。しかし大学教員は依然として70歳定年で，65歳定年になるのは9年後の1990（平成2）年度までかかった。これは新規に入職する者が対象で，当時在職中の過半数に近い教職員の定年は，72歳，70歳定年であった。定年年齢が72歳，70歳の在職中の教職員に対する選択定年制度は漸く1991（平成3）年度に導入した。

　このように定年年齢変更（引き下げ）は，先ず新規採用者を対象に72歳から70歳へ，さらに10年後に高校教諭，事務職員の新規採用対象に70歳から65歳へ，最終的に大学教員の新規採用対象者に70歳から65歳へはさらに9年間かかった。以上のように定年年齢変更は段階的に実施したが，新規採用対象者に限って72歳の定年年齢を65歳に引き下げるには20年近く時間を要した。

選択定年制度の導入

　その後，1984（昭和59）年7月，理事長の諮問機関である企画会議は，人事制度に関して「平均年令の上昇による人事の停滞化と人件費の圧迫を回避するため，定年年齢の見直しをするとともに，今後選択定年制度等により年令構成の適正化を図るべきである」と答申した。さらに，「将来における財政圧迫を回避し，年令構成の歪みを解消する目的で，定年制度の見直しを掲げ，本法人では65歳定年制度に統一」すべきであることも提言した。この提

言後に同会議は，1986（昭和61）年度に職能資格を中心とした「新人事・給与制度」と一律65歳定年制を提案した。その結果，1991（平成3）年度，この制度の一環として，退職金制度の改善と人件費の増加抑制，組織の新陳代謝の向上，若手教員の雇用促進を図る施策として「選択定年制度」が導入され，運用が開始された。しかしながら，「一律65歳定年制」の提案の実施は諸条件が整わず，その時点での実施は見送られ，2001（平成13）年度の定年年齢引き下げまで持ち越された

選択定年制度の詳細は表4.1（上段の現行制度参照）に大学教員の例を示す。当時の定年年令は最長で72歳だったが，この優遇制度では定年前の65歳で完全退職した者に従来の65歳時退職金の倍額を支払うなど，教員の高齢化に歯止めをかけることを目指した。しかし，これは非常に不十分な制度で65歳の時だけに手を挙げるというものであった。対象者は70名の内，3名しか手を挙げなかった。そこで従来の65歳だけを対象にしていた制度を60歳以上に1995（平成7）年度から1999（平成11）年度までの5年間に限って有効とする年齢制限の緩和措置（表4.1の下段の新制度参照）をおこなった。

優遇措置もかなり変更し，勤続年数が長い方では60歳で選択すると，退職金が2倍の8,200万円，65歳で選択すると7,000万円で，今から考えれば退職金は破格の優遇措置だった（表4.2参照）。適用は5年間だけで，しかし一挙に希望者がでた。

この制度を導入した1991（平成3）年度から1999（平成11）年度の9年間に，一般の退職者を含んで退職者数は100名に達した。教職員総数は当時500名ほどであった。退職金の総額は最後の1999（平成11）年度で21億円ぐらいに達した。退職金の倍増措置は当時の大学で類を見ない大胆な施策で，年限を限った臨時措置として実施した。一時的な支出は増えたが，長期的には人件費を効果的に抑制することができた。

定年制度の見直し・新定年制度の必要性

日進月歩の学問である工学を，学生の祖父に相当する年令の教員が指導する。そんな時代が本当に到来するのではないかという危惧があった。この偏

表4.1 選択定年制度・新制度

大学教員

現行制度:

条件等	特別専任A	特別専任B	特別教授		リタイア
雇用期間の定め	有 1年(定年まで)	同左	同左		
責任担当時間	専任と同様	専任の1/2	集中講義(年2回)		
教授会出席義務	原則無	同左	同左		
学事参加義務	無	同左	同左		
基本給	退職時の65%	同左 40%	同左 20%		
諸手当	専任に準ずる	同左	通勤費のみ支給		
退職金	支給しない	同左	同左		
専任退職時の退職金 (条件) ・年令65歳到達年度のみ ・残余年数1年以上	・勤続10年以上 「正規+残余年数加給」 ・勤続10年未満 「正規のみ」		・勤続10年以上 残余5年以上 「定年時支給率」 ・勤続10年以上 残余5年未満 「正規+残余年数加給」 ・勤続10年未満 「正規のみ」 (非常勤講師選択も同じ)		・勤続10年以上 残余5年以上 「(正規+残余年数加給)×2.0」 ・勤続10年以上 残余5年未満 「正規+残余年数加給」 ・勤続10年未満 「正規のみ」

新制度:

条件等	特別専任A	特別専任B	特別教授	専任として継続	リタイア
雇用期間の定め	無(定年年令まで)	同左	廃止	現行定年年令のまま	
責任担当時間	年間 9コマ相当	年間 7コマ相当		年間14コマ相当	
教授会出席義務	有	有		有	
学事参加義務	〔特に明記しない〕	同左		有	
基本給	退職時の65%	同左 50%		66歳以降の職能給の定期昇給は停止	
諸手当	専任に準ずる	同左		従前の通り	
退職金	再退職時は支給しない	同左		現行の通り	
専任退職時の退職金 (条件) ・年令60歳以上 ・残余年数1年以上 平成11年度までの期限付とする	・勤続10年以上,残余5年以上 「(正規+残余年数加給)×(A) 1.4 (B) 1.6」 ・勤続10年以上,残余5年未満 「正規+残余年数加給」 ・勤続10年未満 「正規のみ」			ただし,支給率は65歳時の支給率で頭打ち (勤続10年以上 「正規+残余年数加給」 勤続10年未満 「正規のみ」	現行通り (ただし,適用年令が「65歳のみ」から「60歳以上」に拡大される)

出典 教職員への配布資料 理事会 1995年12月6日

表4.2 「選択定年制度」コース別退職金試算

大学教員の例

試算条件（資格変更時における条件）
　条件(1)　・資　　　格：教　授　　・年　　令：60歳　　・勤続年数：36年
　　　　　・定年年令：72歳　　・定年までの残余年数：12年
　　　　　・本俸月額：621千円（1995年度ベース）
　　　　　・退職金支給率：49.5カ月
　　　　　・退職金基礎額：560千円（1995年1月以降の私立大学退職金財団最高標
　　　　　　準俸給月額）
　条件(2)　・資　　　格：教　授　　・年　　令：65歳　　・勤続年数：41年
　　　　　・定年年令：72歳　　・定年までの残余年数：7年
　　　　　・本俸月額：627千円（1995年度ベース）
　　　　　・退職金支給率：56.375カ月
　　　　　・退職金基礎額：560千円（1995年1月以降の私立大学退職金財団最高標
　　　　　　準俸給月額）

選　択　肢		改　定　前	改　定　後	
特別専任教員A	条件(1)		1.4倍	57,624千円
	条件(2)	35,490千円	1.4倍	49,686千円
特別専任教員B	条件(1)		1.6倍	65,856千円
	条件(2)	35,490千円	1.6倍	56,784千円
リ　タ　イ　ア	条件(1)	41,160千円	2.0倍	82,320千円
	条件(2)	2.0倍　70,980千円	2.0倍	70,980千円

（注1）　上記の表は，教授のモデル数値であるが，教授以外の大学教員についても，退職
　　　金の割増率は同じである。
（注2）　退職金の割増率は，「勤続10年以上，定年までの残存年数5年以上」の者に対す
　　　る支給率である。

　　　　　　　　　出典　教職員への配布資料　理事会　1995年12月6日

った年令構成を招いたのは，理工系ブームや教職員の定年退職に対応した安直な教職員採用にほかならない。すなわち，人事政策が不備であったと言わざるを得ない。

　平均年令が50歳を超えた教員が20歳前後の学生たちと向き合う教育現場は不自然といえよう。教育は学問や技術を教えるだけのものではなく，教員と学生との間の対話も大きな意義を持つからである。大学が目指す工学を学ぶ上でも，人間同士の豊かなコミュニケーションは不可欠であり，あまりに大

きいジェネレーションギャップは見逃せない弊害となる。

　芝浦工大では採用の年によって，当時定年年齢が72歳（51％），70歳（14％），65歳（31％），その他（3％）とバラバラである（表4.3参照）。65歳定年年齢が適用以外の教職員が全体の半数を占めていた。同じ職場で，同じ内容の仕事を行い，同じ責任を持っているのに定年年令が違う，それも7歳も違

表4.3　定年制度について

1．定年年令及び適用人数（1996年4月1日現在　486名）

採用年月日	(1)教育職員	(2)事務職員	(3)技術職員・現業職員
Ⅰ 昭和46年6月1日以前	満72歳 250名		
Ⅱ 昭和46年6月2日 〜 昭和56年3月31日	満70歳 69名		満65歳 5名
Ⅲ 昭和56年4月1日以降 （但し大学教員は平成2年4月1日以降）	満65歳 145名		満63歳 13名
大学教員の定年の特例 （助手を除く）	＊満55歳を超えて（採用年度の4月1日現在） 採用された者の定年年令　　満67歳 4名		

2．定年の扱い
　　(1)満60歳に到達した後，願い出により退職したとき定年退職扱いとする。
　　(2)勤続10年以上で退職する場合は，満55歳以降の者にも適用する。
3．退職日
　　定年に到達した当該年度の末日
4．上記1．の人数内訳
　　(1)満72歳　　Ⅰ-(1)　 175名，Ⅰ-(2)　60名，Ⅰ-(3)　15名
　　(2)満70歳　　Ⅱ-(1)　　54名，Ⅱ-(2)　15名
　　(3)満65歳　　Ⅱ-(3)　　 5名，Ⅲ-(1)　74名，Ⅲ-(2)　71名
　　(4)満63歳　　Ⅲ-(3)　　13名
　　(5)満67歳　　　　　　　 4名
（教育職員　計307，事務職員　計146名，技術・現業職員　計33名）
出典　給与体系見直し委員会中間答申書，学校法人芝浦工業大学給与体系見直し
　　　委員会　1997年2月25日

第4章 人件費比率92％から40％への奇跡　107

い，若い者ほど早く退職しなければならない，というのは果たしてよいことか疑問であった。

　私立大学の場合，大学教員の定年年令では65歳が最も多く，ついで70歳である。事務職員については，65歳が最も多く，ついで60歳であった。

　また，最近，大学教員の定年年令を引き下げたり，ある年令から給与を下げる大学が出てきた。芝浦工大の場合，図4.8が大学教員の年令分布予測を示した図である。左側は1990（平成2）年度当時の工学部教員の年令分布であり，右側は当時から見たその10年後の2000（平成12）年度の工学部教員の年令分布の予測である。その前提として中途退職者無し，学科の教授数不足無し，その間の定年退職教員約30名を55歳未満の教員で均等に補充するとした。図の見方であるが，例えば左側の1990（平成2）年度工学部で年齢が30歳以上〜35歳未満の間がグラフで2と表示されているが，2名という意味で

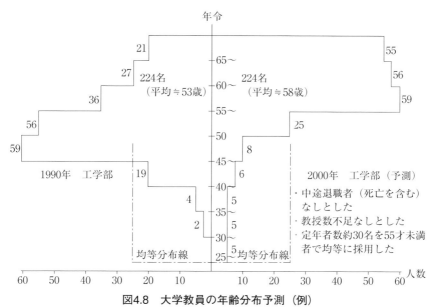

図4.8　大学教員の年齢分布予測（例）
出典　教員人事計画に関する報告書（著者にて修正）
学校法人芝浦工業大学教育職員人事計画委員会，1992（平成4）年8月

ある。この図から見ると大学教員の間で高齢化が目立っており，72歳定年とすると，10年後には，殆どの学科で，過半数の教員が60歳以上になるという事態が予想された。

　また，最高定年年令の72歳は，かつては国立大学の定年退職者を雇用するためといった理由があったものの，近年ではその必要性も少なくなるとともに，一般の定年年令に比べて極めて高い定年年齢であり，大学といえどもそれに甘んじて看過できる状況ではなくなった。理事会は，教職員の年令構成改善と人件費の負担軽減の2点から定年年令を一律65歳に変更することを決定した。

　当時，専任教職員約460名のほぼ半数以上に当たる256名が70歳以上の定年年令適用者であり，しかもそのうちの4分の3が50歳以上に集中し，平均年令も50歳代後半に達し，いわゆるブランデーグラス型の年令構成を呈していた。当時の定年年令をそのまま維持した場合高齢化が進み，中堅や若手の教職員，特に大学教員の採用に支障をきたし，教育研究体制の活性化が図れないといった重大な問題を抱えていた。その観点から教職員の年令構成改善は早急に解決すべき課題であった。

　また近い将来に確実に予想される学生・生徒数減少に伴い，学費収入の伸びが限界に達することを考えた場合，人件費の負担軽減を図ることが急務であった。すなわち，従前の定年年令を維持し，教職員の高齢化が進行すれば，財政負担を示す人件費比率は上昇し，経営維持が困難に陥ることが明白であった。以上の2点の理由により，採用年度や職種に関係なく，全教職員一律65歳定年制の導入に踏み切ったわけである。

　ここで新定年制度の必要性を以下に挙げてみる。

　1）教員の年令構成は，当時も高齢者が多いが，将来は著しく多くなる。10年後には大学教員の半数が60歳以上になると予想される。一方，若い教員が殆どいなくなり，教員の年令分布のバランスが非常に悪くなる。

　2）わが国では年功序列型の給与体系が行われている。この場合，組織構成員の大部分が高齢化すると，人件費は増大し，一方組織の活力は失われ，経営が大きく圧迫され，競争力がなくなり，場合によっては組織そのものが

崩壊する可能性が生ずる。
　3）高齢者が多いと，一般的にいって教育がマンネリ化し，研究活動が低下する。また対外的なイメージ，特に高校生に対するイメージも悪くなる。
　4）他大学との比較や企業の現状から，65歳定年制度は社会的な常識である。72歳定年は一般的ではなく非現実的である。
　新定年制度については，大学の経営に対し退職金を一度に多額を支払うマイナス効果と若い人を採用することのプラス効果と，両者がどういう関係になっているかが問題になった。特に退職金の支出が膨大になるので，非常な不安感を与えた。このため，大学教員全員を対象に20年以上の長期間にわたる退職金を含む人件費のシミュレーションを行ってみた。大学教員だけを対象にしたのは，退職金の影響が最も大きいからである。

定年引き下げの実施
　このように，数次にわたる定年年齢の引き下げと，選択定年による早期退職優遇制度の実施によって，人事及び財政上の改善が相当程度図れたことは確かである。しかし，未だに，72歳，70歳定年適用者が過半を占め，このことが人件費負担を大きくしている。この人件費負担の増大と入学定員超過抑制などに起因する収入減による今後の財政悪化を考慮すると将来に向けて大学が存続していくために，避けて通れない最後に残された最重要課題が，全教職員（旧規則適用者）に対する「一律65歳定年制」の実施である。
　実施に際して「定年年令を65歳にする。2001（平成13）年度末に65歳以上に達している教職員は，同日をもって定年退職となる。以後，毎年度末65歳に達する教職員は，同日をもって定年退職とする」ことであった。しかし実際には2001（平成13）年度末に65歳およびそれ以上の者が一度に退職するとした場合，下記の問題が生じる懸念があった。
　1）一度にかなりの人数を採用することが，多くの学科で要求される。初年度となる2001（平成13）年度では大学教員52名がこの措置による退職に該当すると考えられ，この採用を一度に行い，かつ若くてよい人材を採用するとなると，適切な人材捜しが果たして短期間で可能であるか疑問である。ま

た1学科に少なくとも4人の教授が必要という条件を考慮すると，採用が相当複雑になる。

2）高額の退職金が一度に必要になり，財政負担が一度に生じる。

これらの問題を避けるためには，2001（平成13）年度末に65歳以上に達している教員の定年引き下げ退職は一度に実施せず，数年にわたって実施した方が妥当である。例えば2001（平成13）年度末は70歳定年，翌年度は68歳定年，次いで66歳定年，2004（平成16）年度に65歳定年とする等定年を段階的に引き下げて実施する。この点は後の訴訟で，裁判所がこの定年引き下げ問題を判断する重要なポイントの一つになるのである。

さらに選択定年制の実施年令を定年年令の引き下げに応じ段階的に引き下げる。それと併行して「退職金制度を見直し，支給額は妥当な額に改める」ことが必要となった。実際には下記の点が配慮された。

①65歳をもって退職の場合は，通常の退職金に加えて一定の割り増しを行う。新制度をスムーズに実施するためには，65歳退職が早期退職に当たる人にはある程度の退職金割増が必要である。しかし，この割増が大学の経営を著しく圧迫するものであってはならない。社会常識から見て妥当な額に抑えるべきである。

シミュレーションの結果は，退職金がかなり経営を圧迫し，その影響を回復するには10年程度かかることが分かった。

②65歳以降再雇用される場合の退職金は，65歳時に支給する。

③新たな早期退職優遇制度（選択定年制度）を策定し，55歳より選択でき，優遇措置もわかりやすいものにする。

最後に現行制度の廃止年度について「新定年制度の発足に伴い，現行の早期退職優遇制度における適用年令の拡大措置は1999（平成11）年度末をもって，また，その本体である退職手当規程は2000（平成12）年度末をもって廃止する」ことになった。

1999（平成11）年3月，近日中に定年年令の見直し（引き下げ）を行うことを理事長名で全教職員に通知，これを受けて同年9月，「一律65歳定年制」の成案を教職員組合に提示した。実施開始までに新定年制度，新退職金制度

第4章　人件費比率92％から40％への奇跡　111

を策定し，その間に教職員への数次にわたる説明会を開催し，周知を図るとともに，アンケート調査を実施し，結果を公表した。そして，理事会提案をそれに基づいて一部手直しをする等の作業を行い，さらに，教職員組合と10回程度の団交を重ね，所定の就業規則変更手続きを済ませて，1年間の猶予期間を置き，2001（平成13）年度から実施に移した。

新定年制度の骨子及び代償措置

新定年制度の骨子と，定年引き下げに伴う経過措置及び代償措置は次のとおりである。

> ①一律65歳定年制に変更
> 　従来の72歳，70歳の定年者を対象に，2001（平成13）年度から2007（平成19）年度まで毎年1歳ずつ定年年令を引き下げ，7年をかけて一律65歳定年とする。
> ②代償措置の導入
> 　引き下げられる年限の1年につき，正規の退職金の10％を割り増しして支給する。2007（平成19）年度までに退職する者に対しては，その時点の基礎額で支給し，2008（平成20）年度以降に退職する場合には，2007（平成19）年度末の退職金額を基礎に実際の退職時に支給する。
> ③シニア教職員制度の制定
> 　広く社会に有為な人材を求める制度として新たに有期雇用制度である「シニア教職員制度」を設けた（3年を限度とし再任を妨げない）。これは教職員のうち65歳定年後に引き続き貢献を期待される者について，最長70歳までの雇用を継続することにより，金銭的補償と合わせて雇用保障制度として有効な代償措置とした。
> ④新たな早期退職優遇制度の実施
> 　勤続10年以上の定年年令引き下げ対象者が，58歳以降65歳の新定年以前に早期退職する場合，1年について正規の退職金の7％をさらに加給する早期退職優遇制度を導入した。

> 例えば，従来の定年年令72歳の者が58歳に早期退職を希望すると，定年引き下げ分（65歳から72歳までの7年×10％＝70％増し）と，早期退職優遇分（58歳から65歳までの7年×7％＝49％増し）の合わせて正規の退職金の2倍を超える退職金の支給が受けられる。

　学校法人には教育という公的な役割を永続的に果たすことが課せられている。芝浦工大が選択した「一律65歳定年制」は，多くの時間をかけて委員会等で議論を重ね，検討してきた結論である。法人全体の組織の存続をかけて，教職員年令構成の是正と，財政の安定・強化を図るための「改革」であり，経営者として，責任ある重大な「決断」である。また，新定年制の実施に当たっては，7年の移行期間を設け段階的な実施を行っていること，可能な限りの退職金割増しを行っていること，定年後の再雇用制度を新たに設けたことなどがある。また当時在職する教職員の約半数がすでに65歳定年年令の適用者で，72歳，70歳定年年令適用者はいつまでも特権階級ではあり得ないというのが学内の多くの意見にもなっていた。さらに65歳定年は社会通念からも妥当と思われる年令であり，社会的にも十分な保障として，説明し得る定年年令であること，また全ての本学教職員に対して公平に扱うこともまた必要であることからも，「一律65歳定年制」は合理的なものであると確信した。しかしこの新定年制度に対して，大学教員21名は2001（平成13）年10月，法人に対し定年年令確認請求の訴訟を東京地方裁判所に起こした。

定年年令確認請求事件

　本事件は，2007（平成19）年7月，最高裁で上告不受理の決定がなされたため，2005（平成17）年3月に東京高裁から出された「72歳又は70歳の定年を65歳に引き下げる就業規則の変更は合理的で有効である」という学校法人芝浦工業大学勝訴の判決で結審している。なおこの節の控訴審判決及び上告審決定の内容に関しては石渡朝男著「実務者のための私学経営入門」（法友社）より引用させて頂いた。

　定年訴訟の経緯

第4章　人件費比率92％から40％への奇跡　113

①訴訟に至った経緯

　法人の人事制度改革の一環として，従前の72歳，70歳定年を，教職員年令構成の偏りの是正と活力ある教育研究活動の実現を期待し，合わせて健全財政を目指し，向こう7年かけて毎年1歳ずつ引き下げ，65歳に変更する就業規則の変更を2001（平成13）年4月に行い，定年引き下げ計画を実施に移した。これに対し，同年10月，全教職員の約半数に当たる定年年令変更対象者222名のうち大学教員21名が，法人に対し，「定年年令確認請求」を東京地方裁判所に起こした。

②審理の経緯

　2002（平成14）年1月から裁判所での審理が開始された。2002（平成14）年の1年間に7回の審理を行なったが，その間に裁判官から被告に対して，和解による解決が提案された。具体的には，「65歳以降の処遇余地を再検討できないか」とか，「誰もが適用を受けられる再雇用制度の新設」，さらには「和解金を退職金に上乗せする」等という提案であった。民事事件では，審理中に「和解」が求められるのが一般的であるが，法人にとって定年年令引き下げの必要性は高く，十分な代償措置を講じていることから，更なる条件による和解には応じられないことを再三主張した結果，結審に向けて進めることとなった。

③一審判決の内容（平成15.5.27東京地裁判決）

　提訴後，1年半にわたる7回の審理と証人尋問を経て，2003（平成15）年3月，口頭弁論を終結し，同年5月27日に判決が言い渡された。判決内容を抜粋すると以下の通りである。

　＜判決主文＞
　　1．原告A以外の原告らの本件訴えをいずれも却下する。
　　2．原告Aの請求をいずれも棄却する。
　　3．訴訟費用は原告ら各自の負担とする。

　事案の概要
　　　　　本件は，被告の大学教員である原告らが，平成13年4月1日から被告が改定した就業規則による定年年令の引き下げは無効であるとし

て，主位的に，各自の雇用契約締結日当時の就業規則の定めた定年年令を内容とする雇用契約上の権利を有する地位にあることの確認を求め，予備的に，改定後の就業規則によって平成15年3月31日に定年退職となる原告Aについて，同年4月以降平成17年3月までの賃金の支払いを求めた事案である。

裁判上の争点

1．原告らに，一定の定年年令までの雇用契約上の権利を有する地位にあることを確認する利益があるか。

2．平成13年就業規則の制定・施行による定年年令の変更は，就業規則の不利益変更として無効であるか。

裁判所の判断

争点1に対する判断

定年制を前提とする雇用契約は，法律上，期限の定めのない契約であって，定年までの期限の定めのある契約ではなく，労働者に定年とされる年令までの雇用契約の継続を法的に保障するものではない（わが国ではこれまで定年制が雇用保障の機能を営んできているが，これも事実上の機能であって，法律上の機能であるとまではいえないし，「定年までの雇用」というのも合理的な期待といえるけれども，法的な権利又は利益とはいえない）から，定年となる年令の確認を求める訴えは，当該定年（又は変更された定年）に達した後に，地位の存否の確認，賃金（退職金を含む）支払いを請求する等の具体的な必要がない限り，確認の利益はないものと解するのが相当である。

争点2に対する判断

本件での平成13年就業規則による定年年令の引き下げは，既得の権利を消滅，変更させるものではないが，在職継続による賃金支払いへの事実上の期待への違背，退職金の計算基礎の変更を伴うものであり，実質的な不利益は，賃金という労働者にとって重要な労働条件に関するものであるから，平成13年就業規則による定年年令の引き下げについても，そのような不利益を労働者に法的に受忍させ

ることを許容することができるだけの高度の必要性に基づいた合理的な内容のものである場合において，原告Aに付，その効力を生ずるものというべきである。

総合評価

被告において，収入確保（定員割れ防止）を目的とする大学教育の先進性の維持・向上（教育の質の向上）のための施策の実施の緊急の必要性があり，豊洲キャンパス進出計画，学位を取得した若手研究者の採用及び高齢教員の早期退職による年齢アンバランスの解消による組織の活性化は，被告において必要かつやむを得ない措置であるといえること，被告の財政状況は必ずしも安定した状態とはいえず，その中で高齢教員の人件費の負担削減の必要性があることからすると，定年引き下げの必要性は相当高いものと認められる。そして，変更後の就業規則の内容も相当性を有しており，平成13年就業規則の施行に伴って実施された退職金加給，新優遇制度，シニア教職員制度も定年引下げの代償措置として不十分とはいえない。被告と組合は，平成13年就業規則による定年引き下げについて合意に至らなかったものの，被告は，平成13年就業規則の制定に向けて適切な手続きを踏んだものといえる。

他方，原告Aに生じる不利益は決して小さいものではないけれども，既得権の侵害ではなく，合理的な期待の違背にとどまるものであって，被告（学校法人芝浦工業大学）の大学教員の賃金水準も工学系の私立単科大学で比べると著しく見劣りするような低いものではない。

したがって，2001（平成13）年就業規則による定年引き下げは，その不利益を労働者に法的に受忍させること許容することができるだけの高度の必要性に基づいた合理的な内容のものであって，少なくとも原告Aについては，その効力を生ずるものと認めるのが相当である。

結語

　　　　　以上の次第であり，原告A以外の原告らの本件訴えはいずれも不
　　　　適法であるから却下することとし，原告Aの請求はいずれも理由が
　　　　ないから棄却することとする。

　上記のように判決は，原告の訴えをいずれも却下または棄却するもので，いわば被告（大学）側の完全勝訴というべきものであった。ちなみに「却下」とは訴え自身が不適法であるということで，いわゆる「門前払い」である。また「棄却」とは審理したにもかかわらず，訴えを認めないということである。内容においては大学側の主張を正しく評価してくれたことをうかがわせるものだった。
　以上が，判決文の内容であるが，大学の人事制度改革の最も重要な問題であり，法人存続の鍵を握る課題でもあったため，この判決は極めて大きな成果であったと受け止めている。
　④控訴審判決の内容（平成17.3.30東京高裁判決）
　原告側は一審判決を不服とし，2003（平成15）年6月，一審の原告21名中，19名が東京高等裁判所に控訴した。
　二審においては，主として定年年令引き下げによる労働者の不利益性について担当裁判官が重視し，審理においてもこの点について多くの時間が費やされ，1年半を超える審理の結果，2005（平成17）年3月末，二審判決が下された。
　判決内容は，「本件控訴をいずれも棄却する」というものであった。問題とされた不利益性についても，「従前の定年までの賃金額は，定年まで勤務したと仮定した場合のものであり，その金額の補償を要するものではなく，退職金加給措置をもって代償措置として足りるものであり，労働者に受忍させることが許容できるものである」と説明されている。
　⑤上告審決定の内容（平成19.7.13最高裁決定）
　控訴人は二審判決を不服とし，2005（平成17）年4月，二審の控訴人19名中18名が最高裁判所に上告した。約2年経過後の2007（平成19）年7月，この間全く審理も行われず，最高裁から決定がなされた。その決定文は以下の

とおりであるが，結論は「本件を上告審として受理しない」というものであった。理由としては，「本件は，民訴法318条1項により受理すべきものとは認められない」というものである。

決　　定

　上記当事者の東京高等裁判所平成15年（ネ）第3584号定年年齢確認請求事件について，同裁判所が平成17年3月30日に言い渡した判決に対し，申立人らから上告受理の申立てがあったが，申立ての理由によれば，本件は，民訴法318条1項により受理すべきものとは認められない。

　よって，当裁判所は，裁判官全員一致の意見で，次のとおり決定する。

　　主　　文

　本件を上告審として受理しない。
　申立費用は申立人らの負担とする。

　　　　　　　　　　　　　　　　平成19年7月13日
　　　　　　　　　　　　　　　　最高裁判所第二小法廷

　本決定（「決定」とは「判決」とは異なり審理を経ずの結論）により，本件は原判決（東京高等裁判所の二審判決）をもって結審することになった。提訴以来，実に6年の歳月を費やしたことになる。

定年年齢引き下げ訴訟の勝敗のポイント

　最近，大阪府のある学園で専任教員の定年年齢を70歳から67歳に引き下げる芝浦工大と同じような事例がおこった。その内容は以下のとおりである。

　学園と組合は1979年（昭和54）年12月に定年制について確認書を取り交わし，定年制について裁定委員会を設けてその決定に従うことで合意した。裁定委員会は同年12月17日付裁定書をもって，就業規則に基づき教員定年規程を制定し，専任教員の定年を満70歳とすることなどを内容とする裁定を下した。学園は同日付けで専任教員の定年を満70歳の誕生日の属する年度末とする旨の教員定年規程を制定し，1980（昭和55）年4月から施行した。その後，

同上規程は2006（平成18）年に助教授等を対象に定年を満65歳と改正されている（以下旧規程）。

　学園は2009（平成21）年1月の団体交渉において，組合に対し書面をもって「専任教員の定年は満67歳とする。ただし，准教授，講師，助教，及び助手の定年は満65歳とする」ことを提案した。一方で学園は2009（平成21）年11月頃，再雇用制度を新設し，2011（平成23）年4月から施行した。この再雇用制度は，再雇用希望者の申請を受け，学園が再雇用者を審議・選考し，再雇用された後は原則として旧規定の定年である満70歳まで雇用を継続し，定年前とほぼ同様の処遇が受けられる。

　学園は2010（平成22）年4月から，専任教員の定年につき満67歳，うち准教授等については満65歳と改正した教員定年規程を施行した。

　教員5名は就業規則変更による定年年齢引き下げは無効であるとの訴訟を2011（平成23）年に大阪地裁におこした。

大阪地裁判決（2013（平成25）年2月15日）　原告（5名）側勝訴
この学園の事例の裁判上の争点は下記の2点であった。
争点1：学園と組合との間に定年を満70歳とする労働協約が成立しているから就業規則の変更のみによって定年年齢の引き下げの可否
争点2：定年引き下げの合理性の有無
　裁判所の判断基準は下記の通りであった。
争点1：確認書が労働協約に当たるとしても，その合意内容は定年制に関する諸規定の内容を裁定委員会に委ねるというものであり，定年を満70歳とする旨の労働協約の成立は認められない。
争点2：就業規則の不利益変更は，当該変更が合理的であるといえることが必要であり，定年引き下げの実質的不利益は賃金という労働者にとって重要な労働条件に関するものであるから，定年引き下げには高度の必要性が求められる。本件定年引き下げの必要性につき，教育・研究内容の活性化を図るとともに，年齢構成を是正するため定年引き下げには一定の必要性が認められるが，財政上の

理由に基づくものではなく緊急性があったとは認められないとした。
定年引き下げが合理的であるといえるためには，再雇用制度が不利益に対する経過措置，代償措置として相当なものであるといえることが必要であるが，再雇用されなかった教授について代償措置として評価することはできないとし，在職者に対する適用除外，猶予期間の設定，段階的引き下げ，割増退職金の支払い等の対応を行わなかったことを指摘した。

判決： 定年引き下げは一応の必要性が認められ，満67歳という定年も合理的なものといえるが，年齢構成の偏りの是正は緊急の課題ではなく，再雇用制度は代償措置，経過措置として評価できず，その他の代償措置をとることが困難であったとはいえないことから就業規則の不利益変更として合理性を有しているとはいえず無効である。

この学園の事例は専任教員の定年年齢を70歳から67歳に引き下げる内容であった。この場合も教員5名が就業規則変更による定年年齢引き下げは無効であるとの訴訟を2011（平成23）年に大阪地裁におこした。しかし，この裁判は芝浦工大の場合とは反対に2013（平成25）年2月に「就業規則の不利益変更として合理性を有しているとは言えず無効である」との原告側勝訴の判決が下った。

労働契約法では労働者の同意を得ないまま，就業規則を労働者に不利益になるように変更することは認められない。但し労働者が受ける不利益の程度や労働条件の変更の必要性，変更後の就業規則の中味，労働組合との交渉経緯など，さまざまな事情を総合的に判断し，合理的だと認められれば，就業規則の変更は有効としている。

私立大学が教職員の同意を得ないまま就業規則を変更し，定年年齢を引き下げた。これに対して就業規則の変更は無効であると訴えたのが，芝浦工大，大阪府の学園などの訴訟事例である。芝浦工大の場合の判決では定年年

齢の引き下げは退職金など賃金の引き下げにもつながるため,「高度の必要性」が要求されるとの指摘がなされた。しかし大阪府の学園の事例では定年年齢を下げなければならない緊急性はなく,猶予期間を設けて段階的に引き下げるといった経過措置もないとして,「変更に合理性はなく,無効」と結論付けた。要は就業規則を変更して定年年齢を引き下げるには,財政的な根拠など変更が合理的であるといえる「高度の必要性」と段階的な引き下げや退職金の割り増しなどの「代償措置」が不可欠であることが明らかになった。単に教育・研究内容の活性化を図るため年齢構成の是正など若い教員の採用の必要性や世間一般の定年年齢の動向などでは認められないことが示された。

第 5 章

再生の鍵は教員人事

　私立大学の経営改善にとってその主たる要因は教員人件費の適正化であると述べても過言ではない。限定された原資で如何に素晴らしい教育を実現するか，大学の学長はじめ理事会の手腕にかかっている。
　一方，教員が担う教育研究活動は，その大学の将来を左右する重要な業務である。如何に社会の期待に応えられる教育研究を実現できるか，それに応えられる教員組織の確立は，その大学の地位を向上させるためには重要なポイントである。教員人事政策は，困難な状態にある私立大学にとって再生のカギであると筆者は考えている。

教員人事政策をめぐる私立大学における課題
　教員人事政策は大学の主要な業務である教育研究に最も深くかかわる問題である。それでいて，この問題はこれまで真正面から検討されることは稀であった。ここでは理事会が検討すべき課題として，①大学の根幹にもかかわる教員採用人事及びその政策をめぐる教授会と学部長・学長・理事会の関係，②その両者にかかわる教員定数問題，③教員の採用，雇用形態，任期制などの教員人事制度の在り方，さらにこれらの教員人事と大学財政の関係など，現実の人事政策面の問題を取り上げる。
　学校法人は，教育，研究の展開を第一義とするが，その充実は何をおいても教員とその組織に依拠している。それだけに，教員人事政策をどのように展開し，確立していくかが，今後の私立大学の命運を握っている。

従来，多くの大学で見られてきたように，教員人事の主たる部分は，学部・教授会に委ねられるのが一般的であった。学部・教授会が，経営・財政面にも責任を有する学長・理事長の構想する「大学の発展方向・改革方向」ないし「学校法人の将来計画」と整合性のとれた教員人事を進めるのであれば，そのあり方は原則として問題はない。

　一方で私立大学は財政的に自立しながら，公共性の高い教育研究活動を展開しなければならない。そのため，財政の安定と強化にことさら注意を払わなくてはならない。教員人事政策を検討する場合も，この点と無縁ではあり得ない。そのことが，国または地方自治体の予算措置によって，財政の基盤・条件が整えられる国公立大学とは根本的に異なるところである。

　しかるに教員人事に関しては，基本的には教授会に自立的運営の考え方が浸透している。とくに教員の採用については，学部が定年退職などによる教員の欠員を補充することは，学部の権利として進められることが多い。

　当然ながら，時代の変化に対応して新分野への展開があれば，他方で不要となる分野もある。それにあわせて教員の定数枠の拡大あるいは縮小，採用のあり方・方針を変更することが必要となることもある。

　その点で，教員定数の検討や教員採用を含む教員人事政策の策定に当たっては，財政の見通しや長期計画との調和を考えるべきで，それらに責任のある学長はじめ理事会の総合的判断やリーダーシップが生かされるあり方が必要である。

教員採用（人事）の背景
　１．社会の変化
　大学を取り巻くわが国の社会がいま急速に変化している。それらの主なものを列記すると，グローバル化への対応，格差社会，少子化による学生数の減少，大学の二極化，一方では高齢化社会の到来，産業構造の変化，インターネットによる情報伝達の普及，新技術の発展，企業内での人材養成の非効率性（大学での養成を期待）など，これらの変化は複雑に絡み合って大学に影響を与えている。これに柔軟に対応できるような組織や人事計画が望まれ

る。例えば，これから大きくなる産業分野では学科を新設あるいは充実し，これから縮小する産業分野の学科は縮小するというような柔軟な社会への対応も必要であろう。勿論教員数もそれに対応する必要がある。

学内の人事組織を社会の動きに即応するように柔軟に保つためには，学科の枠を越えて，広い視野から大学を考える必要がある。しかし，現状は，教員の意識が主に学科に帰属しており，学科間の垣根は相当に高いということができる。このような組織形態では，大学の将来に対する視野が局部的になり，大学全体の行動は保守的にならざるを得ない。これからは大学間の競争が激しくなると予想される。そのような場合に，人事について学科内の議論や判断だけでは不十分であり，大学全体で長期的な視点から，経営への影響も含めて議論し，意思決定をせねばならない。

民間企業では厳しい企業競争に勝つ事が絶対条件であり，そのために組織変更や人事異動が常に行われている。社員の採用，養成，評価，および適正配置による人件費の最適化や社員の活性化は大きな経営上の課題である。わが国の大学にもこれと同様の問題が経営上の課題として顕在化しつつある。

2．わが国の人事の慣習

わが国における年功序列・終身雇用の慣習が壊れつつあるといわれる。今までは講師，准教授，教授等への昇格には，教育・研究成果のほか年令という暗黙の要素が考慮されていた（年功序列）。また，一度大学に就職すれば，たとえ教育・研究上の問題点があっても退職に至ることは殆どなかった（終身雇用）。近年，企業のいわゆるリストラが日常的な出来事になり，従来のわが国の人事慣習も変わろうとしている。しかし，現状はまだ従来の慣習が根強く残っている。教員採用においても，終身雇用制度はまだ当分は崩れないと考えて，慎重に選考する必要がある。

3．大学における教育の重要性

教員採用では教育と研究のどちらに重点を置くべきか，という議論がしばしば繰り返された。勿論，教育と研究は対立する概念ではない。研究で実績を上げた教員が教育でも実績を上げる場合は多い。しかし，実際問題として，教員採用で研究歴は分かり易いが教育能力はなかなか解りずらい。教育

能力を考慮せずに研究歴だけで教員を採用してよいかという問題が常に議論されてきた。

　わが国の一般的な風潮として，学生の勉強嫌いが広まっている。このような社会的な流れの中で，教員が果たすべき教育者としての役割はきわめて大きいということができる。現在，多くの大学が受け入れている学生の質について言えば，非常に優れた学生がいる一方，学修への積極性が乏しい学生もいるというのが実情であろう。後者の学生に対しても教員は学修への動機付けを行い，きめ細かく教育することが必要とされる。教育は大学の教員にとり最も重要な業務であるといえる。最近，大学ではファカルティ・ディベロップメント（FD）活動が活発に行なわれている。その一例として新しい教育方法としてアクティブ・ラーニングが注目されている。学部・学科が組織的に教育活動を点検・評価し，組織的な教育活動レベルを高めることが求められている。

教員人事改革に関する基本事項
　１．人件費の目標値の設定

　今後，私立大学の帰属収入は減少傾向にある。従って適切な人事施策を行い，人件費比率の増大を防ぐことが常に必要である。また，一方では，帰属収入を増やすことに大学全体が取り組むことも重要である。しかし，多くの大学にとって学費等の改定（値上げ）は限界に近づきつつある。

　それ故，人件費は無制限ではない。枠（目標値）を設定して，その範囲内で教育効果を最大にするような最適条件を求める努力が必要である。ここでは，人件費の枠を人件費比率（人件費／帰属収入）で表すことにする。

　現状では人件費の枠を人件費比率45％程度に押さえることを目標にする。ただし，この場合，退職金については平均化した経常的な値を想定しており，一時的な支出が大きい時は別途考慮すべきであろう。

　２．教員数の設定

　私立大学では収入が限られているために，大学教育を進める上では各学科が知恵を絞って，より少ない人件費で大きな教育効果を上げるように努めな

ければならない。教育効果を上げるには教員数が多い程よいが，それを人件費の枠内でおさめねばならない。ここでは教員数と教員構成を次のようにすることを提案する。

①大学設置基準上必要とされる人数は専任教員で満たす。

なお，特別任用教員（いわゆる特任教員）は大学設置基準では専任教員と同等であるが，ここではその点について想定しない。別な言い方をすれば，

②専任教員の人数は，原則として，大学設置基準が要求する人数にする。

教員数を設置基準並みに下げると一人当たりの学生数は当然上昇する。これは教員の負担増とそれに伴う授業の質の低下になって現れる可能性がある。これを避けるために，人件費負担の少ない特別任用教員，シニア教員，客員教員，非常勤講師，ティーチング・アシスタント（TA）等の教員を充実させることを提案する。これら多様な教員を活用することで，授業時間を満たすだけにとどまらず，教育全体の質の向上をはかることも可能である。

特別任用教員等は実務的・社会的・国際的な経験や年令においてきわめて多様であり，専任教員が持っていない長所を備えている可能性がある。このような人々を採用することにより，教育範囲が広まり，教育内容も充実し教育の活性化が期待できる。

専任教員からTAまで，人件費の合計は前記の人件費枠の中に収める。さらに学科別に特別任用教員等の人数配分については学科別に枠を作るのではなく，後ほど示す手続きを経て，枠が設定される。

学科ごとの人件費枠や人数は基本的には一律ではなく，大学全体の経営戦略により決められるべきものである。しかし，過渡的には，学科ごとに公平に配分するということになるのが，多くの大学の姿であろう。この場合には以下のような方法も考えられる。

(1)学科ごとにある程度の独立採算制を行うとして人件費の枠を決める。すなわち，学科の学納金収入に応じて人件費や教育研究経費の枠を決める。その教員の人件費から専任教員の人件費を差し引いたものが非専任教員やTAに使える金額になる。

(2)大学全体の教員の人件費枠から専任教員の人件費を引いたものを非専任

教員の人件費枠として，これを学科に配分する。

(3)他大学の事例を参考に，依存率（非専任教員のコマ数／全体のコマ数）を決める。例えば依存率を30％とする（コマ数の70％が専任，30％が非専任の担当）。

3．教員構成のあり方

学科における教員構成は下記のようにできるだけ多様化し，年令的には偏らないようにすることが好ましい。

①専任教員の他，特別任用教員，シニア教員，客員教員，非常勤講師などを活用して，教育の幅を広くし，また多様化する社会のニーズに応じていく。

②TA制度を活用して少人数教育をはかる。

③教員の年令を，ある年令層に偏らないように平準化する。一応の目安として，教授は40歳以上，准教授は35～45歳，助教は28歳～35歳とし，教授の人数が専任教員の半数以上必要（大学設置基準）という事情を考慮して，学科別あるいは系別にバランスのよい年令配置を常に目指す。

（注）バランスのよい年令配置の試算例：

芝浦工大の場合，平均年令が1歳下がると大学全体で1年間に3～4,000万円が削減される。いま，教員の年令が30歳から65歳まで一様に分布していると仮定すると，平均年令は47.5歳となる。これは専任教員の平均年令が仮に53.9歳であるとすると，6.4歳下まわることになり，大学全体で2億円程度の削減になる。

④教員の出身大学について，学科別に一つの大学出身者が過半数に達しないようにする。ただし，その枠内でその大学の出身者を計画的に採用し，その大学の文化や伝統などを継承していくことは好ましいことである。これは教員の大学への帰属意識を醸成するためにも役立つ。なお全国大学平均自校出身者比率は約36％である。

なお，専任教員数が今より減少するような状況では，一人当たりの業務量をできるだけ平均化する必要がある。このためには一人当たりのコマ数を決めて，それを目標にして授業を分担することが望ましい。

経営的には人件費の枠を遵守せねばならない。一方では教育の質を向上させるために充分な教員を揃えねばならない。大学における最大のトレードオフの問題である。多くの大学では専任教員の責任担当時間が既に定まっている。芝浦工大の場合，学部で半期，週7コマであるが，これには大学院のコマ数は含めていない。

4．多様な教員制度の活用

以前に述べた雇用形態の多様化の一環として，柔軟な身分制度を実施することが必要である。様々な改革の課題の中で根本は教育そのものの改革であり，それを推進するための組織・機構の改革，その中核を担う教員人事構成であるといえる。

現在，教員は大学により専任，特別任用，シニア等（教員の種別とここでは呼ぶ）かなり多様化している。ある教科をどの種別の教員が受け持つのが望ましいか，いわば教員構成の設計のためには，それぞれの教員の特徴，役割等を把握する必要がある。

以下に，それらを考えてみる。

①専任教員

専任教員は学科の中核をなし，学生の要求に適切に答えるよう優れた教育を行うことに責任を持っている。一方，社会的に役立つ研究を行い，大学の研究水準を引き上げることにも責任を持っている。また，教授会の一員として，大学のあり方や組織の検討，大学運営への協力等にも参加しなければならない。

②特別任用教員

特別任用教員には下記のような人々が対象になる。

　(1)産業界における実務経験豊富な人
　(2)国公立大学や私立大学を退職した教育・研究経験の豊かな人
　(3)博士課程を終了した将来有望な人
　(4)外国人の教員

このように，年令においても，また知識や経験などにおいても広範囲の人々が対象になる。特別任用教員は週に6〜8時間で講義から演習・実験・

卒論までそれぞれの固有の能力に見合う実務を担ってもらう。任期は1年であり，3～5年まで契約更新することができる。従って，適切な執務スペースと事務機器等を用意することが望ましい。なお，給与は大学によっても多少異なるが，専任の1/2～1/3程度である。

③シニア教員

シニア教員は60歳以上70歳未満の人で，教育・研究に十分な経験と実績がある人が対象になる。この中には，その大学の前教員ですぐれた人も含まれる。3年を限度とした任期制であるが，特に必要な場合には更新することが出来る。ただ，気懸かりなのは，安易にこの制度をその大学の退職者に適用すると，実質的な定年の延長制度になり，人事の活性化を阻害することになる恐れがある。

④客員教員（主として教授）

学術・文化等において特に優れた業績がある人が対象である。年令や国籍は問わず，学歴や研究歴も問わない。任期は原則として1年である。この制度は大学を活性化するのに有効に活用できると考えられる。

⑤非常勤講師

非常勤講師は，専任教員だけでは授業が過重すぎる場合の補助として，また専任教員ではカバーできない専門分野の教員として，大学におおいに貢献している。また，任期一年のルールを守り，実績を評価してそれに応じて更新の可否を決定すべきであるが，現状では多くの課題を抱えている。

⑥助教

助教は将来教員になる候補者である。研究，研修，また学会活動等に力を入れられるよう周辺は配慮すべきである。ただし，3年の任期とする。

⑦TA

TA制度は適切に運用すれば，大学にとってもTA本人にとってもプラスである。大学としてはきめ細かい授業ができ，教員の負担が軽減される。

採用方法の具体的改善策

多くの大学では，新年度を迎えると翌年の3月に定年退職する教員の代わ

りの後任人事（補充人事）が当該学科を中心に始まる。そしてそれに応じて相当数の新規採用が行なわれる。これが通常の形態であるが，ここではこれを根本的に改めて大学全体として採用計画をつくり，従来の学科中心ではなく大学中心の採用方法を提案する。

　通常の形態では多くの場合，当該学科は長年にわたって採用についての明確な論理を持たず，人脈等を主としたやや無原則な採用である等，カリキュラムの不断の検討による，必要な学術分野を定めた適切な分野毎の人材補給によらず，単に退職した教員と等質のものを補充するといった安易な動向をたどる傾向がある。

　1．採用主体は学科から大学へ

　多くの大学の教員採用は，従来から退職した教員の後を補充するという感覚で採用が行われ，当該学科の発言権が非常に強い。人事については，学科の専決事項であるかのような運用がなされてきた。しかし，このように学科の発言権が強くなると，人事の範囲が現状の専門に偏るようになり，社会全体の産業構造や技術革新などの大きな変化に応えられない。

　今後は，理事長・学長・学部長が採用方針や採用条件を決定し，その決定に基づいて当該学科が採用の実務に当たる必要がある。勿論，採用方針や採用条件の決定には，当該学科の意見を充分に聴取する必要がある。

　2．教員人事委員会の設置

　このような採用ルールの第一歩として，教員人事委員会を設けることを提案する。この委員会は理事会に設置し，大学及び法人によっては併設の中学高校を擁している場合もあり，大学だけでなく併設の中学高校の人事の活性化をはかるために次の事項を協議する。

　①教育研究の充実をはかるための教員の適正配置
　②新規採用にあたっての必要性，年令，年次計画など

　「教員人事委員会」は学長，副学長，常務理事（総務担当および学務担当），学部長，大学院研究科長，中高学校長，及び理事長が指名する委員で構成する。

　3．人事上の意志決定のルール

人事上の意思決定のルールについて，形式的には決定者は理事長であるが教授会が実質的な決定権を持つべきであるという考え，又理事会と教授会の合意のもとに行うべきであるという考えなど意見が多く出るところである。私立大学では理事長及び理事会が経営責任を持っている。大学が進むべき方向は理事会が策定する。従って，人事の採用枠は理事会が決定し，その枠内で誰を採用するかは教学側と理事会が協議して決定するのも一つの方法である。仮に両者の意見が合わなかった場合は最終的に理事長が決定する，というのが私立大学におけるルールであると考える。

4．教員採用手順の提案

教員採用に関して，以下の業務は年に1回，定期的に行う。

①毎年，大学全体の人件費枠，教員の人数等の基礎的な方針を理事会で再確認する。

②翌年度の「学部人事計画書（仮称）」を作成する。その過程を以下に示す。

(1)「教員人事委員会（前出の2．参照）」が長期計画の策定方針案と教員採用の方針案を協議し，その答申をもとに，学長が学部・学科に方針を示す。

(2)学長からの方針に基づき，各学科が「学科人事計画書（人事の長期計画と採用計画）」を作り，それをもとに教員採用委員会（学長，副学長，学部長・研究科長で構成），教授会で討議し「学部人事計画書」を作り，学長に提出する。

③「学部人事計画書」に基づき，当該学科を中心として，具体的な採用活動を行う。

④選考は学部長の下の「教員候補者選考委員会」が行う。この委員会は当該学科の教員のほか学部長や他学科の教員から構成される。候補者の選考にあたっては，教育に対する適性や能力を十分に評価し，審査する。このためには，「教育業績」，「教育に対する考え方」，「研究業績」，「社会活動状況」等の資料とともに，例えば「模擬講義」をしてもらう等の手法が有効である。

⑤選考を通過した候補者に対し，「教員人事委員会」は，教員採用の方針

に対して適切であるか否かを評価する。適切である場合は教授会の教授で構成される「資格審査会議」で審議し決定する。不適切と判断した場合は学長，学部長に再選考をお願いすることもある。

⑥上記の段階を通過した候補者は学長，理事長に報告され，採用が決定する。

教員採用人事の本格的検討

21世紀を迎えて，大学を取り巻く環境は厳しく，学納金収入等の帰属収入の伸びを期待することは困難な状況となった。そうした中にあって健全なる大学財政の確立にとって人件費の適正化は重要な課題である。芝浦工大の場合，新定年制の実施により定年年令の65歳への段階的引き下げに伴って，2000（平成12）年当時から引き下げが完了する7年半後の2008（平成20）年3月末日までに定年退職する専任教員数19名，定年引き下げにより退職する専任教員数86名，及び特別専任教員数8名の合計113名の教員が少なくとも退職する。図5.1は2000（平成12）年当時から見た退職年度別教員数を示すが，2011（平成23）年度以降は概算値である。

先ほどの2008（平成20）年3月末日までに退職する教員数は当時の専任教員数（工学部166名＋システム工学部40＝206名）の過半数にも達した。その大半は歴史の古い主たる学部である工学部の教員であった。これらの教員の入れ替え人事如何によって，21世紀の大学の将来が決まるといっても決して過言ではなかった。したがって2008（平成20）年度末までに退職する教員の欠員については5年後，10年後の教育研究体制の構築を視野に入れて教員の採用，充実を図ることが是非とも必要であった。

一般に教学改革の柱である学部学科など教学組織の再編にとって教員の入れ替えは不可欠である。当時の理事会は学部学科の再編など教学改革を実現する上ではこの時期を逃してはほぼ不可能に近いと判断し，教員人事を最重要課題の一つとして捉えた。

理事会は学部学科毎の専任教員の必要教員定数をはじめ今まで述べてきたことを検討し，長期教員人事計画を策定するため，2000（平成12）年11月22

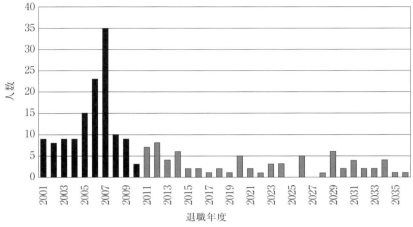

図5.1 退職年度別教員数
2011（平成23）年度以降は概算値

注）
この図は現在在職している教員の退職年度を示したものである。
2001（平成13）年4月現在，2011（平成23）年度の退職者は55歳，2036（平成48）年度の退職者は30歳である。

出典　教員人事計画に関する答申書，学校法人芝浦工業大学教育職員人事計画委員会　2001（平成13）年12月

日に理事長の諮問委員会として外部の有識者を加えた「教育職員人事計画委員会」を設置した。

　この委員会では当初教学側からの多少の抵抗もあったが，1年間かけて教員人事政策改革案を答申した。改革案は適正な人件費目標，必要最小限の専任教員数，曖昧であった教員採用の流れを学科主導から学部主導へと学部長がリーダーシップを発揮しやすいような選考・採用方法のルール化などである。

教員人事政策改革案

　前節で述べた教育職員人事計画委員会では，教員採用の問題点を中心に，これからの社会の変化や本学のあり方など，幅広い内容の議論を行った。

2001（平成13）年12月に教員人事政策改革案（答申）を提出した。なお，改革案の対象は大学教員に限り，中学・高校教諭は対象にしていない。改革案は下記の1～7の項目である。

教員人事政策改革案

1．適正な人件費目標
　教職員に係る人件費は，人件費比率45％以内を目標とする。
2．必要最小限の専任教員数
　大学設置基準に定める教員数は，専任教員で満たす。
3．多様な教員の活用
　原則として，大学設置基準に定める数以上の教員を必要とするときには，特任教員，シニア教員，客員教員，非常勤講師等の多様な教員を活用し，教育の内容・レベルの充実を図る。
4．バランスのとれた教員構成
・ある年令層に偏らないようにする。
・学科別に一つの大学出身者が過半数に達しないようにする。
5．新しい採用ルール
・これまでの退職教員のあとを補充するという採用方針はとらない。
・採用主体を学科から学部・大学へ移行する。
6．教員人事委員会の設置
　教員人事委員会を理事会に設置し，適正な教員採用・配置について法人・大学全体の観点から検討，協議する。
7．教員候補者選考委員会
・教員の選考は学部長の下の教員候補者選考委員会が行う。この委員会は，当該学科の教員のほか，学部長や他学科の教員から構成する。
・候補者の選考に当たっては，教育に対する適性や能力を十分に評価する。

教員定数決定，教員人事委員会設置，教員人事改革実施へ

理事会では教員人事政策改革案を具体化すべく，大学教員定数の試案を作

成，何回か執行会議（理事長，常勤理事，学校長，副学長，学部長，事務局長，事務系部長など執行責任者で構成）の場で教学側とのすりあわせを行った。教員定数は改革案では具体案が提案されていなかった（正確には大学設置基準で定める教員数は専任教員をもってあてること以外，具体的には提案されてなかった）ので，基本の考え方を先ず定めた。それは答申内容に沿って人件費比率をあらかじめ45％以内に定めて授業料収入に基づいて算定する方法を基本の考えとした。詳細は後ほど説明するが，後に関西の龍谷大学でも似たような考え方で教員定数枠を決めている事例を知った。

　大学は当時工学部とシステム工学部の二学部であったが，教員定数の試案では小規模学部の教員組織の考え方について理事会と学部側で意見が分かれ，成案を得るのに時間を要した。理事会からの教員定数の試案そのものについてはそれほど議論にはならなかった。これは以前からの教職員数抑制と選択定年制度の効果によって，当時でも人件費比率が高くはなかったために，多くの学科で教員定数の試案が現状の教員数とそれほどかけ離れたものではなかったからである。しかし現状の教員数がかなり多かった学科については教員が定年退職による自然減で提案した定数となるまでは現状の教員数を留保した。

　また教員採用方法では「教育職員人事計画委員会」からの答申での提案内容をベースに多少簡略したものにして提案した。以前の教員採用方法では教授会など全て教学機関の審議を終えた後に，理事会の決済をあおぐ形となっているため，理事会段階では大半が形式的手続きで，決済の意味がなかった。

　従って資格審査会議（芝浦工大では教授のみで構成される教授会を教授会とは別にこの会議名称を用いる）での審議の前に書類を見て判断することの必要性を理事会は主張した。最終的には教員人事委員会の法人側，教学側の大学教員委員に事前回覧することで合意した。回覧とは書類などから，候補者に何か意見がある場合は委員長（発足当初は常務理事（学務担当））が人事委員会の関連する委員を招集して協議を行い，最終的な判断を行うことにした。場合によっては当該学科の主任などから説明を求める場合もある。今までにこ

この段階で取り下げとなった事例もあった。

改革案を受けて理事会は2002（平成14）年4月から中長期計画に基づく教員の配置と採用手続きなどの適正化を図るために教員人事委員会を規程に基づき制度化して設置，具体的採用手続き，学費から採用可能な学科毎の専任教員定数などを定めた。そして2003（平成15）年度の教員採用からはこの新しい方法でスタートした。

教員人事委員会は，専任教員任用手続きフローと併せて規程として制定した。尚，2009（平成21）年度からは第3条にデザイン工学部長を加えた。

学校法人芝浦工業大学教員人事委員会規程

制定　平成14年1月23日

（趣旨）

第1条　この規程は，学校法人芝浦工業大学（以下「本法人」という。）の教育研究の充実をはかり，かつ長期的視野に立った人事制度を確立するために，教員人事委員会（以下「委員会」という。）を理事会に置くことについて定めるものとする。

（目的）

第2条　委員会は，法人の設置する教育機関である大学及び中学高校の人事の活性化をはかるために，次の事項を協議する。

(1)教育研究の充実をはかるための教員の適正配置

(2)新規採用にあたっての必要性，年令，年次計画など

（構成）

第3条　委員会は次の委員をもって構成する。

(1)学長　(2)副学長　(3)常務理事（総務担当）　(4)常務理事（学務担当）

(5)工学部長　(6)システム工学部長　(7)大学院研究科長　(8)中学高校学校長

(9)柏中学高校学校長　(10)理事長が指名する委員3名

（以下略）

専任教員任用手続きフローは図5.2に示す。このフローの中で教員候補者

の選考は教員候補者選考委員会を設置して行うように改めた。

教員候補者選考委員会

候補者選考は図5.2の専任教員任用手続きフローに沿って行うが、教員候補者選考にあたっては、教育を担う適任の人材を確保するために、当時の「申請学科」から関連する専門分野の教員を含めて構成される「教育候補者選考委員会」に移す。教員候補者選考委員会は候補者から提出された「教育業績」、「教育に対する考え方」、「研究業績」、「社会活動状況」等に関する資料、及び「模擬講義」をもとに候補者を選考する。今後はこのように改めることにした。

「教員候補者選考委員会」は工学部の場合、
・申請学群から教授5名（学長、または工学部長が指名することもある）
・工学部長が指名する教授2名
・工学部長
・工学部長補佐

計9名で構成する。委員会の構成メンバーは選考の前に工学部教授会の信任を得る。

学科毎の教員定数については理事会で決定した。教員定数の算出方法の概略は次節で述べる。

財政状態（学費収入）に基づく教員定数の算出

1．大学設置基準の別表第1及び別表第2による必要教員数を求める。

2．学費のうち、「授業料」を人件費に充てるものとする。授業料をもって充てる人件費の範囲は、専任教員、非常勤教員、兼担教員及び職員のほかに、法人職員及び役員報酬も含める。なお、法人職員、役員報酬は各学部、併設中学高校の帰属収入割合により按分負担するものとする。この考え方をとると、専任教員に充てられる人件費は、授業料総額の概ね55％（システム工学部は60％）程度となる。

3．授業料単価は、2002（平成14）年度の額を基礎とし、学生数は定員

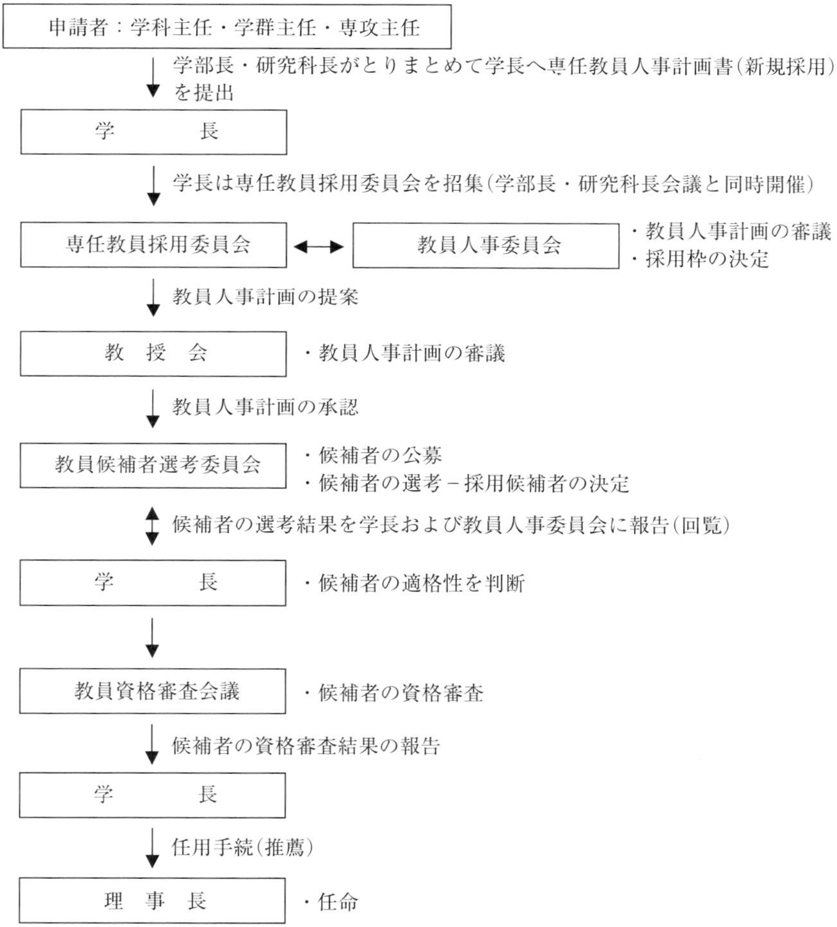

第 5 章　再生の鍵は教員人事　137

```
┌─────────────────────────────┐
│ 申請者：学科主任・学群主任・専攻主任 │
└─────────────────────────────┘
        │　学部長・研究科長がとりまとめて学長へ専任教員人事計画書（新規採用）
        ↓　を提出
┌─────────────┐
│　　学　　長　　│
└─────────────┘
        │　学長は専任教員採用委員会を招集（学部長・研究科長会議と同時開催）
        ↓
┌─────────────┐        ┌─────────────┐　・教員人事計画の審議
│ 専任教員採用委員会 │ ←→ │　教員人事委員会　│　・採用枠の決定
└─────────────┘        └─────────────┘
        │　教員人事計画の提案
        ↓
┌─────────────┐
│　　教　授　会　│　・教員人事計画の審議
└─────────────┘
        │　教員人事計画の承認
        ↓
┌─────────────┐　・候補者の公募
│ 教員候補者選考委員会 │　・候補者の選考－採用候補者の決定
└─────────────┘
        ↑　候補者の選考結果を学長および教員人事委員会に報告（回覧）
┌─────────────┐
│　　学　　長　　│　・候補者の適格性を判断
└─────────────┘
        ↓
┌─────────────┐
│　教員資格審査会議　│　・候補者の資格審査
└─────────────┘
        │　候補者の資格審査結果の報告
        ↓
┌─────────────┐
│　　学　　長　　│
└─────────────┘
        │　任用手続（推薦）
        ↓
┌─────────────┐
│　　理　事　長　│　・任命
└─────────────┘
```

図5.2　専任教員任用手続きフロー
出典　芝浦工業大学　学事部作成　2011（平成23）年 2 月

（収容）を基礎とした。

4．教員1人当たりの人件費（所定福利費を含む年額：14,000千円）は，平均年令約55歳（現行）の教授を標準モデルとして計算した。

5．「授業料収入からの採用可能数」の「授業料収入」は，前記2により算出した授業料総額であり，「採用可能数」は，前記1及び3に基づき，授業料総額の55％（システムは60％）相当額を前記4の教員一人当たりの人件費で除した数値（人数）である。

6．「各学科別教員定員」は，「採用可能数」から「共通系教員数」を差し引いた後の最終的各学科別教員定数である。

7．設置基準上の定員は専任教員で確保し，基準を上回る人数については，特任教員もしくはシニア教員等の有期教員の採用を積極的に行い，これまでの単線的な採用制度から多様な採用制度の導入・活用により，教育水準の継続的維持・向上を図るとともに，人件費増の負担を軽減するものとする。

8．人件費比率（大学部門）は，当時41％程度であり，この提案による教員定員は当時の人数以内であるため，この提案での人件費比率に及ぼす影響はない。また，この提案による将来的な影響についても，収入（帰属収入）の極端な減少を避ける努力をすること，平均年令が上昇しないよう年令構成に配慮した教員採用計画に従って採用を行うこと，さらには給与の改定を控えること等の条件が満足されれば，人件費比率の大幅な上昇は避けられる。

9．この定員は，2007（平成19）年度末（定年年令変更経過措置の最終年度経過後）に見直しをするものとする。

ここで多様な教員制度を活用して例えばシニア教員，特任教員の場合，各々教員の給与が専任教員1人に相当しないため，例えば特任教員ならば1人で専任教員0.3人とカウントすることになる。

大学教員定数に関しては2003（平成15）年3月に理事会で決定した。

この教員定数問題は学長，副学長，学部長など教学執行部と相当時間をかけて協議，話し合いをして進めたこともあり，学部長段階までは理解され

た。実際には，学科別の大学設置基準に基づく教員数にプラス1名の専任教員という形で実施されており，この教員数は理事会で定めた各学科別教員定員の内数であるため理事会としても問題としていない。当初，教授会で筆者が理事会として教員定数を定めることを説明した段階では一部反対もあったが，学部長がリーダーシップをとって対応したこともあり，ほぼ提案どおりに実行されている。設置基準に基づく教員数以外の教員枠に対してはどうしても専任教員を採用する傾向が強く，特任教員など多様な教員制度を活用する点は必ずしも十分共通認識が持たれていない。また教員採用方法に関しては，従来の学科主導から学部長主導へとする新たな採用方法について教学執行部を中心に教授会でも了解され，すでに実施に移され10数年経過した。人件費比率は図4.1に示されているように，2015（平成27）年現在でも40％付近で推移している。

定年引き下げと再雇用制度

　定年引下げによって退職した教職員に対して，大学の要請等一定の条件のもとで5年以内の再雇用制度を制定した。給与体系は別体系とし，年棒制の5年間同額も一つの考え方としてあった。これは高齢者を年令だけで一律に退職させるのではなく，年令に拘わらず有能な者は雇用するという考えを示したものである。また新制度を円滑に進める上からも有効であった。しかし，実際には退職する教員を全員再雇用するのではなく，有能な少数の者，すなわち余人を持って代え難い人のみを雇用することが肝要で，それを進める上では業績評価（考課）は不可欠であった。この制度は必ずしも，当該大学を定年で退職した教職員を対象にしたものではなく，他の大学を定年退職した人にも広げ，大学にとって必要な人材を確保する観点からも大学活性化のために有効な制度であった。

　多様な教員制度の種別でシニア教員が述べられていたが，これはすでに教員人事政策改革案の中でも提案されている。それは専任教員の定年が65歳引き下げによって，年齢的に本学には専任教員としては着任することが難しい人に対して複線的教員採用システムでの任用への道である。要は教育・研究

に十分な経験と実績のある60歳以上70歳未満の人を対象に任期制ではあるが，専任教授に準じた教員として採用することを制度化した。シニア教授のほか，シニア教諭，シニア職員とともに規程として2001（平成13）年12月に制定した。

学校法人芝浦工業大学シニア教職員規程

（目的）
　第1条　本規程は，学校法人芝浦工業大学（以下「本法人」という。）の諸施策を円滑に実施するために採用する経験豊かなシニア教職員について，必要な事項を定めることを目的とする。

（資格）
　第2条　シニア教職員とは，本法人の目的である教育，研究，社会活動及び法人運営に多様な知識又は経験を有し，本法人に特別な使命をもって採用される者で，採用する年度の4月1日時点において満年齢60才以上70才未満の者とする。ただし本法人の専任教職員がシニア教職員になる場合は，採用する年度の4月1日時点において満年齢65才以上70才未満の者とする。

（呼称）
　第3条　シニア教員の種類，呼称は次のとおりとする。
(1)シニア教授（大学教員）
(2)シニア教諭（中学・高校教諭）
(3)シニア職員（事務系職員）
　　　　　　　　　　　　　　　（以下略）

定年制度改革，教員人事政策の効果

　1991（平成3）年度からの選択定年制導入，さらに2001（平成13）年度からの定年年齢引き下げによる新定年制の実施など定年制度改革，さらに2003（平成15）年度からの教員人事政策の開始など一連の改革諸政策の効果について検証しよう。芝浦工大にとって1991（平成3）年度は財政的に最悪

の状態であった。2000（平成12）年度と比較してみよう。帰属収入は1991（平成3）年度で95億円が2000（平成12）年度で153億円になって5割程度の増に対して（図4.3参照），人件費は61億円から66億円となるが（図4.7参照），それほど増えてない。人件費比率は62％が44％になった（図4.1参照）。又，累積の赤字は黒字になった。借入金は45億円が5.9億円，単年度の消費収支も2.4億円の赤字が8.2億円の黒字に転換した。本書では1990年代の学費改定，新学部新学科の設置，臨時定員増など収入増の施策（拙著「私学の再生経営」成文堂参照）について詳しくは述べていないが，前述の数値（特に帰属収入増に関わる部分）はそれらの施策の効果がもたらした内容である。

　新学部・新学科の設置などいわゆる学生数増となる施策を進めるとそれに伴い教員数の増加など人件費の支出増を伴うことが大学の通例である。ここで強調したい点は前述の数値であるが，帰属収入が5割近く増加しているにもかかわらず，人件費の増加は1割に満たない点である。これが選択定年制度など定年制度改革の効果であるといえる。たしかに人件費比率は相対的に60％台から40％台に下がったが，これは帰属収入の大幅増加を反映したものである。

　次に2001（平成13）年度から2007（平成19）年度までの定年年齢引き下げ措置，教員人事政策の効果について見る。2001（平成13）年度から2007（平成19）年度の定年年齢引き下げによって退職者が200名，一方，新規採用者は228名。ただ，退職者は65歳以上が多数で，新規採用者は平均年齢が38歳の若い人が中心であった。その結果，人件費比率に2000（平成12）年度の44％より低い40％前後で推移している。これは定年年令引き下げ効果の表われの一つと見ている。今回の定年年齢引き下げ効果は，引き下げの完成年度に当る2007（平成19）年度以降に現れてきた。それは2007（平成19）年度以降，人件費比率は現在まで40％前後を維持し続けていることで検証されている。

　さらに財政面だけではなく教育・研究上の効果について考えてみると，定年年齢引き下げ措置により，大学教員の世代交代が進み，人事が一新したことで教育研究活動の面でも活性化が実現できた。第1には新しい分野の学部・学科の開設が実現できた。もともと工学部1学部でスタートして，1991

（平成3）年にシステム工学部という新学部を開学，さらに2009（平成11）年になってシステム工学部の中に理学系の学科を設置，理工学部に学部名称を変えた。同年，デザイン系の学部，デザイン工学部を開設した。そのように工学の分野が広げられた。

第2には新規採用教員を中心に科学研究費補助金など外部の公的研究資金の獲得が大幅に増え，大学にとっては研究力が強化されたことである。図5.3は科学研究費補助金の採択件数，交付額の推移を示す。2002（平成14）年度以降，採択件数，交付額とも急激に増加している様子がわかる。以前の採択件数は10～20件で交付額も2,000万～4,000万円程度であったが，2011（平成23）年度の採択件数は90件近くになり，交付額も1億6千万円近くになった。定年年令引き下げ措置が教職員人事政策の点だけではなく，教育研究活動の活性化に大きく寄与したことを示すものである。

また学部長主導の教員候補者選考方法は新規採用教員を中心に科学研究費補助金の獲得が増えたことで，現時点ではよい結果をもたらしていると言えよう。

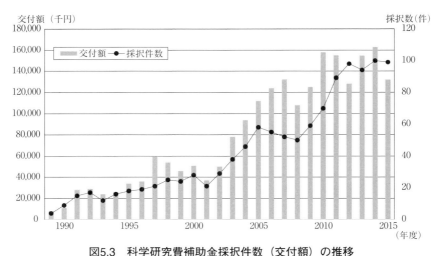

図5.3　科学研究費補助金採択件数（交付額）の推移
出典　芝浦工業大学連携推進部研究支援課資料（著者にて追加・修正）

龍谷大学における人件費枠の設定

　龍谷大学でも人件費枠の設定の検討を1999（平成11）年度に始めた。龍谷大学では当時6,000人近い臨時定員を抱えていた。臨定が終了した時には確実に学生数は減少する。もし教職員数がそのまま推移，もしくは増やすことにでもなれば，早晩人件費が大学財政を圧迫することは，誰にも予測がつくことだった。そこで，大学の財政構造で最も大きなウエイトを占める学納金収入と人件費支出に注目し，両者に相関関係を持たせることが財政の安定化政策として有効ではないかという発想が出てきた。そこで先ず，今後の私立大学にとって経営的視点は不可欠であり，施策の検討に際して教学と財政を車の両輪のごとく考える必要があることを学内に打ち出した。それに対しては教職員の大半の賛同を得られた。

　次にその具体策として，人件費を学納金収入の一定比率によって制限するという政策を打ち出した。しかしこれに対しては大変な議論があったようである。特に教員の側から，教員数を財政で縛るとは何事かという様な声も多く上がったようだ。各学部で議論したが，この施策が一向に進まなかった。そこでこの提案を一旦引き上げ，改めて各学部，大学院等で将来構想を踏まえながら必要教員数の策定をした。その上で必要教員数と財政のすり合わせを行なった。

　したがって龍谷大学では人件費枠設定は，単に人件費の抑制といった財政主導の施策ではなく，保証された一定の財源枠の中で，学部，大学院が将来計画を見据えた主体的な教員人事を行なうことを可能にした，教学主導の施策として成立した。

　すなわち教員人件費総額を各学部の学納金収入の一定比率の範囲内に設定し，その中で各学部が主体的に人事展開を行なうことである。当然設置基準にある教員数以上の教員確保が必要であるが，それをクリアーしていれば何人で行なうかをそれぞれの学部で考えて，自由に人事を進める制度として確立された。

　また職員人件費についても，大学全体の学納金収入の一定比率を上限として設定することを基本とした。ここで基準になる学納金収入は，学校法人会

計基準の消費収入科目にある学生生徒等納付金収入大科目の全てを含み，同じく人件費には，消費支出科目の人件費支出大科目の全てを指す。したがって，教員の場合，専任教員給，特任教員給，そして非常勤講師給の全てを含み，職員人件費についても，専任職員から嘱託職員，そしてアルバイトまで全てを含んだ。

なお注目されることであるが，別枠として大学の重要政策を遂行するために，特定の期間必要とされる教員或いは事務職員を採用するため，大学全体の学納金収入の２％を大学政策枠として設定した。この２％は専任教員の大体10数名分に相当する。

非常勤講師と労働契約法の改正

多様な教員制度の中で広く一般に知られているのは非常勤講師である。非常勤講師は，専任教員だけでは授業が過重すぎる場合の補助として，また専任教員ではカバーできない専門分野の教員として，以前から学校教育に大いに貢献している。

近年，多くの大学でカリキュラム改革が行なわれ，その結果，選択科目が増加してきた。そのなかに非常勤講師が組み込まれ，数多くの非常勤講師が大学教育に参加している。非常勤講師は，専任教員が少ない小規模の私立大学では必要不可欠の存在になっている。また私立の大規模な大学にとっても，非常勤講師は経営を支える重要な人材となっているのが現実である。私立大学に勤務する非常勤講師の担当コマ数は国公立大学のおよそ２倍である。開設している授業の科目数の非常勤講師への依存率は，私立大学では平均して32％である。私立大学の非常勤講師への依存率はこれも国立大学のおよそ２倍でもある。

非常勤講師から見て担当授業の削減となる場合はそれなりの配慮が必要である。多くの共通系科目（低学年の授業科目）などを担当する非常勤講師は，非常勤講師給で生計を支えている教員は決して少なくないということである。それなりに早い段階で次年度の雇用条件の変更に関しては伝えるなどの配慮が必要である。

2012（平成24）年8月に労働契約法が改正された。今回の改正は有期労働契約の反復更新の下で生じる雇止めに対する不安を解消し，また期間の定めがあることによる不合理な労働条件を是正することにより，有期労働契約で働く労働者が安心して働きつづけることができる社会を実現するためのものである。

　今回の改正により規定化された①無期労働契約への転換，②雇止め法理の法定化，③不合理な労働条件の禁止への対応に関しては，雇用する側と雇用される側との間で誤解のないように適切な対応が求められる。

　今後，大学では10年後の無期転換を考慮して，新たに契約される有期雇用について更新の上限を明確にするなどの制度改正をすると思われる。しかし長期的な課題としては，有期雇用は今や私学にとっては欠かせない役割を果たしている。今後ともこの傾向は続くものと思われるが，有期雇用の在り方を各大学がきちんと位置付け，考え直す時機にきている。

第6章

低迷する女子大，再生に向けて

　私立大学の中でも特に定員確保が困難になりつつある女子大学の低迷について考えてみる。共学の有名私立大学への女子志願者数の増加とは裏腹に，志願者数の減少が著しい女子大も少なくない。その一方では伸びている女子大もある。そこに女子大再生への糸口が潜んでいると筆者はみる。

「2018年問題」と女子大・女子短大

　戦後，1948（昭和23）年に私立の12大学は新制大学としていち早く認可されたが，そのうちの5大学が専門学校として歴史を歩んできた女子大学（以降女子大と略す）であった。その後，社会情勢の変化に伴い，女子大は90校を超すまでに増加した。またそれとほぼ同じく私立の女子の短期大学（以降「短大」と略す）は戦後，急激に学校数を増やし，一時300校近くにまで増えた。しかし女子の大学進学率の上昇の影響を直接受けた形となり急激に減少し，現在では100校近くにまで減った。女子短大のうち一部は共学化，多くは女子大，又は共学大学（以降「共学大」と略す）に昇格（厳密には4年制へ改組転換，本書では昇格と略す），あるいは短期大学部として大学の中に設置される形に改組された。その他廃校となったものも含めて200校近くが女子短大としては消滅したのである。一方，女子大は新設による増加はあるものの，共学化による減少で，現在70数校にまで減少した。

　18歳人口が減少するなかで，大学の数をなぜ増やすのか，以前，ある文科大臣の大学設置認可問題の際の発言で注目されたことである。最近でもよく

話題になることである。しかし実際は増えている大学の多くは新設ではなく，短大からの4年制大学への昇格であった。筆者は少子化に端を発した「2018問題」は実は女子の進学率上昇と4大志向と無縁ではなく，連関して起こったことと考えている。

また第2章で紹介した破綻事例3校の内2校は女子短大から4年制女子大に昇格した大学と，女子短大があって最近女子大を開設した大学であった。さらにこの後の第7章で紹介する改革に取り組んでいる3校のうち2校は女子短大から共学化して4年制大学になった学校である。これは単なる偶然ではなく，20数年前に女子短大を擁していた学校法人にとって，越えなければならない大きな試練であり，将来への選択は決して容易なものではなかったことを意味している。今後の私立大学の将来を論じる上で女子短大，女子大の低迷と再生は決して無関係な問題ではない。

戦後の私立大学の歴史を振り返ってみても，18歳人口の増減は別にして，高等教育機関への男女の進学率の上昇，特に女子の進学率の急上昇が主要なキーの一つであることは間違いない事実である。そうした意味からも本章では女子大低迷の主たる要因は何であったのか，さらにそれらを踏まえての再生について考えてみたい。

戦前の女子教育の歩み

近代的高等教育としての女子教育は，1874（明治7）年に東京府下に女子師範学校の設立が通達され，翌年に東京女子師範学校が設けられたことに始まるとされる。これは当時の女子のための高等教育でのはしりであった。しかし，その後，政府は財政難を理由に次第に女子教育への意欲を失い，女子師範学校も東京師範学校に合併してしまった。国による女子高等教育機関は師範教育の範囲に留まることになった。

こうした国の姿勢を背景として女子の高等教育を志す人々は，自分たちの手で学校を開くことを考えることになった。ようやく1900（明治33）年，1901（明治34）年に相前後して女子英学塾，日本女子大学校，女子美術学校，女子医学校が創設された。日本女子大学校を除いた3つの学校は女子に専門

的な職業教育をほどこすことによって，女子の経済的自立，女子の地位向上を図ろうとするものであった。一方，成瀬仁蔵氏によって創設された日本女子大学校は，3つの学校とは異なり，学校教育の主目標を職業教育というよりも，高等普通教育におき，女子を時代や社会を考える視野の広い人間として教育することを目的とした学校である。

その後，帝国女子専門学校，神戸女学院専門学校，同志社専門学校，聖心女子専門学校などが次々に創設された。1918（大正7）年には東京女子大学も誕生した。東京女子大学は創設当時から家政学科を設けていない。しかし，この後にできた女子専門学校は，そのほとんどが家政学科を中心とした学校ばかりとなり，初期の学校のような職業教育，高等普通教育を主目標とする学校が増加することはなかった。

また戦前は，女子は少数の例外を除いて，普通の男子の大学への入学は認められていなかった。いわゆる「女子大」と言われた日本女子大学，東京女子大学，津田塾大学，あるいは神戸女学院なども，みな専門学校令によるもので，正式には大学でなくて「大学校」であった。

戦後の女子大，女子短大誕生

戦後，1948（昭和23）年にいち早く認可された5女子大は津田塾大学，日本女子大学，東京女子大学，聖心女子大学，神戸女学院大学である。それまで専門学校にすぎなかった5校が女子大に昇格したこと，いち早く認められた新制大学の12校のうち5校が女子大だということは注目に値する。これは当時のGHQの方針が女子大とミッション系大学を重視したことにあった。GHQが，日本政府に対する民主主義政策の一つに「婦人の解放」をあげたことで，男女共学や女子大の設置，婦人教育の奨励といった女子教育にとっての大きな転換がもたらされた。男子の大学はほとんど共学となり，女子に門戸が開かれた。

しかし戦前の女子大学校が新制女子大学として長年の夢を実現したのも束の間，男女共学大学制も同時に実施されたので，女子大は女子の最高学府としての存在意義が薄れるという皮肉な運命となった。共学大学制が開始され

たころ入職した元日本女子大学学長の青木生子氏は「女子大は滅びるのではないか」と当時，思ったと語っていた。しかしその後，女子大は滅びるどころか，数の上では大きな発展をとげた。私立の女子の短大も1950（昭和25）年に短期大学制度がスタートしたとき78校にすぎなかったものが，一時は300校以上にも増えた（図6.1参照）。

ここで新制大学が誕生したとき，旧制の女子高等師範学校や女子専門学校が女子大として昇格し，ほとんど共学化しなかったことについて触れておきたい。これについて橘木氏は著書「女性と学歴」の中で詳細に述べている。

戦後，女子教育者と学識経験者が集まり，今後の女子教育のあり方について議論するため，東京女子高等師範学校（お茶の水女子大学の前身）が提唱して「女子教育研究会」が設けられた。そこで女子大創設に関して，全国の代表的な女子専門学校の生徒8,000名，高等女学校の生徒の父兄970名を対象にアンケート調査が行われた。

共学大と女子大のうちどちらかを選ぶかという問いに対して，高等女学校の父兄は「女子大を選択」が多数であり，女子専門学校の生徒は反対に「共学大を選ぶ」が多数であった。父兄は自分の娘をこれから大学へ進学させようとする立場なので，娘を女子大に送りたいという希望が圧倒的な多数派であることが示された。これで女子大は多くの学生を集めることができると女子教育関係者は判断したのである。

このアンケートで興味のある点は，すでに高等教育を受けている女子専門学校の女子生徒は，女子大を選ぶよりも共学大を希望する生徒が多数派であったという事実にある。自分たちは女子だけの中で教育を受けるよりも，男子の中で水準の高い教育を受けたい（傍点は筆者）と希望していたのである。この結果は近年の女子大離れの原点がすでにここに潜んでいると筆者は感じた。男女平等が宣言され，かつ男女交際の自由も容認されつつあった戦後にあって，女子学生が男子学生と知り合う機会を望んだからか，どうかは不明である。

戦後，大学設置基準設定協議会の女子大学分科会では，女子大の中でどのような学問が教育・研究されるかが話題となった。すなわち，裁縫や調理と

いう家政学は学問として体系をなしているかどうかが議論になったようである。しかし，結論として家政学部は女子大の学部としていれてよいことになり，多くの女子大が家政学部を持つようになった。

1949（昭和24）年に発足した当時の女子大では家政学科があるのは大妻女子大学，実践女子大学，東京家政大学，和洋女子大学など10校程にすぎなかったが，1960（昭和35）年あたりから年々30ないし40の女子大，女子短大が増設される中で，家政学部，家政学科の新設増設が相次いだ。

女子の進学率向上と女子短大全盛期

図6.1は全国の私立の短大及び大学の学校数の推移を示す。女子の短大は1970（昭和45）年からほぼ300校前後であるが，1995（平成8）年以降は急激に減少している様子が顕著である。一方，女子大は，1998（平成10）年付近で92校のピークを迎えるが，その前後を除けばほぼ75校あたりである。他方，共学の短大，大学とも1970（昭和45）年以降増加傾向にあるが，特に共学大は1996（平成8）年以降急激に増加している。また共学の短大は1964（昭和39）年から増加し，2000（平成12）年以降ほぼ一定であったが，近年は

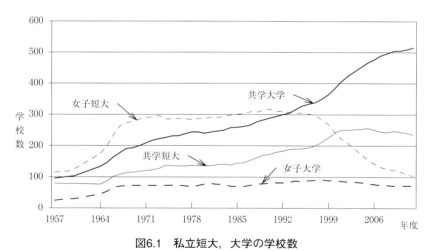

図6.1　私立短大，大学の学校数
出典　日本私立学校振興・共済事業団提供のデータより著者にて作成

ゆるやかな減少傾向を示している。従来から女子の短大から4年制大学への流れが一般によく言われているが、この図からは学校数から見ると女子短大から共学大学、共学短大への流れが見られるが、女子短大から女子大への流れはほとんど見られず、女子大の低迷している状況を如実に表している。

次に短大・大学進学率（図6.2参照）を見ると、男女全体で1955（昭和30）年当時は僅か7.9％だったものが、2009（平成21）年には50.2％にまで上昇し、現在では2人に1人が大学に進学している。女子で見ると、1955（昭和30）年には2.4％だったものが2009（平成21）年には44.2％にまで上昇して、男子との差が縮まりつつある。一方、女子の短大への進学率は1960（昭和35）年の2.6％から1975（昭和50）年には20.2％に急激に上昇し、1995（平成7）年には24.6％とピークを迎えたものの、それ以降は低下傾向で2009（平成21）年には11.1％にまで落ち込んでいる。この進学率の低下は1992（平成4）年以降18歳人口減少も伴って、短大への志願者数は大幅に減少する結果となった。

男女雇用機会均等法制定時（1985（昭和60）年）、女子の短大への進学率（20.8％）が大学への進学率（13.7％）を上回っていたが、1996（平成8）年に

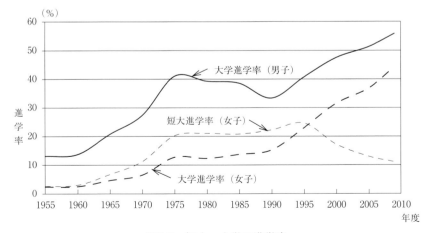

図6.2　短大，大学の進学率
出典　文部科学省　学校基本調査

大学への進学率（24.6％）が短大への進学率（23.7％）を上回り順位が逆転した。その後，女子の大学への進学率は上昇傾向にあり，2008（平成20）年には42.6％となっている。

図6.3は国公私立の短大及び大学の，「女子学生数」と「女子の割合」を示す。ここで「女子学生数」であるが，修学期間は短大は2年，大学は4年で異なるが，全体の在学学生数を表す。まず短大では1960（昭和35）年以降，女子学生数が増加し始め，1993（平成5）年に48万人付近でピークを向かえたが，2013（平成25）年現在では12万人で4分の1程度に減少した。短大で女子の占める割合は1980（昭和55）年以降ほぼ90％前後で推移している。

一方，大学では1960（昭和35）年から上昇し，1978（昭和53）年から1982（昭和57）年まで40万人前後でほぼ一定であったが，それ以降急激に増加し，現在では女子学生数は120万人を超している。大学での女子学生の割合は1950（昭和25）年の8％から徐々に増して，現在では40％を超している。

日本で一般に女子大生が見られるようになったのは，1950（昭和25）年代頃からである。しかし当時はまだ2万人にも満たなかった。1960（昭和35）年前後には，文学部などで男子学生よりも女子学生の比率が高くなり，早稲田大学の暉峻氏などの「私立大学の文学部は女子学生に占領されて，いまや花嫁学校化している」という「女子大生亡国論」がマスメディアをにぎわせるようになった。1960年代は，大学を卒業しても就職する女性が少なく，20代半ばまでに結婚することを前提として，高度な教養を身に付けることを目的に大学で学ぶ女性が多かった。

1950（昭和25）年に新しく設置された短大は，今でこそ短大は女子の私立が圧倒的に多いが，初期の頃は必ずしもそうではなかった。また，短大に入学する女子の方が大学に入学する女子よりも当初は少なかった（図6.3参照）。「女子は短大，男子は大学」という構図は短大が制度化されたころはなかった。しかし，1970年代から80年代になると，女子の大学への進学率よりも短大への進学率がより急速に上昇し，1975（昭和50）年以降「女子は短大，男子は大学」という構図が確立したのである。女子短大の学校数が急増した1970（昭和45）年（図6.1参照）から女子の短大進学率が大学進学率を上回っ

ていた1995（平成7）年（図6.2参照）までが女子短大の全盛期であった。

　女子短大全盛期の到来は高度経済成長の結果，家計が豊かになり，女子の高等教育への進学希望も高くなったことがある。これの背景を考えてみると，当時は女子が学校卒業後にキャリアを積むようなコースを歩むことは少なく，学力・技能に関しては短大程度の教育で十分との共通認識があり，大学進学よりも短大進学を希望する人が多数であった。さらに男子の大学進学率上昇にあわせ，よい相手を見つけ結婚するには短大程度は卒業していないという考えも強かった。また息子と娘を持つ家庭ではまず息子を大学へ，娘は短大へというように，まだ娘に大学まで進学させるだけの経済的余裕のある家庭は，そう多くはなかったことが挙げられる。

　日本では，概ねバブル期まで民間企業では男子は総合職，女子は一定年齢で結婚した場合退職する寿退社を前提にして，一般職（いわゆる事務職，補助的な仕事）として採用していた。そのため，とりわけ短大は一般職として大企業に就職しやすかったこともあり，当時の女性のライフコースに合った女子の進学先として好まれる傾向にあった。これを裏付けるように，女子の短大卒の就職率は大学の新卒の就職率に比べて1970（昭和45）年から1995（平成7）年までは上回っていた。このような結果が女子短大への進学を後押ししていた。女子短大ではどのような教育内容を専攻していたかを見ると，家政と文学が大半であり，教員養成がそれに続いている。

女子短大への進学率急減と女子大離れ

　1990年代になると女子短大の全盛期にかげりが見え始める。それは1996（平成8）年以降になると女子の短大進学率が減少し（図6.2参照），1993（平成5）年をピークに短大の女子学生数も減少に転じ（図6.3参照），私立の女子短大の学校数も1997（平成9）年から急激に減少した（図6.1参照）。

　女子の短大・大学，すなわち高等教育への進学率は男子に比べて低かったが，やがて徐々に男子へ近づいていった。そして1989（平成元）年に女子の進学率は初めて男子の進学率を上回り，その状態は10年ほど続いた。2000（平成12）年には再び男子の進学率を下回る状態に戻ったが，現在は両者と

第 6 章　低迷する女子大，再生に向けて　155

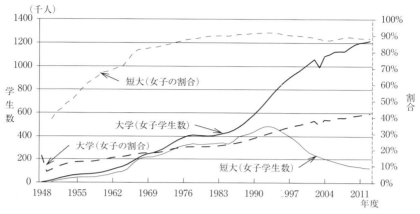

図6.3　短大と大学の女子学生数，女子の割合
出典　文部科学省統計要覧

も50％強の進学率を保っている。女子の高等教育への進学は短大の進学率が常に高い比率を占める形で進行してきたが，1996（平成8）年から大学への進学率は，短大のそれより上回った。女子の進学者が短大から大学へ移行したことは，1990年代後半から女子高等教育の担い手が，短大から大学に変わったことを表している。

　2012（平成24）年になると，高等教育への進学率は更に伸びて男子が56.8％，女子が55.6％となって18歳人口の半数以上が高等教育を受けるようになった。最も大きな変化は女子の進学率は，短大が9.8％であるのに対して，大学は45.8％にまで急上昇している点である。女子の進学率の高まったのは，圧倒的な割合で大学への進学で占められており，短大進学者はかなりの程度の少数派になったのである。

　1996（平成8年）年以降の短大と大学への女子の進学率の逆転は大きな意味がある。それは男女平等意識の高まりや，女子もしっかりと教育を修めて職業人として訓練を受け，社会で働く必要があると感じる人が増加したことである。できるだけ良い仕事，出来るだけ高い賃金を稼ぐことのできる職を得るには，短大よりも大学の方が有利であると，多くの女子が認識するよう

なったのである。筆者はこの点が女子の進学先が短大から大学へシフトした主因であると考えている。

　次に女子が短大ではなく大学に進学するようになったのは，家計がますます豊かになり，女子にまで大学に進学させるだけの家計の余裕が出来たこともある。ただこの点は昨今の経済状況が厳しくなった状況を勘案すると，現段階では疑わしい。さらに，2年間という短大での教育期間は短すぎて，女子でも大学に進学してもっと充実した大学教育を受けたいという希望者が増加したこともある。

　一方，私立の女子大の学校数は，図6.1に示すように1964（昭和39）年から1998（平成10）年まで新設と短大の大学への昇格などにより，僅かであるが増加している。しかしそれ以降は現在まで女子大自体の共学化，他の共学校と合併，そして廃校などにより，減少傾向である。

　さらに図6.4に私立の女子短大及び女子大の学生数を示すが，女子短大の学生数は1993（平成5）年から減少に転じ，その後急減する。女子大の学生数は2003（平成15）年まで緩やかであるが増加しているが，それ以降は僅かであるが減少傾向が見られる。以上のことから大学への進学率の上昇は大学の女子学生の増加をもたらしたが，それは女子大の学生数の増加には繋がらず，共学大の女子学生増となって現れたのである。言い換えれば1990（平成2）年以降の女子の大学進学率急増は共学大における女子学生急増と女子短大の学生数急減，さらに図6.1に示された女子大の学校数の減少なども併せて考えると徐々にではあるが女子大離れをもたらしたのである。

　短大に進学する女子の数は急激に減少した。女子の短大は1970年代を中心にした時代では，今後も多くの学生が志望してくれると予想して，学校数が増加したのであるが，現在では入学志望者が少なくなり，図6.1と図6.3に示されている学校数と学生数から考えると，短大の学校数は明らかに多い。女子の高等教育の重要な部分を担ってきた女子の短大はいまや大きな曲がり角にきている。

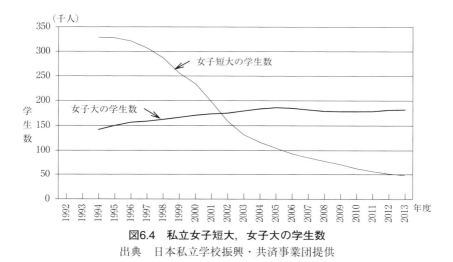

図6.4 私立女子短大, 女子大の学生数
出典 日本私立学校振興・共済事業団提供

女子の社会進出と総合職志向

1960年代, 大学や学部によって就職率が若干異なるが, 女子学生全体の就職決定率は高かった。特に, 戦前の女子専門学校から昇格した女子大の就職決定率は90％以上であった。例えば1965（昭和40）年の統計によれば女子に関しては日本女子大学, 東京女子大学, 津田塾大学, 聖心女子大学などは早稲田大学, 慶応義塾大学などより就職は良かった。とはいえ, 全体的に見れば, 企業の門戸は女子学生に閉じられていた。

1970年代は事務職の道が女子に開かれた時期であった。当時は経済の高度成長期であり, 人手, とくに事務職は大卒男子のみでは足りない時期であった。この時期の女子の大卒新卒就職率は60％ほどであった。しかしこの時代, 大卒女子はいわゆるコネで入社する場合もあり, 就業意欲に乏しいお嬢さんタイプが一流会社に入り, 職業志向のしっかりした大卒女子が労働条件の良くない企業に就職することも少なくなかった。前者は腰掛け型就職で良い結婚相手と出会うと退職し, 後者は意欲があっても労働環境の厳しさに嫌気がさして退職する。このような循環も全てとは言わないがある割合で繰り返されてきた。

それを裏付けるように企業側でもそのような女子の腰掛け就職を歓迎する面もあった。1982（昭和57）年に行った企業320社を対象に実施した「女子雇用のメリット」の調査によると（李著「女子大学生の就職意識と行動」），「職場を明るくする」が71.5％の１位で，「男子にない器用さをもっている」が53.0％で２位であった。また４位であるが「勤続年数が短く，雇用量に弾力性をもたせやすい」が調査企業の半分近くである45.8％で，積極的に女子の勤続年数の短いことを活用していた。７割強の企業の女子雇用が「職場を明るくする」ことからは短大卒，女子大卒の女子の就職の良さに繋がるが，当時の企業の女子採用認識には現在と異なる時代感覚の差を感じる。

　1986（昭和61）年に男女雇用機会均等法が施行されるまで，大卒女子の就職は，学歴（専門）を活かした各種の専門的職業（教育職，医療保険関連職，技術職）と学歴（専門）とは直接関連性が薄い事務・販売的職業（事務職，販売職）の二グループに分けられる。例えば，1982（昭和57）年には大卒女性の33％が教職員，39％が事務職，７％が医療・保健関連職，6.5％が技術職についていたが，5.8％は販売に従事していた。

　1985（昭和60）年に成立した男女雇用機会均等法によって女子の社会進出が促進された。しかし，1990（平成２）年代に入ると，バブル崩壊に伴う日本型雇用の変化や経済のグローバル化への対応から，金融，商社，損保，航空など女子学生に人気の高い大手企業を中心に，一般職の採用を手控える傾向が出始めた。これに伴って一般職という職域が縮小または消滅するようになったが，このことは「女子学生の就職難」としてメディアでも大きく取り上げられ，女子学生にも資格志向，実学志向の傾向が出始めるようになった。女子の就職難は総合職，一般職という区分があった頃，「女子学生は採用しない」「（男子学生には送られる資料が）女子学生には送られない」といった事例があった。こういった事例の背景として，当時の企業側が女子を本格的な労働力としては考えていなかったことが指摘されている。その後，男女雇用機会均等法の改正（1997（平成９）年）もあり，少なくとも表面上の差別は減少傾向にある。

　女子の大学への進学率は1990年代半ばを境に短大への進学率を上回るよう

になるが，これは企業の採用方針が変化し始めた時期とほぼ重なっている。企業にとっても女子を雇用する目的も「職場を明るくする」ことから「即戦力を求める」ように変わったのである（小杉著「女子学生と労働市場」）。「即戦力となる労働力を求める」ことは女子にとっても男子と同様に，大学で学んできた内容が問われることになる。

　大企業は女子の採用を総合職と一般職に区別して採用していた。区別は新しい女性差別だとして批判の的となり，一般職を地域限定総合職に呼び名を変えたが，以前とほとんど変わっていない。前者は転勤があるし，将来の幹部候補生として位置づけられ，中枢の業務に就くが，後者は転勤がない替わり補助的な仕事が多く，将来の昇進も限定されている。前者の総合職には，いわゆる有名共学大出身の人が多く，一般職には普通の共学大と女子大，短大卒の女子が就いていた。そして一般職の女性には，結婚・出産で退職する人がかなりいる。2001（平成13）年の日本労働研究機構の「大卒女性調査」によれば総合職では国公立大出身の女子学生の割合が20.6％，私立大出身の女子学生の割合が12.3％，他方，一般職では国公立大出身は5.9％，私立大出身が28.7％という数値が報告されている。このような企業における身分の違いや，働きかたの違いという状況を考えると，女子学生の間に二極化が進行しつつある。卒業後の働き方やあるいは結婚・出産後の行動に関して，両者は異なる道を歩む時代になってきた。

女子の職業観の変化

　1960年代，大卒女子の就職は結婚または出産まで仕事をする腰掛的なものであった。当時，職場での経験は人生勉強にとって大切であると考えるのが主流であった。1960（昭和35）年以降このタイプの女子学生は徐々に減少している。その後，大学卒女子の平均勤続年数は，1975（昭和50）年の3.0年から1994（平成6）年の5.4年に伸びて，さらに長期化する傾向にある。職業に置くウエイトは男子全体が減少しているのに対して，女子の方は増えつつある。ここで女子の職業観の変遷について李氏の報告より調べてみる。

　総理府の「婦人に関する意識調査」によれば，「女性が職業を持つことに

ついての考え方」のなかで，「子供ができたら職業をやめ，大きくなったら再び職業を持つ方がよい」（就労中断型と呼ぶ）が1989（平成元）年の調査では60％を占め，再就労意識が最も強く，「子供ができてもずっと職業を続ける方が良い」（就労継続型と呼ぶ）は15％であった。しかし1995（平成7）年の調査では，就労中断型が38.7％に減少し，就労継続型が30.2％に著しく上昇した。バブル崩壊前後でこのように大きく変わった。

　又，総理府の「世論調査」によれば「男は仕事，女は家庭」という性別による役割分担に関して1982（昭和57）年の調査では，この考えに同感する者が7割を占めていたのに比べると，1995（平成7）年の調査では「男は仕事，女は家庭」という考え方に「同感する」は26.8％，「同感しない」が48.0％となり，この13年間にこの考え方は大きく変わってきている。

　李氏はリクルートリサーチの報告より参考データを抽出し，女子学生の「責任のある仕事」への志向と総合職志向を報告している。バブル崩壊以前，就職好況期の1989（平成元）年と1990（平成2）年には，90％以上の学生が「責任のある仕事」（「ぜひ責任のある仕事をしたい」と「できれば責任のある仕事をしたい」の合計）を志向している。このことから，女子学生の就労意欲が非常に高く，キャリア志向も強いことが読み取れる。

　さらに「総合職に就きたい，就いてもよい」と考える女子学生は，1989（平成元）年男女雇用機会均等法施行以降，70％近くあった。1991（平成3）年には転勤を伴わない準総合職という新しい職種が誕生し，これも考慮に入れると1992（平成4）年には88.1％が総合職志向であった。

　共学大と女子大の女子学生の職業観を比較してみると（前出の李氏著書参照），1960年代にあっては，共学大と女子大とも，就労短期型＞就労継続型＞就労中断型であり，就労短期型を選ぶ者がもっとも多かった。1970年代に両者の間に変化が起きて，女子大は依然として就労短期型＞就労継続型＞就労中断型であるが，共学大は就労継続型＞就労短期型＞就労中断型になった。1990年代に入ると，両者とも就労継続型＞就労中断型＞就労短期型となったのである。現在の女子学生にとって，継続して仕事することが将来設計の主流になっている。

第6章 低迷する女子大，再生に向けて

　社会における女子の地位の向上に伴って，女子の社会進出の時代に備え，大学に進学する女子が増加したが，彼女らは実学（実践的な学修）を求め，それに近い法学部，社会学部，経済学部，工学部といった学部に進学し，このような学部がほとんどない女子大への進学者の増加にはつながらなかった。女子学生が企業のニーズに合った専門を選ぶ傾向が現れたと同時に，女子学生に対する企業側の採用の姿勢も以前とは異なり徐々に変化が見えてきた。それは男子と同様，大学の序列化の中で女子も選ばれ評価される時代へ向かうことになる。

　女子の大学進学率の上昇，言い換えれば女子の共学大への進学率の上昇が女子大離れをもたらしたが，この主たる要因は，バブル崩壊，男女雇用機会均等法の制定などによる企業の女子採用への基本的姿勢の転換，さらに女子の総合職志向等を願望とする職業観の変遷，またその底流には少子化の進行が一方ではあった。

　女子大の低迷は女子短大への入学者の急激な減少を追いつつ進行していた。2年制と4年制の相違はあるが，教育目標，人材育成において社会的には同一視されていた面もあるように思われる。すなわち女子短大の全盛期は大半の女子大にとっても全盛期であり，女子短大の低迷は多少のタイムラグがあるにしても多くの女子大にとっても低迷となった。しかし女子大でも教育内容に特色を持たせた少数の女子大は現在でも安定して学生確保ができている。

女子大における教育

　日本の女子大には二つの特色がある。一つは学部・学科構成で，英文学などの語学系や日本文学（国文学）系，教育学，栄養学等を中心とした家政系の学部が多いことである。二つ目はキリスト教系の学校が多いことがある。これらキリスト教系の女子大の多くは，英文学系を中心に古くから教養（リベラル・アーツ）系の学科が中心であり，大学の規模も概して小規模で，良家の子女用の教養型大学として役割を果たしてきた。

　元々多くの女子大学の教育の主要目的は教養を高めること，家庭生活での

家事に役立つことなどであり，そのために女子大学での専攻科目は文学部などの人文系科目，家政系科目，音楽などの芸術系科目などが中心であった。就職して仕事に直接役立つ科目を開講していたのではなかった。女子の短大への進学率が大学への進学率を上回り始めた1960年代の大学では，女子学生の45.2％が人文科学を，ついで19.1％が教育を，9.4％が家政を専攻しており，この3分野で女子学生全体の4分の3近くを占めていた。つまり大学では，人文系を中心とした教養志向を主流として，これに教育・薬学系などの専門職を目指す職業志向が続くという形で，女子の進学率が上昇してきた。その後，さらに高等教育への進学率の上昇につれて，女子学生が学ぶ専門分野も多様化してきた。従来まで多かった人文科学，教育や家政の占める割合が少なくなり，代わりに社会科学（法・商・政・経）が著しく伸びてきた。社会科学の占める割合は1985（昭和60）年には教育系に近づき，1995（平成7）年には26.0％と，人文科学の32.7％に次ぐ割合を占めるまでに至った。

　このように1980年代後半からの社会科学系の増加が注目されるが，これは大学のマス化による女子学生の増加に伴い，従来の教員などの専門職への道がしだいに厳しくなったこととも関連している。すなわち女子学生が民間企業への就職活動を有利に進めるための選択でもあった。つまり女子の進学先が人文科学，教育という教養や資格よりも社会科学，工学という職業志向の強い分野に移行しているものとも受け取れる。また，1965（昭和40）年にはほとんどいなかった理系，とくに工学・農学分野で30年間に女子は徐々に増加した。理・工・農学部の1年生の女子比率は1990（平成2）年には10％程度であったが，2013（平成25）年には20％を超す10ポイント以上増加した。このように大学の女子学生の在籍学科が変化し，「家政」や「人文科学」の分野が減少に転じ，代わって「社会科学」が増加しつつある状況と，女子大における設置学科との間にはかなりの隔たりがあった。

　女子大では以前は単一の学部から構成されるいわゆる単科大学が約65％を占め，3学部以上で構成される大学は10％に満たなかったが，現在では複数学部で構成されている大学が次第に多くなった。全体として入学定員が1000名以上の女子大はほんの一握りで，小規模校が依然として多いことが特徴で

もある。

　図6.5は1994（平成6）年の女子大の設置学科の専門分野の割合を示す。学部としては文学部が53学部で最も多く，半数以上の女子大に設置されている。次に多いのは「家政学部」で4校に1校の割合である。1985（昭和60）年には36学部あったが，1994（平成6）年には25学部と大幅に減少した。近年，家政学部という名称が敬遠され，改組とともに名称も生活科学部，あるいは生活環境学部などとして設置されるケースもみられる。以下「教育」（5.2％），「芸術」（5.0％），「理学」（4.4％），「社会科学」（3.9％），「保健」（2.8％）の順である（図6.5参照）。女子大においては「人文科学」，「家政」の分野に設置学科が集中していることが明らかである。

　女子の大学進学者のもう一つの特色は何らかの資格取得希望者の多いことである。すなわち，薬剤師，公務員，司法関係者，医師，教員というように，資格試験を受けることのできる学部に女子が多い。民間企業であれば，まだ女子への偏見があったので，採用や昇進にとって不利であるが，医薬関係や公務員・司法関係は資格試験という本人の試験結果だけで評価されるということに女子が魅力を感じているのである。また理学と農学は専門職になれる可能性があるので，最近は女子の進学に人気が高まっている。

　理学部など理工系の学部・学科は，私立女子大では東京女子大学，津田塾大学，日本女子大学，武庫川女子大学等限られた大学にしかないが，近年，女子大における学部・学科の改組，新設などの動きも活発化している。女子学生の学科選択の変化に加え，「国際化」「情報化」「高齢化」等の社会変化を反映して，国際文化学部，社会情報学部，人間社会学部，生活環境学部，生活科学学部あるいは社会福祉学部などの新設が見られる。それに伴い，既設の文学部や家政学部の廃止に踏み切る女子大も出はじめている。

　概して言えば，社会科学系，理工学系の学科は極めて少なく，人文科学系特に文学系と家政学系の学科が多いのが女子大学の特徴である。このように共学校への進学の流れは，卒業後の就職に役立つ科目を女子学生が専門として学べることに目的があることは間違いない。

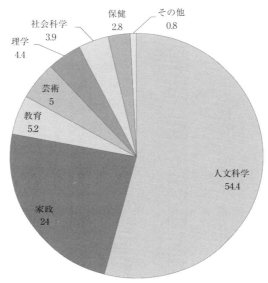

図6.5　女子大設置学科の分野（1994（平成6）年）
出典　日本女子大学女子教育研究所編「女子大学論」

女子大の低迷

　前に，全国の私立の短大及び大学の学校数の推移を示した。この推移からは女子短大から共学大，共学短大への流れが見えたが，女子短大から女子大への流れはほとんど見られず，女子大の低迷している状況を如実に表していた。私立の女子大の学校数は，1964（昭和39）年から1998（平成10）年まで新設と短大の大学への昇格などにより，僅かであるが増加して92校のピークを迎えた。しかしそれ以降は現在まで女子大自体の共学化，他の共学校と合併，そして廃校などにより75校あたりまで減少した。

　私立大学の2005（平成17）年の女子学生数は約789,000人，そのうち女子大の学生数は約182,000人，割合で示すと23％であった。この数値から考えると女子大の入学生数は約45,500名程度である。前に女子大の特徴として小規模であることはすでに述べたが，隣接県を含めた首都圏の入学定員が1,000名超の女子大は5大学で，全国でも10大学に届いてない。

2015（平成27）年度の全国私立大学の入学志願者数を見ると，全国志願者数ランキング1位の近畿大学，2位の明治大学，3位の早稲田大学は入学志願者数10万名超であり，1万名超の大学は71大学にのぼった。志願者数ランキングだけでは入学定員にも差があり，一概に語られないがここでは一つの指標として捉える。しかし全国私立女子大の志願数1位の武庫川女子大学でも10,995名で大学全体の志願者数ランキングで見ると66位であった。2013（平成25）年度で志願者数が1万名を超した女子大は4大学であったが，2015（平成27）年度では3大学に減った。私立大学全体の志願者数ランキングの100位以内（志願者数約6,300名以上）には女子大は9大学だけであった。一方首都圏にある女子大のほぼ半数近くは志願者数が2,000名に達していない。この志願者数は一般入試とセンター入試の志願者数のみの合計であるが，この数値からは多くの女子大で入学定員確保に苦戦している状況が読み取れる。

　女子の意識は1970年代から80年代にかけて男女平等という考えが強くなった。60年代と70年代において，専業主婦は女性の夢であったようであるが，時代の進展により女性の自立も叫ばれるようになった。一部の女子は働くことを希望し，そのためには大学進学を望むようになった。女子大では文学，家政（最近は生活科学とも呼ぶ）が中心科目だったので，もし職につくのが希望であれば，共学校で学べる法学，経済，商学，理学，農学，工学，医学などに進学するのが妥当と考えるように変わってきた。

　1990年代に入って，慶應義塾大学の池井氏は「女子学生興国論」の中で，女子学生にとって「目的もなく単に教養を身につけるため，あるいはより良い結婚のための条件作りとして大学に学ぶという考え方が薄まってきた。その結果の象徴が第一は女子大離れである。第二は文学部，家政学部より社会科学系列へ女子の志望が移ったことである」と述べている。そして女子大合格者の成績上位組みは，併願した共学大の社会科学系を選ぶ傾向にあり，そうした女子学生たちの卒業後，総合職で活躍している姿などが紹介されていた。女子学生を巡る時代の変化を感じる内容であった。また女子大という同性の中でよりも，ライバルである男子もいる共学大でもまれる方が自分のキ

ャリア形成に役立つのでよいと思う女子が増加してきたという見方もできる。

女子大付属中学高等学校の変遷

　1989（平成元）年，短大・大学等の高等教育機関への進学率を女子が男子のそれを初めて上回った。これを契機にして女子の高校教育に関して二つの変化がおこった。一つは女子校から共学校への流れが，高校と大学の双方で起きた。二つ目はいわゆる有名校，難関校に女子の進出が目立つようになった。この二つの変化はお互いに関係しあっている。今まで名門校・難関校には共学校が多かったので，女子が名門校，難関校の入学を希望し始めると，自然と女子高や女子大から共学高や共学大にシフトする現象が起きたのである。

　女子大が共学化する前に，高校の共学化が一足先に進行しており，元々女子高から女子大に進学する生徒が多かったのであるが，その供給先の女子高で学ぶ女子高生の数が少なくなっていた。共学高校に進学した女子高生が共学大学に進学しようとするのは，自然の流れである。

　このような時代背景の変化等も関係し，かつては女子大に併設されている付属の女子高から女子大に進学するのが良家の子女の定番であったが，女子大の付属高校でも系列の女子大への進学を希望せずに共学の有名大学への進学を希望する生徒が増えてきたのである。一昔前までこれらの女子高では卒業後に上の女子大に進学していたが，進学者の比率が時代と共に低下していった。現在では上の女子大学に進学するのはほんの数人という学校もある。これは上の学校に魅力を感じなくなった生徒が増加したことに加えて，併設の中学・高校が他大学をめざす進学校として実力を上げたことにもよる。

　以前述べたように，女子学生を取り巻く就職状況や社会経済環境の変化なども関係し，女子受験生の共学志向は進み，女子大離れはさらに加速する様相を呈した。この時期（1990年代），学校によっては校名から・・・女子大付属を削除した学校もあった。しかし，学校教育の目標を女子の人格形成，情操教育などに軸足をおいた女子の中学高等学校は，いち早く学力アップな

ど進学実績重視にシフトした学校に比べて，さらに低迷を深めることとなった。

女子大の共学化

大学でも1990年代後半から女子大が共学の大学へ改組する事例が相次いだ。共学化への形態はいろんな形がある。概ね名称から「女子」の文字を取って新校名とする（武蔵野女子大学→武蔵野大学，京都橘女子大学→京都橘大学）か，部分的な校名変更を行う（文京女子大学→文京学院大学等）場合が多いが，既に存在する校名と重複してしまう場合には全く新しい名称を付けることもあった（鹿児島女子大学→志學館大学等）。また中京女子大学（2010（平成22）年度から至学館大学へ校名変更）や愛知淑徳大学はその名称のまま共学化している。また，大阪女子大学，広島女子大学，高知女子大学などのように，かつての公立女子大学の多くは，近隣の公立大学に吸収合併または統合・再編され，すでに共学に移行している大学もある。

私立の女子大から共学大学へ移行した大学を表6.1に示す。尚，ここでは女子短大から共学大学に昇格した大学は含まれていない。共学化した女子大数は49校に達し，女子大の3分の1強が共学大に移行したことになる。その間には女子短大から女子大への移行・開学もあり，1964（昭和39）年から1967（昭和42）年の3年間で27大学の開学があり，共学化は1999（平成11）年から2007（平成19）年の9年間で22大学であった。共学化の波は2007（平成19）年で一区切りついた感がする。その後は現在まで2009（平成21）年と2012（平成24）年に各1大学ぐらいである。

共学化した女子大の前後の大学の様子を調べてみよう。ここでは代表的な事例として武蔵野大学，京都橘大学を取り上げる。

武蔵野大学は1924（大正13）年に東京都中央区築地に「武蔵野女子学院」として創立，1950（昭和25）年に武蔵野女子短期大学を設立。さらに1965（昭和40）年に文学部だけを擁する単科女子大である武蔵野女子大学を開学した。その後1998（平成10）年に現代社会学部，1999（平成11）年に人間関係学部を開設。2002（平成14）年までに文学部，現代社会学部，人間関係学

部の３学部体制になり，同年，通信教育部を設置した。2003（平成15）年に武蔵野女子大学を武蔵野大学に校名変更，2004（平成16）年に男女共学化に踏み切った。同年に薬学部，その後，看護学部，教育学部，グローバルコミュニケーション学部，政治経済学部（現代社会学部を名称変更），環境学部，人間科学学部（人間関係学部を名称変更）を開設した。2012（平成24）年に学校法人武蔵野女子学院を学校法人武蔵野大学に法人名称変更，江東区有明に新キャンパス（有明キャンパス）を開設。大学本部ならびに一部の学科・研究科を有明キャンパスに移転。2014（平成26）年に法学部開設，2015（平成27）年に工学部開設，2015（平成27）年に文・理・医療系の９学部16学科と大学院９研究科，通信教育部（学部／大学院）及び別科，専攻科各１課程となった。志願者数は2002（平成14）年に2,998名から2003（平成15）年に5,211名，2015（平成27）年には19,347名（入学定員1,928名）に達した。

　次に京都橘大学は，1902（明治35）年に京都女子手藝学校として創立，1967（昭和42）年に文学部のみを擁する単科女子大学，橘女子大学として開学した。2005（平成17）年に共学化して看護学部設置，2007（平成19）年に文学部児童教育学科を設置，2008（平成20）年に文化政策学部を現代ビジネス学部へ改組，2010（平成22）年には児童教育学科を人間発達学部として独立，2012（平成24）年には健康科学部と通信教育課程が新設された。2004（平成16）年に２学部５学科（入学定員380名）から2005（平成17）年には３学部７学科（入学定員500名）となり，2012（平成24）年には５学部10学科（入学定員855名）に増えた。学生数も2004（平成16）年の1,929名から2012（平成24）年には3,367名に増えた。志願者数は2004（平成16）年に1,385名であったが，共学化した2005（平成17）年には4,424名に増え，2015（平成27）年には7,119名に達した。男子学生の比率も2012（平成24）年には34.4％に達した。

　女子大の共学化は単に校名から女子を削除し，男子トイレを設置した程度のことでは大きな変化はないのは当然のことである。従って共学化に伴い教育内容を全く変えずに校名変更だけを行い，以前のままの状態で進めた大学は志願者数では以前の女子大の時とほとんど変化がなかった。共学化は，従来の女子のみ対象にした教育から男女を対象にする教育に大きく舵を切るわ

表6.1 私立の女子大から共学化した大学 (H:平成, S:昭和)

大学名	旧名称	共学化年度	備考
札幌国際大学	静修女子大学～H8	H9	
北翔大学	北海道女子大学～H11	H12	
	北海道浅井学園大学～H18		
弘前学院大学		H11	
東北生活文化大学	三島学園女子大学～S61	S62	
筑波学院大学	東京家政学院筑波女子大学～H16	H17	
昭和薬科大学	昭和薬科女子大学	S25	
文教大学	立正女子大学～S50	S51	
上野学園大学		H19	
共立薬科大学		H8	H20慶應義塾大学に統合
聖路加看護大学		H11	短大改組
杉野服飾大学	杉野女子大学～H13	H14	
日本赤十字看護大学		H8	短大改組
文化学園大学	文化女子大学～H22	H24	
武蔵野大学	武蔵野女子大学～H14	H16	
文京学院大学	文京女子大学～H14	H17	
松蔭大学	松蔭女子大学～H15	H16	短大改組
鶴見大学	鶴見女子大学～S47	S48	
金沢学院大学	金沢女子大学～H6	H7	
岐阜聖徳学園大学	聖徳学園岐阜教育大学～H9	S60	
東海学院大学	東海女子大学～H18	H19	
至学館大学	中京女子大学～H19	H19	
愛知淑徳大学		H7	
愛知学泉大学	安城学園大学～S56	S62	
名古屋経済大学	市邨学園大学～S57	S58	
京都橘大学	橘女子大学～S63	H17	
	京都橘女子大学～H16		
帝塚山学院大学		H15	
四天王寺大学	四天王寺女子大学～S55	S56	
	四天王寺国際仏教大学～H19		

相愛大学	相愛女子大学〜S56	S57	
関西医科大学	大阪女子医科大学	S29	
大阪大谷大学	大谷女子大学〜H17	H18	
大阪国際女子大学	帝国女子大学〜H3		H14募集停止，H20大阪国際大学に統合
大手前大学	大手前女子大学〜H11	H12	
聖和大学	聖和女子大学〜S55	S56	関西学園大学と合併
神戸薬科大学	神戸女子薬科大学〜H5	H6	
神戸山手大学		H14	
帝塚山大学		S63	
就実大学	就実女子大学〜H14	H15	
美作大学	美作女子大学〜H14	H15	
山陽学園大学		H21	
比治山大学		H10	
立志館大学	広島安芸女子大学〜H13	H14	短大改組，H16募集停止，廃止。H21広島文化学園大学に統合
梅光学院大学	梅光女子学院大学〜H12	H13	
徳島文理大学	徳島女子大学〜S46	S47	
四国大学	四国女子大学〜H3	H4	
聖カタリナ大学	聖カタリナ女子大学〜H15	H16	
別府大学	別府女子大学	S29	
西九州大学	佐賀家政大学〜S48	S49	
長崎純心大学	長崎純心大学	H11	
志学館大学	鹿児島女子大学〜H10	H11	

出典　日本私立学校振興・共済事業団提供

けで，人材育成の目標も変わり，教育内容も変わるのは当然であり，その点を怠った大学は高校生から見放されてもしかたがない。

　先に紹介した2大学は大学全体が別の大学に変わるような改革を進めた結果，大きな前進が勝ち取れた代表的な成功事例であると考える。別の側面から考えると，共学化はいわゆる有名なブランド力のある大手大学と同じ土俵に立つことになるわけであるから，大学の序列の中でどのように位置づけら

れるかという新たな試練が待ち受けている。したがって共学化は女子大再生の選択肢の一つであるが，決して容易な選択肢ではない。筆者は共学化によってどのような教育を構築できるかが鍵であると考えている。

社会は女子大に何を求めているか

女子大の教育が人文系，家政系に集中してきたことは，女子大の創設の経緯やその後の社会における役割分担からみて肯定できることであったとしても，それが共学志向のなかで女子大離れ現象を引き起こしたことも否定できない。人文系学部に在籍する女子学生比率は1965（昭和40）年と1996（平成8）年との比較において，国公私立大学では13ポイント，私立大学では実に20ポイント下降している。こうして人文系学部から離れた女子学生は一部が理工系学部にいくものの，従来からの芸術系，医歯系には変化が少なく，大部分は実学としての経済系，法系学部に進んだ。

それ以降の最近の様子を調べるため表6.2に全国大学の専門学科別の1990（平成2）年と2012（平成24）年の学生数を示す。

1990（平成2）年は女子の大学進学率が15％で大学進学率が急上昇する前の学生で，2012（平成24）年は女子の大学進学率が急上昇して約45％となった時の学生である。2012（平成24）年は1990（平成2）年と比べて，女子学生数は全体として増加したために，両年度の分野ごとの女子学生数を比較するのではなく，男女全体学生数に対する女子の占める割合で比較をおこなった。

両年度の分野ごとに女子の占める割合を比較すると，人文科学は比率が全く同じであった。家政は1990（平成2）年に比べて2012（平成24）年は減少したが，その他の分野は何れも増加した。特に多かったのは農学の21.9ポイント増であり，次に社会科学の18.6ポイント増，医・歯学の10.9ポイント増，工学の7.9ポイント増，理学の7.6ポイント増と続いた。以上の結果，これらの分野は女子の大学進学率の上昇に伴い，女子の進出が多い分野であることを表している。医・歯学は資格志向の最たるもので女子の進出が多かった分野である。

表6.2　国公私立大学の専門学科別学生数

		人文科学	社会科学	理学	工学	農学
1990 （平成2年）	女子	199,498	114,930	12,327	15,185	13,971
	男子	103,096	672,395	54,451	375,461	52,806
	女子の比率	65.9%	14.6%	18.5%	3.8%	20.9%
2012 （平成24年）	女子	249,966	285,828	21,150	45,724	32,425
	男子	129,322	576,053	59,840	344,808	43,316
	女子の比率	65.9%	33.2%	26.1%	11.7%	42.8%
女子の比率差		0 %	18.6%	7.6%	7.9%	21.9%

		医・歯学	その他の保健	家政	教育	芸術
1990 （平成2年）	女子	15,782	28,698	35,894	76,444	31,532
	男子	54,101	17,820	528	64,516	16,440
	女子の比率	22.6%	61.7%	98.6%	54.2%	65.7%
2012 （平成24年）	女子	22,411	142,542	63,272	105,125	50,728
	男子	44,434	72,950	6,994	73,296	20,201
	女子の比率	33.5%	66.1%	90.0%	58.9%	71.5%
女子の比率差		10.9%	4.4%	-8.6%	4.7%	5.8%

出典　文部科学省　学校基本調査

　このような結果から女子大が生き残りを図るなら，法学，経済学，農学，工学，医学といった学問を教育できるような体制に向かう必要があるとの見方もできる。しかし法学，経済学，理学，農学，工学，医学などを女子大の中で学部として新設することは資金と教員の確保が必要であり容易ではない。そういう意味では東京女子医大は大きな存在意義がある。看護や福祉の分野はこれまでは女性の従事する職業だったので，女子大の中でこれらの学部・学科をつくることは比較的容易にできるし，共学大の中にあっても，これらを女子が学ぶ比率の高い大学は多い。

　ただここで留意すべきことがある。この分野は女子が大学進学率の上昇に伴って進出が著しい分野であることは間違いない。しかし女子大がこの分野の学科を開設すれば必ず，学生が集まるということを意味しているわけではない。この分野は従来の女子大の学部，学科にはほとんど見当たらず，大半

は男子が主として進学していた共学大の学部学科である。つまり学科を新たに開設しても共学大の当該分野と女子大が競争して女子の学生を確保できない限り，学生が必ず集まるということではない。

　女子大の再生策として学部の教育内容，立地，共学化が考えられる。筆者は結論的には1番目の教育内容に尽きると考えている。共学化は前節で述べたが単なる共学化では教育効果も上がらず，安定した学生確保につながらないことを述べたつもりである。共学化と学部の教育内容の改革ないし改組再編を一体で進めた大学は教育効果もあげ，安定した学生確保という点からも成果を上げていると言えるだろう。しかし前述の通り女子大にとっての共学化の選択は他の多くの共学大とその分野での競争に負けないことが求められるのである。

　女子大は関東，近畿を中心に関東以西に多い。特にキャンパス立地は最近の一般的な傾向では都心回帰である。都心回帰は望ましいが，これも単に都心回帰すれば学生確保が安定するとは言い切れない。有利なことは事実であろうが，それは決定的な条件であるとは考えていない。それは，都心にある全ての女子大は多くの志願者を集めているとは言い切れない実情があるからである。第1章でも多少述べたが，この立地にしても専門分野・教育内容とも密接に関係する。

　男女雇用機会均等法とは，男子の仕事を女子がとって代わる事だけを意味するものではない。一例をあげれば，ものづくりの現場において，女子の特性を商品開発などに活かしたものづくりは従来の企業のものづくりには無かった。それを担う人材は女子であることは勿論，それを下支えする女子の特性を活かした工学は女子大でなければ学ぶことが出来ないと思われる。従来の共学大ではそのような工学を教えることはできない。その点に女子大の教育の特色を見出すことができると考える。それがその大学にとっての教育の個性化であり，再生にとって最も重要な要素である。

　別な例であるが，衣食住に始まり人間が生きていくうえで必要なことを体系的に学ぶことは，大学教育の一環として必要なことである。それは今までのように家政学部として多くの女子学生を対象とする教育のままで良いのか

どうかが問われている。家政系学部・学科の名称を変えるだけでなく，幅広くなった将来の社会生活の場に意味を持たせるように，女子学生に必要とされる履修科目構成に工夫することが求められている。それは女子大が女子の大学として生き残るためには，時代の急激な変化に対応して，女子の将来の可能性につながる教育内容に変えていく努力が必要であるからである。

　女子大は東京，京阪神，近畿など大中都市に集中している。これら大都市圏には多くの種類の学部を持つ総合大学があり，単科大学のような小規模な女子大としては，これまで以上に明確な特色を発信することが必要である。

　筆者は，私立大学の生き残りにとって重要な点は大学の個性化，すなわち特色もしくは特徴を持つことであると考えている。したがって，女子大でも教育の個性化を確立することが再生策であり，また生き残り策であると確信している。共学化の道を選択した時は，全国私立500以上の大学の中で当該大学にとって何を特色（特徴）とするかという点が重要である。女子大を維持するならば，75大学の中での特色（特徴）をつくることである。今後，共学化か女子大の維持か，それは各大学の建学の理念にもよるが，どちらにしても容易な道筋ではない。それは教育内容との関連にもよるが，個性化の確立がどちらにとっても必要であるからである。

　前に女子短期大学が大きな曲がり角にあると述べた。だが女子短期大学にも生きる道はある。それは各種専門学校が職業教育を徹底させて人気を博して生徒を集めていることが一つのヒントであると考えている。

短大で発展し，薬学などの理系分野に挑戦した武庫川女子大学

　逆風のなか，順調に伸びている数少ない女子大の１つが兵庫県の武庫川女子大学である。2015（平成27）年度の志願者数，在校生数共に最多の女子大の取組みをみよう。梅田駅から阪神電車の特急で８分の尼崎駅で乗り換え，普通電車で７分の鳴尾駅下車，徒歩７分で大学（中央キャンパス）がある。女子大で学生数が一番多い大学ということで，キャンパスには学生が多いのが目につく。キャンパスに入ると元気で活発，勢いのある大学であることを感じる。

第6章　低迷する女子大，再生に向けて　175

　1939（昭和14）年に武庫川学院として創立，武庫川高等女学校を開校。1949（昭和24）年武庫川学院女子大学開学（1958（昭和33）年に武庫川女子大学に改称），1年遅れて1950（昭和25）年武庫川学院女子短期大学開学（1985（昭和60）年に武庫川女子大学短期大学部に改称）。大学開学当初は学芸学部だけの1学部2学科体制でスタートしたが，現在では6学部14学科である。また女子短期大学は開学時，英文科と被服科の2学科であったが，現在の短期大学部は7学科である。

　大学の6学部14学科は文学部（日本語日本文学科，英語文化学科，教育学科，心理・社会福祉学科），健康・スポーツ科学部（健康・スポーツ学科），生活環境学部（生活環境学科，食物栄養学科，情報メディア学科，建築学科），音楽学部（演奏学科，応用音楽学科），薬学部（薬学科，健康生命薬科学科），看護学部（看護学科）である。短期大学部の7学科は日本語文化学科，英語キャリア・コミュニケーション学科，幼児教育学科，健康・スポーツ学科，心理・人間関係学科，食生活学科，生活造形学科である。

　学生数は2015（平成27）年5月時点で大学は8,455人，短期大学部は1,665人の合計は10,120人である。その他，大学院生は302人，専攻科4人である。大学は学部の現員は定員の1.15倍，短期大学部の現員は定員の1.0倍程度である。さらに財政状況では帰属収入は約200億円の規模で，2015（平成27）年度の決算からは帰属収支はプラス，いわゆる消費収支もプラス，消費収支の累積に関してもプラス，全て黒字経営，また人件費比率も40％台半ばの素晴らしい経営状態である。最近では中央図書館が2013（平成25）年秋に地下1階から地上6階までを大幅にリニューアルして入館者の増加を図るなど，多くの大学関係者にも注目され，訪問者が多い。

1．創立から40年，女子大初の薬学部開学が総合大学への萌芽

　この学院の創立から今までの大学の歴史を振り返ってみよう。創立者は兵庫県出身で県の首席視学であった公江喜市郎氏（1981（昭和56）年9月没）である。1931（昭和6）年に欧米の教育制度を視察。その際に英国を訪問，オックスフォード大学，イートン校なども視察し，特に公立にはない教育を

実現している英国の私立学校の教育制度に感銘を受けた。また次代を背負う子どもを産み，育てる女性にこそしっかりした教育が必要であるとの強い想いから，私立学校を設立し，女子教育に身を捧げたいということで1939（昭和14）年に学院を創設，高等女学校からスタートした。戦後，新制の大学，1年遅れて短大を開学，幾つかの女子大が当時そうであったように短大の方がレベルは高かった。また1990（平成2）年当時，短大の学生数は5,000名を超えており，大学の学生数は少なかった。武庫川女子大は短大で発展した学校であると言われる所以である。

　もともと学芸学部だけの伝統的な女子大の形で開学したが，昭和40年代の高度経済成長期に，女性の社会進出に着目して，女性が手に職をつけ，ある程度給与も保障されて，一生働き甲斐のある仕事が得られる分野への新たな展開を模索した。その職業とは教員，栄養士，そして薬剤師などである。栄養士に繋がる食に関する分野は大学開学以来，学芸学部に食物学専攻があり，一方短大では以前から教育の分野で教育科があった。新たな展開としては，女子大では初めてであった薬学部を1962（昭和37）年に設立したことである。音楽，国文，英文，被服などの分野に加えて，自然科学系，いわゆる理系分野への進出である。食物などとともに理系を取り入れた女子の総合大学を目指した。薬学部が大学全体を引張っていた時期もあったようである。筆者はそこが多くの女子大との差別化が図られた主因であると考えている。この発想は最近の建築学科開設にも繋がるものである。武庫川女子大は高度経済成長とともに発展し，戦後の開学から1980（昭和55）年頃までの第1段階で総合大学の原型が完成したと言えよう。

2．18歳人口のピーク時に，量から質への先駆け的転換

　1980（昭和55）年から2000（平成12）年までは第2段階となる20年である。この時期は18歳人口が205万人とピークを迎える1992（平成4）年に向けて多くの私立大学は学部学科開設，臨時定員増を含む定員増と拡大政策を選択した時期でもある。しかし1992（平成4）年以降，18歳人口は減少し，一方大学進学率は上昇した。武庫川女子大はこの時期に他の大学とは異なり，ひ

と足早く量から質への転換を図った。この時期，大きな流れとして短大から大学へ軸足をシフトし，短大の定員を削減して大学への定員増を早い時期に行った。さらに資格免許の拡大などともに就職実績を上げることに注力した。量に関しては1983（昭和58）年からの一連の定員増を最後に，その後暫くない。これは他の大学は拡大政策を選択しているときに，先んじて次代のことを考えていたこととして注目すべき点である。その他，卒業生のネットワークづくりなど卒業生との関係を強化し，今後への備えを進めた。さらに協定校を増やしたり，1990（平成2）年から米国ワシントン州に分校（MFWI：ムコガワ・フォート・ライト・インスティチュート）をつくるなど国際化に向けての準備も怠らなかった。

このMFWIは，米国のCEA（大学英語教育認定協会）から大学レベルの英語教育機関として認定されており，これまで1万人を超える学生が学び，語学力と国際感覚を磨いている。

3．更なる理系分野への展開，建築学科と看護学部の開設

21世紀を迎え，2000（平成12）年から第3段階に入る。この時代は大学進学率の上昇に伴って，入口ではなく出口の品質保証ということで，教育の質保証が課題である時代に入った。別な言葉で述べれば点検評価など不断の質保証への努力が求められる時代になったことである。

さらに今後の時代を，女性の得意とする分野への進出，新規分野への開拓が必要となることから，2006（平成18）年，建築学科を開設した。一方，武庫川女子大の特色である自然科学系，いわゆる理系分野への進出としては生活環境学部生活環境学科と情報メディア学科を開設し，工学分野への進出を図った。生活環境学科には建築デザインコースがあり，インテリアデザインへ進める2級建築士取得へカリキュラムなどを用意している。

この学科とは別に建築学科が開設された。それは生活環境にかかわる幅広い分野にわたる総合教育を目指す生活環境学科の1コースだけでは今後ますます高度化・専門化・国際化の一途をたどる建築界に貢献できる建築設計者及びそれに関連する技術者を養成することは，教育研究内容や授業時間面に

おいて十分とは言い難い状況にあることが判明したからである。よって建築設計を専門とする，より高度な独自の教育課程を持った教育研究組織が別に必要であるとの結論に達した。そこで，別に新たに建築学科も設置した。

　また情報メディア学科の基本理念は，家庭生活の内外で生活に及ぼす情報の影響が増大する社会環境下において，最も適切な生活行動を設計し，かつ採用し得る知識と技術と感性を身に付けた有為な女性を育成することにある。それを具体化するため，一個の職業人や生活者として，社会に流布する情報の真偽と価値を正確に評価し，それをもたらした社会・文化的背景を的確に解読する能力の修得を目指して，情報メディア学科には情報スペシャリティ領域，ライフデザイン領域，表現メディア領域の3領域からなるカリキュラムが編成されている。

　建築学科に戻ろう。世界で活躍する優れた建築家を育てるためにカリキュラムは勿論，学園は中央キャンパスではなく，日本で随一の「学び場」としての環境を用意した。それは甲子園会館と建築スタジオから成る上甲子園キャンパスである。甲子園会館は1930（昭和5）年に甲子園ホテルとして建てられた名建築であり，フランク・ロイド・ライトのもとで旧帝国ホテルの設計に携わった遠藤新の設計によるものである。一方，建築スタジオは2007（平成19）年に建てられた現代建築である。大学は少人数教育を打ち出して，建築学科は入学定員40名と少ないが，これは大学院修士課程までの6年間一貫教育を視野に入れたために，おそらく，この規模の定員となったように思われる。

　建築学科の基本理念は，国際的に活躍できる高度知的専門職能人としての女性建築家及び建築技術者を養成することにある。それを具体化するために，一級建築士の受験資格だけでなく，より高度な日本技術者教育認定制度（JABEE）の認定基準を満たし，さらに大学院建築学専攻修士課程と連続した6年一貫教育によって，UIA/UNESCO世界建築家教育基準が定める5年制の欧米型建築設計教育に対応するカリキュラムを編成している。

　教育環境は1人1台専用畳一帖サイズの製図机とパソコンを完備し，欧米型スタジオ教育を実践できると強調，さらにカリキュラムでは1年生から専

門教育がスタート，定員が40名であるから実現できる理論とフィールドワークを連携した一対一の対話型演習を進める。

これまで我が国における建築教育は，その大半が工学部，残りが家政系学部や美術学部でおこなわれているが，建築学は工学の分野として位置づけられてきた。しかしながら欧米諸国では，建築教育に建築学部として独立し，美術関係学科と共存するなど，その教育は5年制または6年制になっている。武庫川女子大はこの新しい6年一貫教育による欧米型の建築教育を目指すものである。筆者は工学部の教員であったのでこの方針に共感するものだが，これは新しい教育への挑戦に一歩踏み出したものであると言えよう。

武庫川学院の立学の精神は，教育基本法，学校教育法に従い，"高い知性と善美な情操と高雅な徳性とを兼ね具えた有為な女性を育成する"ことであり，大学及び大学院の目的もこの精神を体したものとなっている。この理念をもとに，人・家庭・社会に貢献できる女性の育成に力を注ぎ，女性の得意とする分野に教育，研究の力と資源を集中し，女性の活躍が求められる新分野を開拓することが必要である。女子総合大学のスケールメリットを最大限発揮したものとして，健康・スポーツ，心理・福祉，食物栄養，音楽療法，薬学と連携した看護学部及び看護学研究科（修士誤程）を2015（平成27）年度に同時開設している。

これからの課題は，科学研究費など外部研究資金の獲得など研究環境の充実，認証評価などから浮かび上がった課題への改善改革，在学生・卒業生など満足度アップ，学生参加型の改革など，さらなる教育の質向上に向けて全学挙げて取り組んでいる。短大は現在1,600人強の学生が学んでいる。短大で発展した学園の一面がまだ存在しているといえるが，短大の改革にも取り組んでいる。

筆者はこの学園の発展は，他の女子大に先駆けて新規分野である理系への進出，また多くの大学が拡大路線を進もうとした時期に，次代を考え量から質への転換を図るなどの先見性，それに加えて，理事長や学長をはじめとするトップのリーダーシップは勿論，毎週開催されている常任理事会の法人ガバナンス体制で機動性を発揮，又それを支える事務局体制，事務職員の力等

にあると考える。

女子大の今後は

　多くの女子大の建学の精神にあげられる少人数教育は，少人数の学生を小規模の大学で教え，学生の個性に従って教育をおこなうことである。女子大の少人数教育は実践されてきた。私立女子大は専任教員が多く，学生数が少ないことが特色である。特に家政系は多くの実験・実習を必要とし，この点でも理工系並みの教員・職員を持たなければならない。他方で小規模であるがためにスケールメリットを受けることが少ない。多数の小教室を必要とする一方で，体育館などの施設や設備の数は中規模大学並に備える必要がある。こうした事情から私立女子大の教育費は高くならざるを得ない。

　帰属収入と消費収入の差は共学大と比較して少なく，基本金組入れ額として施設・設備にあてることができる資金が少ないという財政的側面を有している。また私立女子大では大学運営に要する経費のほとんどは学納金に依存しているため，帰属収入に対する学納金の比率は80％近くに迫っている。

　他方，多くの女子大は女子短大を併設していた。女子短大の全盛期は相当財政的に潤ってゆとりを持てた女子大も少なくなかった筈である。昨今，多くの女子大は我慢を強いられている状況下に置かれているが，そろそろ低迷からの再生に向けて方向性を定める時期が迫っていると筆者は考える。ここで女子大の存在意義について思い出してみよう。

　米国のウエルズリー・カレッジの創立者や元学長は女子大について次のように語っている。

　「女性が自立して自分の道を切り開き，社会に羽ばたいていかれるようにチャンスを与えることにあった」，「女子大学の最大のメリットは女性が自らの自治のなかで，男性に頼らず，男性を意識せず，自分の能力を発揮することにある」，「女子大の重要な任務の一つは女性が何であろうとしたいと思うことができるように，奨励する環境を女性に提供すること」などがある。それぞれの女子大に建学の理念があり，その理念に沿って今後，女子大の果たす役割を深化させて前進して頂くことが切なる願いである。

第7章

地方の私立大学の挑戦

　定員割れ，もしくは赤字経営に陥る大学の特徴として，規模が小さいこと，大都市圏に近い地方に立地すること，新設であること，の三つの条件があると言われている。本章ではその点に注目して，規模が中小規模で，地方にある私大で，新たな挑戦を続けている3大学（その内2大学は小規模な女子短大からの改組，新設）の改革への取り組みを紹介したい。

(I)　"個性が輝く大学"を目指して…崖っぷちからの脱出大作戦（長岡大学）

生き残り戦略

　長岡大学の開学は2001（平成13）年である。長岡女子短大を2001（平成13）年に4年制に改組転換した。開学当初は産業経営学部産業経営学科だけの1学部1学科で入学定員200名，収容定員800名であった。その後，2007（平成19）年度から学部名称を経済経営学部に変更し，環境経済学科，人間経営学科の1学部2学科，入学定員は各学科80名の160名，収容定員640名に削減，教員数26名，職員数14名の小規模大学である。2007（平成19）年度から2010（平成22）年度までは入学定員は160名であるが，入学定員削減により学年進行に伴って収容定員も760名，720名，680名，640名へと段階的に縮小した。

　開学初年度より定員割れが続き，その翌年，それに危機感をもった理事会が検討小委員会を設置（2002（平成14）年7月）。その委員会の結論は「特徴

がない，顔の見えない大学，教育力と地域密着度の再構築が喫緊の課題」であった。開学２年も経過しない段階で理事会は"大学を作り変える"ように大学の執行部に勧告し，理事長は高齢のため退任した。次の新理事長は就任とともに理事長名で「長岡大学緊急アクションプラン」を提示した（2003（平成15）年５月）。それは①カリキュラムの抜本的改革，②教員勤務の厳正化，③留学生受け入れの厳正化と推薦入試の評定値アップなどである。

　2004（平成16）年３月，そのプランを実現させるべく，学長が交代し，新学長を任命した。理事会の基本方針である「教育力と地域密着度の再構築」に沿って大学は生き残り戦略のシナリオとして地域社会の発展に貢献する幅広い職業人を育てる人づくりと実学実践教育をビジョンとして掲げた。これは「地方都市である長岡に立地した小規模な大学である」という弱みを「産業集積のある中核都市で教職員が結束しやすい」という強みに変え，「地域の教育力をフル活用し，面倒見の良い組織的な教育を実現する」ものであった。

　2004（平成16）年10月に新学長は改革の基本方針（基本理念と中期目標）を長岡大学改革宣言として大学の内外に発表した。その中味である基本理念（約束）は①長岡大学は「ビジネスを発展させる能力」（知識より職業人としての能力）と「人間力」を鍛える大学，②長岡大学は学生に「毎日の大学生活に充実感（身近な教員，楽しい仲間）を，能力アップを確かめて達成感を，卒業の時４年間を振り返って満足感を」実感させる（学生満足度第一主義）こと，であった。

　中期目標として地域社会，地域の企業と連携し（地域の教育力総動員），地域産業界のニーズに直結した「ビジネス能力開発プログラム」を展開し，「ビジネスを発展させる企画を立て，提案し，実行させる能力（戦略とマーケティング）と人間力のある人財」を創造する。「就職率実質100％を目指す」ことを定めた。

　長岡大学の教育の使命は「幅広い職業人の育成」以外にない。「ビジネス展開能力」と「人間力」を鍛える大学と，より具体的に使命を規定した。産業界は今までの大学教育に不満があった。それは「大学の教育は産業界の実

際から乖離している」(実学),「今の若者は人間力・社会人基礎力に欠けている」(人づくり) などであった。長岡大学は大学教育に対するこのような社会の要請に積極的に対応する方向で先行し,個性化／特徴化を実現することにかけた。地元の産業界に歓迎される幅広い職業人に鍛え上げることを戦略ターゲットに定めた。

長岡大学の改革戦略は長岡大学の特徴である,①産業集積がある中堅都市に立地,短大時代からの産業界との付き合いを活かして地域の教育力を活用できる,さらに②小規模,単科大学であることから小回りが効く,教職員を結束させやすいことを活かせるものでなければならない。

面倒見の良さと地域の教育力活用

長岡大学は小さい大学,全国的にも最も小さい大学である。小さい大学だから教職員を結束させやすく,小回りも効く。これを活かして面倒見の良い,きめの細かい教育を行なう。特に面倒見の良い教育の中軸は4年間通じて必修になっている人づくりを目指したゼミナールである。少人数のゼミで個別に目標管理の指導を行ない,教員は月1回程度,自分のゼミ生の個別面接を行って,指導カルテを書くことが申し合わせ事項として守られている。指導カルテは教職員の間で共有され,学生の指導に活かされる。ゼミ以外の専門科目でも,少人数の課題解決型,自律実践型の科目を増やし,個別指導的にビジネス展開能力と人間力を鍛える。また,就職支援を含むキャリア開発においても,ゼミと就職支援室職員が連携した個別指導に徹する。

さらに長岡という地の利を活かして,徹底的に地域の教育力を取り込む。とくに産業集積地で力のある中堅企業が多いので,実学教育に適している。大都市圏と違って,地方では大学と地域社会や地域の産業界との連携は具体的にイメージし易い,地元も大学に関心を持ってくれる。地域の教育力をフル活用する。社会の現場には面白い教材や研究対象がいくらでも転がっている。地域社会に根差した問題について考え,答えを出していく教育が真の実学実践教育だと考えた。すなわち,地域の産業界の実務家や地域の活動家の指導（講師派遣）をお願いすると同時に,実学実践の場（見学・実習）も提供

してもらう。卒業に当たっては実課題を取り上げて調査研究を行い，提言し実社会の関係者の評価を得る。

　長岡大学教育プログラムの中核となっている「産学融合型専門人材開発プログラム・長岡方式」はそのような狙いで構成されている。プログラムは目標マネジメント（学生各人の目標設定と自己評価）の設定，ビジネス展開能力（企画力，提案力），人間力を培うビジネス展開能力開発プログラム，9つの専門コース（情報ビジネス，経営戦略，事務会計，マーケティング，まちづくり，医療福祉）から成る資格対応型専門教育プログラム（コースは当時），産学連携科目である産学連携実践型キャリア開発プログラムで構成されている。

　このプログラムは産学融合による実学教育，専門教育の中で職業資格合格，ゼミによる個別指導の強化，実課題を対象とする卒業提案を包含する内容である。また，このプログラムは2006（平成18）年度の現代GP：実践的総合キャリア教育部門で採択された。

　3，4年生のゼミを対象とする「学生による地域活性化提案プログラム」は学生グループが長岡市総合計画に挙げられている地域社会の実課題を取り上げて，調査研究を行ない問題解決の提言を行なう内容である。このプログラムは3，4年次のゼミのグループワークとして実施，課題は長岡市総合計画から選択，課題の関係者との連携の下での独自の調査研究，地域関係者に提言をする内容である。このプログラムも2007（平成19）年度の現代GP：地域貢献地元型部門で採択された。

　長岡大学改革戦略の中で，地域貢献は重要な柱に位置付けてきた。地域社会を支える大学になってはじめて，大学は地域社会に支えられるようになる。そのような考えから小規模大学であるが，最大限地域貢献活動を行ってきた。学生の成長には教員が感動するほどの予想を超える効果を発揮したようである。さらに市民や地域の関連諸団体，市役所等が学生グループの提言を大いに評価した。学生の育成と地域貢献が一緒に出来る実例を示した。

定員割れでも黒字実現

　また，このような教学改革と併行して経営改革の取り組みも進めた。2004

（平成16）年には給与体系の改定を実施した。当時の給与体系は典型的な年令給であって，給与に責務，業務負担量が全く反映されていない。給与水準は周辺地域の大学の平均よりも高く，大学の経営状態に照らせば適正とはいえない。総額で10％程度削減させたが，職能給をうまく入れたので，給与の不平等に対する不満は最小限に抑えられたようである。教職員の給与水準を適正化し，費用構造を改善して，損益分岐ラインを2割改善させた。これで収容定員の70％で収支がバランスし，85％あれば健全経営というスリムな体質に変えた。

さらに教員採用に際しては長岡在住を義務化し教員責務の厳正化を徹底した。非常勤講師数は3分の1に削減し，諸経費の抑制，専任教員による責任ある体制づくりを図った。2006（平成18）年，2007（平成19）年に連続して現代GPに選定され，2006（平成18）年度以降それらを含んで総額2億4,000万円の特別補助を獲得できた。これは小規模大学では大きな収入増で，入学者の数割アップに相当する。大学本体は赤字でありながら，教育サービスには十分すぎるほど費用をかけ実現させた。

2007（平成19）年，文科省は「定員割れ改善計画」の優れたものを支援するという制度を作った。長岡大学の大学経営改善計画を私学振興・共済事業団審査委員会が優れた計画として選定，特別補助金（5年間）の交付対象となった。

これらの試みの結果，2004（平成16）年の中越大地震もあって，2005（平成17）年度は入学者数が一時減少する第1次危機を迎えるが，それ以降4年連続で入学者数は増加し（図7.1参照），帰属収支も大幅に改善した。2010（平成22）年度には入学定員には未達（入学定員に対する充足率84％）であったが，帰属収支，消費収支とも黒字化を達成した。学生数も「定員割れ改善計画」の計画通りに増加，定員には未達であったが入学者数ベースで健全経営ラインに達することが出来た。これによって当面の危機は脱することができた。

新設の地方小規模大学が現代GPに連続で選定されたことで注目された。2008（平成20）年には読売新聞の「大学の実力」欄が面倒見の良い教育の典型例として長岡大学に注目した。2008（平成20）年7月以降，2回の囲い記

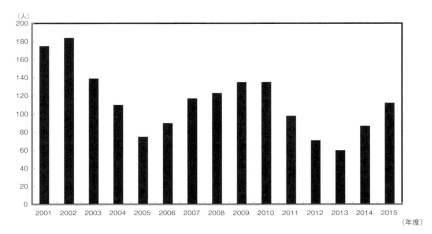

図7.1　入学者数の推移
出典　長岡大学提供の数値より著者作成

事を含んで実に7回，長岡大学の教育についての記事が全国版に載った。2008（平成20）年10月，日経新聞は全国大学地域貢献ランキングで長岡大学は全国8位（翌2009（平成21）年は10位），私大ではトップと報じた。マスコミが特に注目したのが「学生による地域活性化提案プログラム」であった。

第2次危機到来

　2004（平成16）年4月から改革を推進してきた学長は2012（平成24）年3月に退任した。その間の改革の成果をデータで追ってみる。2005（平成17）年度と2010（平成22）年度を比較検討してみた。先ず「定員割れ改善計画」支援事業に関連するが，入学者は2005（平成17）年度76名から2010（平成22）年度は135名にほぼ計画どおりに増加，帰属収支は大幅に改善，完全黒字化を達成した。私学事業団の中間評価ではランクAの評価を頂いた。

　学生のアウトカムであるが，全学生を対象にした学生の満足感は50％前後から65％前後に上昇，学生の退学率は5％前後から3％に減少，職業資格取得者は30～40人前後から150人前後に大幅に増加した。就職率（名目）も98

％に到達した。

　長岡大学の場合，学長は「実はこれまでの入学者増加の理由はよくわからない」，「全国レベルでは『教育力の強い大学』としての知名度が上がってきたのだが，県内の高校側や一般市民には全く浸透していないし，高校生や高校の先生はそんなことにはあまり関心が無いらしい」と語っていた。この後段の高校側の大学認知度の低さが，その後の第2次危機を迎えることになる。退任に際して学長は先ず，「崖っぷちから脱出できましたか」との問いかけには「10年は生き残らせたが，崖っぷちにまだいる」，今後は「3年以内に質の保証システムを確立すること，地域社会をターゲットに戦略的広報宣伝活動を展開すること」の必要性を強調されていた。しかし筆者には長岡大学にとって改革を持続させる上で必要となるのは，中軸を担う事務組織の強化，その組織力，いわゆる職員力が今後求められていると考えるが，今までの改革の過程ではそのあたりが見えなかった。

　一方，2011（平成23）年度から再び入学者数の減少が始まった。図7.1に年度別入学者の推移を示す。入学生は2010（平成22）年度に135名に達したが，その後再び減少，2013（平成25）年度には60名までに減少した。これが第2次危機の到来であった。在学生も2010（平成22）年度に500名で収容定員に対して78.1％の充足率に達したが，2013（平成25）年度には充足率53.6％の343名まで減少した。

学生募集の大転換，再び志願者増加，定員増へ

　2012（平成24）年4月から学長は交代した。何故学生が減ってきたのか再検討を始めた。第1次危機の大学のミッションは問題ない。戦略は間違っていなかった。戦術面で考える必要がある。それが失敗だったのではないか。学生募集方法の転換に踏み切った。メディア中心の募集活動ではなく，多くの大学も実施しているが高校単位に地道に出向いていく戦術に転換した。学長の下に入学委員会を設け，高校へは教員が週1回出前講座を実施し，高校の先生とのつながりを作り，職員はイベント会場のブースステーションで大学案内を行った。そういう高校との交流の過程で，1学科にした方が説明し

易い，経済経営学科となると範囲が広すぎる，実際にはコース別で案内するが履修モデルに近いので，このコースで学ぶと将来はこのようになるなど，外部発信のしかた，その有効性などを学んだ。それらは一般の広報活動ではなく，学生募集の基本となる高校訪問などを軸とした教職協働の活動の展開であった。

　理事会は入学定員の削減についてはギリギリの判断をした。損益分岐の考え方から定員はどこまで下げられるか，定員超過の含みを持たせて考えるとギリギリの線が定員80名であったと筆者はみている。

　2014（平成26）年度から環境経済学科，人間経営学科の2学科を募集停止し，新たに経済経営学科を開設，経済経営学部経済経営学科の1学部1学科体制にし，入学定員80名，収容定員320名に半減させた。これは定員割れという不名誉な状態から何とか脱出を模索したものである。ただ定員を削減すればよいのではない。収入減が伴うわけで当然支出も適正化する努力が必要である。その中心は人件費の削減である。給与体系を変更，ベースを一段と下げる努力をした。

　学科を構成するコースは現代経済（地域経済重視型），現代経済（国際経済重視型），経営戦略，生活環境・医療福祉，消費生活・マーケティング，事務会計，情報ビジネスの7コースである。

　平成25年度文部科学省地（知）の拠点整備事業（COC）「長岡地域＜創造人材＞養成プログラム」が新潟県内で唯一採択された。これは長岡市と連携し，長岡地域の地域課題と向き合い，地域課題解決・価値創造を担う専門的能力を身につけた学生・社会人の養成を通して，産業活性化，社会問題解決及び地域・コミュニティ活性化の地域課題に応えようとするものである。大学の今後の展開のキーワードは今までもそうであったが地域との連携である。先ずは長岡市内との連携，それから周辺地域に広げていき，最後は県レベルの連携である。

　学生募集の転換，学科改組，COC事業の採択を受けて長岡大学は再び，入学生は増加に転じた。2014（平成26）年度は87名，2015（平成27）年度は入学定員の1.4倍の112名であった。さらに2016（平成28）年度でも入学者が

入学定員より増えつつある。長岡大学は定員増の検討にはいった。長岡大学にとっては明るい兆しが見えてきた。しかし未だ試練の時期は続く。

　定員割れ改善で公的に支援を受けている大学のうち，入学者を増やしているのは2割に満たないようである。それほど一度，入学者が減り始めたベクトルを上向きに変える事がいかに困難なことか，長岡大学の挑戦は大変評価できることである。

　長岡大学のように地方の私立大学で健闘している大学に共通する条件として，①地域社会とのつながりが強い，地元の産業界で就職に強い，②面倒見が良い，学生に優しいことが挙げられている。

　しかし昨今の地域格差が大きく進行する国内の経済状況下では，一私立大学の熱意と努力が及ばないところで，地域の産業の停滞があり，また新潟県でも進学希望者の7割が県外，特に首都圏を目指すようで，地方の小規模私立大学にとっては次なる大きな課題が見えつつある。更なる挑戦を期待したい。

⑾　地方・小規模をメリットに，教職一体で取り組む共愛グローカルプロジェクト（共愛学園前橋国際大学）

学生中心主義，地域との共生，ちょっと大変だけど実力がつく大学

　共愛学園前橋国際大学は，前身の共愛学園女子短期大学を1999（平成11）年に改組して開学された大学である。学校法人共愛学園は，1888（明治21）年に群馬県内で最も歴史ある私立大学として，前橋英和女学校を開校したことに始まる。その翌年，1889（明治22）年に上毛共愛女学校に改称，その経営母体として共愛学園の前身である共愛社が設立された。1947（昭和22）年に中学・高等学校を併設，1988（昭和63）年には共愛学園女子短期大学を開学，1999（平成11）年に群馬県内で三つ目の私大として共愛学園前橋国際大学を開学，2009（平成21）年には保育園を開設，さらに2016（平成27）年には小学校を開校し，群馬県初の総合学園として現在に至っている。

　共愛学園前橋国際大学は，国際社会学部国際社会学科のみを設置する単科

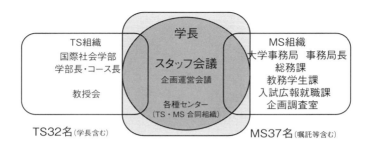

- TS＝Teaching Staff　MS＝Management Staff
- 大学の方向性を左右するような最重要事項は，全教職員が参画するスタッフ会議で話し合います。
- センター長やセンター内のグループ長は合議で決めます。(TS/MS・職位など関係なく選びます)

図7.2　教職一体ガバナンス：教職員がフラットに参画する大学運営
出典　共愛学園前橋国際大学提供

大学であるが，英語，国際，情報・経営，心理・人間文化，児童教育の5コースが設けられている。2014（平成26）年5月1日時点では，学生数1090名（入学定員225名，3年次編入学定員5名，収容定員910名），専任教員数32名（学長含む），常勤職員37名（嘱託等含む）で運営されている。学生の約85％は群馬県出身者で構成され，卒業生の約70％は地元群馬県内に就職する。大学は群馬県前橋市内であるが，最寄り駅はJR高崎駅から両毛線の駒形駅で，大学まで徒歩10分。周囲は田畑や住宅地に囲まれており，学びに集中しやすい環境とも言える。学生の定員確保が困難である「地方・小規模・新設」の3拍子を全て取り揃えている私立大学である。

　学校の教育理念に「共愛＝共生の精神」を掲げ，教育目的は「国際社会のあり方について見識と洞察力を持ち，国際化に伴う地域社会の諸課題に対処することのできる人材の養成」としている。また大学のモットー（行動指針）では，「学生中心主義」「地域との共生」を掲げ，キャッチフレーズとして「ちょっと大変だけど実力がつく大学」を唱っている。

　ここでいう国際社会とは，国境を越えて生成拡大しつつある生活世界の総

体，人間生活の場を意味しており，この学部は国際社会全般に関する総合的な教育研究体系を構築しようとするものでも，国際社会学の教育研究をしようとするものでもなく，グローカルをキーワードに「国際社会のあり方について見識と洞察力を持ち，国際化に伴う地域社会の諸課題に対処することのできる人材の養成」（「共愛の教育」創刊号より）をその目的として設置された。

　国際化の波は，群馬県の地域社会にも及んでおり，この傾向は今後さらに加速することが予想される。このような環境において，国際化に伴う地域社会の諸問題に対処することのできる人材育成，即ち国際的な素養を備えながら，ローカルで活躍できるような人材を育成することを大学は目指している。

先進的な教職一体ガバナンス，スタッフ会議とセンター制度

　1999（平成11）年4月，共愛学園前橋国際大学は前身の共愛学園女子短期大学から改組して開学された。開学前年の1998（平成10）年より，4年制大学に向けた体制づくりに取りかかった。短期大学当時は，他の大学と同様に，教員組織と職員組織は区別され，教員が決めたことを職員が実行するという組織体制であった。しかし，大学が掲げていた「学生中心主義」を実現するために，教職員から「現状のままで良いのか」という疑問の声が上がってきた。当時，大学は組織体として学生を見ていなかった。「教員が決めて，職員が何も言わずにやる。これでは大学は潰れる」ことに17年前に気がついた。そうして開学を目前にして，次のような具体策が決まった。

　先ず教員をティーチング・スタッフ（TS），職員をマネジメント・スタッフ（MS）という名称に変更，教職員全員が同じ大学のスタッフであるという共通認識に立つことを目指した。この TS，MS という表現は大阪の私立大学に前例があった。ここで大学の意思決定プロセスにおいて重要な位置を占めたのが「スタッフ会議」（図7.2参照）である。筆者はこの大学の改革の原点はここにあると強く感じた。この会議は，教職協働で大学の進め方を議論し，決定する場であり，開かれた議論を制度的に担保したものである。さ

らに，教職員全員が大学の課題について共通の認識を持ち，大学の基本方針，将来計画などを共有する。「スタッフ会議」は大学づくりにおいても重要な役割を果たしてきた。

スタッフ会議は開学後3年間，毎月教授会の前に開催され，教員人事，学籍異動等全ての議題について議論されていたが，現在は年2回，夏と春に開催している。開学前夜の第1回スタッフ会議の議題は「事務局の机のレイアウト」であった。これまでの大きな議題としては，人件費抑制規程，教員の多様な勤務形態，コース制の導入，特待生・奨学金制度の改変などがある。このスタッフ会議は当初は，MSからの発言は少なく，発言できるような雰囲気づくりに努めたようである。

次に大学運営組織として教授会と事務局の中間に立つ組織として各種センターを設置した。これらのセンターは，学生に対する教育サービスや教育支援など担うための組織であり，TSとMSの混成組織である。教員と職員が全く対等である立場のもと，大学では就職支援，入試・広報，学生（教務，学生）の中心的な三つのセンターは職員がセンター長を務めている。学生センターは，職員のセンター長の下に教務，学生の二つのグループ長は教員が務めるというように，職員が教学運営にも中心的役割を果たすような仕組みになっている。センター内では，教員（TS）と職員（MS）が対等であることが注目される点である。センターの責任者であるセンター長の選任においても，TSとMSの区別なく構成員の互選によって選出される。

また，このセンター制度の最大の目的は教員と職員が協働して日常業務に当たると同時に教員と職員の間の情報共有を容易にし，常に経営的な視点を踏まえた運営ができることである。さらに部署を越えた横断的なコミュニケーションができ，複数の業務を少ない人数で効率よくこなせるようになる。このようなメリットがあり，有効に機能している。

多くの大学の「部局」や「委員会」と異なる点は，教員と職員が対等な関係で各センターの運営に関わっている点である。また各センターの人数構成は事務組織を少数の教員が管理するという従来の形態とはまったく異なったものである。

学生募集の試練

初年度の入試の結果は、募集定員250名に対して一般入試と推薦入試を合わせて481名の志願者を集め、1999（平成11）年4月の開学時には267名の入学者を迎え入れ、幸先の良いスタートを切った。しかし、2年目の2000（平成12）年4月の新入生の募集から、なかなか学生が集まらない苦しい時期が始まる。2000（平成12）年春の入試では、募集定員250名に対して338名の志願者を集めたが、受験生の試験の結果は全体的に良くなかった（図7.3参照）。それは予め合格ラインとして設定していた点数を下回る受験生が想定よりも多く、このまま合格発表をすると定員割れとなる事態であった。

この問題はスタッフ会議で議論された。当初、一部のTS・MSからは合格ラインを引き下げるのもやむなしという声もあったが、あるスタッフの発言で議論の方向性が変わった。「かつての短期大学時代に合格ラインを下げて募集定員以上の学生を入れた。しかし、その翌年から学生が集まらなくなった。また、定員を超えて学生を受け入れたために、学生のケアが十分にできず、学生満足度も大きく引き下げてしまう。将来的に悪影響を及ぼすので、やるべきではない」という発言であった。この発言は多くの教員職員が納得した。さらにTSの中からは「自分たちの教育力を踏まえて、責任を持って育てられる学生だけを入れるべきだ」という意見も出され、入試のレベルは下げないことになった。高校からの公募推薦を受け入れる条件の1つに、高校での評定値が3.5以上であることを求めていた。しかし高校側からは、「難易度が高い大学でもないのに、推薦の条件に評定値を設定する必要はあるのか」など批判を浴びたこともあった。しかし、この点に関しても、大学は推薦の条件から評定値を外したり、下げたりする妥協はしなかった。

定員割れやむなしということは、簡単に受け入れられる話ではない。その後のスタッフ会議では、人件費抑制規程という驚くべき提案がなされた。それは、大学部門に関して、人件費が帰属収入の55％を超えた場合、その超過分を教職員の給与から一律カットするというものであった。TSからは「教員が担当する授業のコマ数にはバラつきがあり、一律カットとは如何か」との意見も出され、その意見は多くのTSの支持を得た。これに対し、教務の

MSからは「6コマを担当コマ数の標準とする，これを超えて授業を担当する教員には超過手当をつける（オーバータイム）制度を導入すべきである」という意見が出された。このオーバータイム制度の制定とともに，この人件費抑制規定を導入することで全員が合意し，これら2つの提案は理事会で決定された。この人件費抑制規程は現在まで1度も適用されたことはない。つまり，開学以来現在に至るまで，大学部門については人件費が帰属収入の55％を超える状態になったことはない。

コース制と特待制度の導入

2000（平成12）年度の新入生を集められなかったことの原因は国際社会学部国際社会学科という学部学科名称だけでは，入学する学生にとっては「何を学ぶかわからない」，学生の就職時の面接では「何を学んだかわからない」という意見が出始めた。学習内容が受験生には十分伝わっていなかったのではないかという疑問がわいた。また地域社会に対しても，何を学ぶ大学なのかということについて，国際社会学部国際社会学科というだけでは，十分な説明になっていないという状況も見えてきた。

3年目の2001（平成13）年春の入試においても前年同様に受験生が集まらないばかりか，募集定員250名に対して，志願者数261名，入学者164名と開学から3年間，ずるずると減少，事態はさらに悪化した。財務面でもこのままでは募集停止に追い込まれるのも時間の問題という危機的な状況に陥った。

2001（平成13）年，プロジェクトチームを編成して入学者の減少要因を調べた結果，「学ぶ内容がわかりにくい」という結論に達した。このような背景から，学生たちのいう多様な分野について広く学ぶことができるという大学の特長を生かしつつも，状況を改善していくためにはどのような方策が有効であるのかについての議論が重ねられた。

その解決策として大学の豊富なカリキュラムを再編成して，学生たちにより明確に学びの方向性を提示できるように，学びへの扉，すなわちコース制を学科に導入した。英語コース，国際協力・環境コース（現国際コース），

情報経営コース，地域・人間文化コース（現心理・人間文化コース）の4コースが誕生した。

1学科のまま，教員を増やさず，4コースに分けて各コースでの教育目的，教育内容，履修モデルを明確にして，複数の学科を設置することと同等の効果を狙った。2005（平成17）年度からは，国際社会専攻と地域児童教育専攻を置き，後者に児童教育コースを開設し，5コースとなった。

そして，2001（平成13）年のスタッフ会議において，このコース制の導入が学長室より提案され，数回の会議でこの導入についての議論が繰り広げられた。完成学年を待たずに教育体制，カリキュラムの変更を提案したこともあり，「開学3年で変更することは時期尚早ではないのか」「コースに分けたからといって学生が果たして集まるのか」といった反対や心配をする声があがった。

しかし，2002（平成14）年4月から導入することに決まった。

コース制の特徴は以下のとおりである。

①単にコースごとに科目を配当するのではなく，各コースに教員も配置した。

②従来，学科一括で学生を募集していたが，コース毎に学生を募集する形にした（但し定員は振らない）。

③コース毎に卒業要件を設定し各コースの目的と違いを明らかにした。

④入試広報では，単科大学の説明ではなく，各コースで何ができるのかを中心に受験生にアピールした。

⑤コースを学科と同じような位置づけでいながら，コースを横断する履修も可能にして自由度・学びの広さを保った。

これにより，コース制は複数の学科のような教育体制を実現し，各コースでの学ぶ内容の違いを明確にして学生にもわかりやすい体制とした。また，教員，学生ともにコースに所属意識を持たせ，責任感も育みやすい仕組みにした。

実際にはコースにより志願者数にばらつきがあり，志願者の多いコースでは学生数と教員数とのバランスが崩れ，必要な人数の教員の確保が難しくな

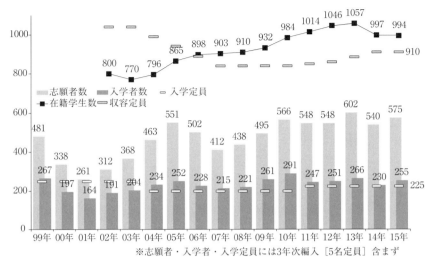

図7.3　入学者数，出願者数，在籍学生数の推移
出典　共愛学園前橋国際大学提供

るという問題も出てきた。これについては，他のコースの教員が応援に入るなどして教育体制を担保してきた。

同時に，2002（平成14）年4月の新入生の募集では，「資格特待生制度」を設けた。入学時において，実用英語検定2級など指定の資格を保有する者は全員4年間の授業料を全額免除にした。入学前に自分に資格があるかがわかる画期的なものであった。但し，英検2級を持っていれば，無条件で4年間の授業料が全額免除されることではなく，毎年成績による資格審査があり，GPAの平均が4.0以上（5点満点）でなければ翌年の特待生の権利は喪失してしまう補足ルールもあった。なお，特待生は権利を喪失してもその翌年のGPAの平均が4.0以上であれば権利を回復することができた。翌2002（平成14）年は志願者，入学者とも増加した。

同制度を利用して授業料免除で入学する学生は，2002（平成14）年4月の入学者ではほんの数人であったが，その後，地元の受験生の注目を集めるようになるとともに増加し，受験生の獲得にも大きく寄与した。しかし，2012

（平成24）年4月の入学者では約80人が特待生という事態になった。そのため，2013（平成25）年4月入学の資格特待生からは1年間のみ授業料免除という制度に変更し，資金を入学後の奨学金の充実に回すことにした。

また，一学部一学科で約1,040名（入学定員250名－編入学定員20名）の収容定員は多いという学内からの指摘もあった。2004（平成16）年4月の入学生より入学定員を250名から50名減らして200名とした。そして，これらの施策の積み重ねにより，2004（平成16）年以降，2013（平成25）年まで定員割れにはなっていない（2011（平成23）年に定員を225名に拡大している）。

入試のV字回復と経営改善

図7.3に開学以降の入学者数，志願者数，在籍学生数の推移を示す。2000（平成12）年度から2003（平成15）年度までは，入学者数が入学定員を下回るいわゆる定員割れの状態が続いたが，2004（平成16）年度以降は入学者数が定員を上回っている。志願者数は2001（平成13）年度を底に，それ以降は総じて右肩上がりで推移してきた。志願者数が増え始めた2002（平成14）年度は，コース制や資格特待生制度を導入した年度であり，これらがV字回復の最初のきっかけとなったようである。2005（平成17）年度に志願者数が盛り上がっているのは，同年度に地域児童教育専攻が開設されたことの影響である。

入学定員充足率は，2000（平成12）年度から2003（平成15）年度にかけて100％を大きく下回っていたが，2004（平成16）年度は開学以来，初めて100％を上回った。それ以降，定員割れはない。例年，入学者の8割を群馬県出身者が占めていることを鑑みれば，「地域との共生」をビジョンにおいた地域でのボランティア，教育支援，定員を割っても合格基準を維持するというポリシーなどが地域社会の信頼を勝ち取ったことが，この100％を上回る定員充足率の要因になっていると推測できる。

2003（平成15）年度まで入学定員充足率が100％を下回っていたため，収容定員充足率（在籍学生数÷収容定員）は低下し続けたが，2004（平成16）年度以降は入学定員割れが起きていないため，徐々に回復し，2006（平成18）

198

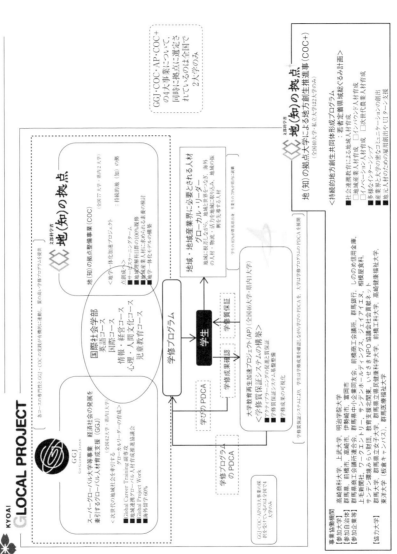

図7.4 KYOAI GLOCAL PROJECT
出典 共愛学園前橋国際大学提供

年度に初めて100％を上回った。2000（平成12）年度から2003（平成15）年度まで収容定員が減少しているのは，2004（平成16）年度に入学定員を250人から200人に50人減らしたため，2011（平成23）年度以降，収容定員が増えているのは2011（平成23）年度に入学定員を200人から225人に25人増やしたためである。

　法人全体の帰属収入は大学の完成年度（1年生から4年生のすべてが揃う年度）である2002（平成14）年度までは右肩上がりで増加してきたが，2002（平成14）年度と2003（平成15）年度は入学定員を割ったことの影響から2年程度横ばい，その後は穏やかに増加してきた。また帰属収支差額も2005（平成17）年度から2008（平成20）年度にかけてプラス，マイナスと多少の変動はあるが，2009（平成21）年度以降，帰属収支はプラス，帰属収支差額比率も5％～10％で推移してきており，在籍学生数の増加とともに着実に収入超過を伸ばしている。法人全体の人件費比率は，中学高校を併設していることから，若干高めであるが2009（平成21）年度以降はほぼ55％前後で推移している。こうした財務比率からもここ最近は大幅に経営が改善されている様子が窺える。

共愛・グローカルプロジェクトの深化

　大学の教育目的は国際社会のあり方について見識と洞察力を持ち，国際化に伴う地域社会の諸問題に対処することのできる人材の養成である。最近3つのプロジェクトが採択された。先ず2012（平成24）年度に「グローバル人材育成推進事業（GGJ（現スーパーグローバル大学等事業　経済社会の発展を索引するグローバル人材育成支援））」に「次世代の地域社会を牽引するグローカルリーダーの育成」で採択，2014（平成26）年度には「地（知）の拠点整備事業（COC）」に「地学一体化加速プロジェクト：持続的「地（知）の拠点」創成へ」で採択，さらに同年に「大学教育再生加速プログラム（AP）」テーマⅠ・Ⅱ複合型　「学修質保証システムの構築」で採択，この3プロジェクトを併せて「KYOAI GLOCAL PROJECT」と総称している。図7.4に3つのプロジェクト全体の連関図を示す。なお，2015（平成27）年度には「地

（知）の拠点大学に寄る地方創生推進事業（COC+）」に「持続的地方創生共同体形成プログラム：若者定着県域総ぐるみ計画」で採択されている。

　GGJ では育成する人材像は次世代の地域社会を牽引するグローカルリーダーである。グローカルリーダーとは地域に根差しながら，地域と世界を繋ぎ，海外の人材，物流，活力を地域に取り込み，地域の振興を先導する人材である。基盤となる取組みは単位制度の一層の実質化，語学教育の一層の充実，入試制度の見直しである。2015（平成27）年3月の中間評価結果では「優れた取組状況であり，事業目的の達成が見込まれる」で総括評価Sであった。タイプB（特色型）では31校のうち，S評価は2校（全体42大学中S評価は5校）。

　地元企業・自治体と密接に連携しながら人材の育成に努めるとともに，様々なプログラムを準備し，学生の背中を押し動機を高めて海外に送り出すことで，更にやる気を引き出し，その成果として英語力の向上が見られる。県内の学生を引き受け，実力を育み県内に返すという役割も明確であり，卒業生が地域の企業，公共団体，学校等で活躍することで，地域の国際化が図られることが期待でき，いわゆる地域・小規模大学の一つの成功モデルとして高く評価された。

　COC では前橋市と一体となり教育活動，研究活動，地域共生，地域志向，大学改革など多岐にわたる活動を通して地域産業を担う人材の育成，地域のブランド向上など持続的な「地（知）の拠点」創成を目指す事業を展開している。AP では①教育の国際標準化のための学修質保証システムを構築し，主体的学修者の育成とエビデンスに基づく検証・教育改善を実行する，②シラバス・My Library・ポートフォリオを連携させた ICT システムと，図書館員を中心とした学修相談支援システムを有機的に活用できる学修環境を整備し，正課・準正課における学修の充実を促進する，③アクティブ・ラーニングの質保証の研究を行い，学修成果の達成度を高めるアクティブ・ラーニングの実践を促進する，④独自に開発する学修成果指標・ポートフォリオ・ステークホルダー調査等により多元的な学習成果の可視化を進め，教育プログラムの改善を図るとともに主体的学修者育成の支援を充実させる，ことが

ねらいである。この三つのプロジェクトは学科のカリキュラムには横串し的に副専攻という形で入ってくる。グローバル・キャリア・トレーニングという副専攻は語学38科目，理論スキル10科目，実践4科目から構成されている。今後の共愛グローカルプロジェクトの更なる深化に期待したい。

⑶　5学部統合1学群化と教学ガバナンス改革（札幌大学）

学部再編改革の背景

札幌大学は札幌市郊外の豊平区西岡の7万5千坪の敷地にある。開学した1967（昭和42）年当時，一帯はりんご，ジャガイモ，ニンジンなどを栽培する農家が70軒ほど点在する月寒牧場に代表される牧歌的地区にすぎなかった。その後，大学の発展とともに開発が進められ，現在では広大な住宅街を擁して大学を囲んでいる。大学はまさに地域社会の中核であり，その果たすべき役割は増しこそすれ，縮小することはない。

札幌大学は，教育目標として「外国語に堪能な経済人の養成」を掲げ，開学当初，経済学部（経済学科）と外国語学部（英語学科，ロシア語学科）の2学部から構成されていた。その翌年には，東京以北では初めての経営学部（経営学科）を開設した。その後，大学はこの人材養成の目標に相応しく，国際性を育みながら発展をとげてきた。

しかし一つの転機が訪れた。それは1989（平成元）年の法学部（法学科）開設であった。これを契機とし，以降，札幌大学は文科系総合大学を標榜して学部学科の増設を進めてきた。しかし，「外国語に堪能な経済人を養成する」という当初の教育目標は徐々に影をひそめていった。そして1997（平成9）年に文化学部（日本語・日本文化学科，比較文化学科），経営学部産業情報学科の設置をもって5学部体制が確立することとなる。

この文科系総合大学を目指した札幌大学の拡大路線は，2006（平成18）年の法学部自治行政学科の増設まで続いた。しかしこの学科は初年度から定員割れ状態であった。その数年前までは臨時定員増により，各学部が100名増以上の入学者を確保し，キャンパスは当時7,000名前後の学生で溢れていた。

表7.1　1学群への統合

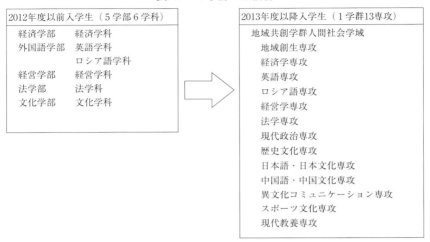

出典　札幌大学提供

その事もあり，拡大路線の慣性は根強く，18歳人口の減少により入学定員の充足が難しくなってもなお，学科の再統合や入学定員の削減（2009（平成21）年度，入学定員1,360名から1,090名へ削減）といった対症療法を繰り返した。一方，ここ最近では北海道の大学・短大への進学率は全国平均を大きく下回る45.0％，高校卒業者の同一県の大学，短大への残留率70％（全国2位）である。

しかし，近年の札幌大学はその社会的期待に十分応えてこなかった。2011（平成23）年度の入試で入学定員充足率を約3割急減させた入試の惨状を見て，ようやく従来の方法の限界が露呈された。ここ数年は入学・収容定員を充足できなくなり，中長期的には存続すら危ぶまれる事態を招いてしまった。このことは既に大学基準協会による認証評価（2010（平成22）年度）においても，指摘を受けていた。

2017（平成29）年に創立50周年を迎えるにあたり，次の50年への展望を開き，地域を支える大学であり続けるためには，経営基盤の強化と安定的運営の確保が急務である。特に入学・収容定員の充足が喫緊の課題である。この

課題に対し，札幌大学は2011（平成23）年度下半期に30回に及ぶ公式会議を重ね，法人と協議して到達した結論は「希少な経営資源を札幌大学固有の長所の伸長に集中的に投下することによって，他に類を見ないユニークな教育サービスをうちたてること」であった。そのための具体的施策は5学部を再編し，全学を1学群に統合する組織改革であった。

　北海道の大学進学率が横ばいで18歳人口の減少，首都圏私大への進学増加などがあり，入学者減少に伴い，大学の経営は危機的な状況に向かった。2011（平成23）年4月の新学長就任が今回の一連の改革の始まりであった。

改革の第一歩

　新学長は先ず，厳しい定員割れの下では学部を圧縮し，収容定員，教員を減らすしか道はないと切り出した。こうした改革の中心を担ったのが，理事長を補佐するために設置された政策室である。教学から上がってきた案件を理事長が追認するのみになるのを防ぐため，善し悪しを判断する材料を整え，意見を付して理事長に上げる理事長諮問機関である。

　ここで二つの大きな改革案が検討された。それは2013（平成25）年度から経済学部や法学部など現行5学部を廃止し，「地域共創学群（学部）」に一本化する。さらにそれと併行して学部の壁を取り払うことで，入学後に学生が自分の関心に合った専攻を選べるようにするとともに，学部自治運営を解消するガバナンス改革を進める。前者の改革案は「地域共創学群」が学部，「人間社会学域」が学科に相当し，その下に経済，地域創生，英語など13の専攻を設ける（表7.1参照）。専攻単位であれば，教育のプログラムを社会の動きに合わせて機動的に組み替えていくことも容易であるとの狙いである。

　後者の改革案は学部廃止に伴い管理運営体制も見直すことにつながる。教員は学系の所属となり，専攻（教育プログラム）の運営と切り離すことで，専攻の改廃が担当教員の身分と関係なく随時行えるようになり，柔軟な教育プログラムの見直しが可能になる。さらに学校教育法の教授会に当たる組織として学群会議を設ける（図7.5参照）。学群会議は学長が直接主宰し，専攻をまとめて代表する学類長や研究分野ごとの学系長らで構成する。ほかに各

専攻の教育に関する審議を行う学類会議（月2回開催）と，全教員が参加する学系会議（月1回開催）を設けた。

5学部6学科から1学群1学域への再編

　近年，我が国では少子・高齢化を主因とする地域社会の収縮が進行している。これに伴い高等教育の大衆化が定着してきた。そうした中で地方の大学等は地域社会の知識・文化の中核として，また次代に向けた地域活性化の拠点としての役割をも担っていると指摘されている。地域に生まれ，育ち，生き，地域の発展に貢献する意志，能力，行動力を持つ人材の輩出こそ，地域を基盤とする地方大学が果たすべき社会的な使命である。札幌大学もまた，地方にある標準的な大学として，地域の経済社会の基盤を支える「生産性の高い中間層」の育成に力を尽くさなければならない。

　札幌大学は2013（平成25）年4月，この共通の教育理念のもとに全学が一体となる新しい教育システムを起動させた。全学をまとめ上げる理念は「地域共創」である。既存の5学部6学科に分散していた教育資源を1学群1学域に集め，分野別に整理し直すことにより，地域共創学群には13の専攻が展開できるようにした（表7.1参照）。従来の学部制の限界としては，①専門学部制では学生のユニバーサル化に対応しきれないこと，②教員数の削減とともに必置科目の制約が強まること，③学部間の障壁が総合力の発揮を妨げること，が挙げられる。1学群化した札幌大学は，この多様性，柔軟性を最大限活用し，初年次から段階的に実施する全学共通の基盤教育と，学生の志向やニーズの変化にも柔軟に対応できる豊かな専門基礎教育のメニューの組み合わせによって，現代社会を生き抜く総合力を培う教育の実現に取り組むのである。

　札幌大学は1学群1学域13専攻の導入によって，今後の様々な人材需要に対して，柔軟に教育組織を改組するなど社会的要請に応えていく体制を整えた。今後，この1学群制特有の利点を生かし，常時「柔軟に教育組織を改組すること」，具体的には，専攻の改廃・新設などに随時取り組むことを想定している。

地域共創学群は，地域の文化と社会を他者との協働によって創り上げる意欲と資質を備えた人材の育成・輩出を目指す。札幌大学が授与する学位は，これらの人材が何の専門性によって地域共創に貢献できるかを明確にするものとして位置づけられる。

　新学長は教学組織に求められる特性を3つのポイントに整理した。それらは①教育ニーズの多様化・流動化に柔軟かつ機動的に対応できること（可塑性），②よりコンパクトな教職員組織によって運営可能であること（効率性），③変革への意思を顕示し，社会の期待感を醸成するものであること（インパクト）であった。ここで可塑性とインパクトは入学・収容定員の未充足の原因である世評の低下に対応したものあり，効率性に未充足の結果である財政の悪化に対応するものである。学部細分化は設置基準上の必要教員数を増大させるデメリットを伴うが，1学群だとより少ない基準で済み，それ以外は自由な配置が可能で特色ある教員編成が組めるメリットがある。

　学群化に伴って新しい教育課程は基盤教育科目と専門科目に分けられる。基盤教育科目は入門演習，基礎演習の初年次ゼミ，社会人でもある学生の心得を説く学生生活と社会生活，語学，健康論・体育実技，情報リテラシーで構成し，キャリア教育やボランティア，アクティブ・ラーニング科目などを重視する。専門科目は，それぞれの専攻ごとにカリキュラムを組む。

　学生は1年次に基盤教育科目を中心に学習し，専攻が決まっている場合は，1年次後半から専門科目の一部を学び始める。入学時に専攻を絞りきれない場合や入学後に専攻を変更したい場合は，2年次，あるいは3年次に専攻を決め専門科目を学び始めることもできる。入試は専攻を全く決めない学群入試と経済学や法学など専攻ごとに行う専攻入試の2本立てで行う。募集定員900人（2013（平成25）年度から900人へ削減）のうち初年度の学群入試では161人を予定した。学群入試は「大学で何を学ぶのか，入学前に自分の専攻を決められない高校生も多い。しかも学部の壁があると，学生はそこでしか学ぶことはできない」と思っている高校生には救いの道である。

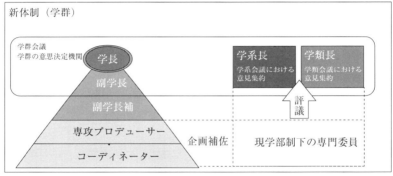

図7.5　全学意思決定プロセス図
出典　札幌大学提供

学群化と教学ガバナンス改革

　新しい教育組織の可塑性，効率性，インパクトを活用していく上で，学長がイニシアティブをとり，積極的に取り組むべき次の課題は教学のガバナンスのデザインである。学群化により全学が一体化する時期をとらえ，全学意思決定プロセスの改革の実現を図った。

　中央教育審議会から「大学のガバナンス改革の推進について」（2014（平成26）年2月）が公表され，それに対応する学校教育法等の改正（2014（平成26）年6月）が行なわれたのは，札幌大学がガバナンス改革を進める最中の

ことだった。学外の状況を追い風としながらも，次に着手したのは大学内の意思決定プロセスの改革，すなわち教授会の改革である。

その意思決定プロセス改革は迅速性，効率性，的確性をめざしたものであった。その新しい学群制下の意思決定プロセスを従来の学部制下の意思決定プロセスと対比させたのが図7.5である。上は従来のもので，下は新体制である。教学意思決定機構の概要は，

(1)学群会議を唯一の教授会として機能させる

地域共創学群は学長，副学長，学系長，学類長によって構成される学群会議を教授会とする。学群の評議機能は学群会議に集約し（迅速性），教務委員会，学生委員会等の専門委員会はおかない（効率性）。

(2)学群会議において学長のイニシアティブを確立する

学群会議は学長が主宰する。学長は自ら指名する全学執行役職者等（副学長，副学長補，専攻プロデューサー，コーディネーター）の補佐を得て，議案を策定する。学長が指名する13人の専攻プロデューサーの属性を全学系，全学類にわたらせることによって，教育・研究の現場の状況をふまえた議案づくりが学長の下で可能となる（的確性）。

1学群化に際して学類・学系に意思決定の権限を認めていた。これにより，意思決定の効率化・迅速化は十分には図られなかった。1学群化から程なく，教員は学類や専攻に帰属意識を持つようになったとの声も聞かれた。こうした状況を受け，意思決定機構をスリム化するため，全学教授会に相当する教育研究協議会を設置することで2014（平成26）年12月に学則を改正し（2015（平成27）年4月1日施行），大学のガバナンスのあり方を大幅に変更した。

教学ガバナンス改革の第2段階は次期学長選考において，理事会は学内の学長候補者選挙を通じて理事長に候補者を推薦するという従来の方法を踏襲せず，学長候補者選考会で直接選考することにした。

「学長候補者選考会」は理事長が主宰し，学長その他理事会が認める有識者が参加する。理事長は学長候補者の選考結果を踏まえ，必要に応じ他の候補者案も検討したうえで，理事会に次期学長候補者を提案する。寄付行為で

(以前)

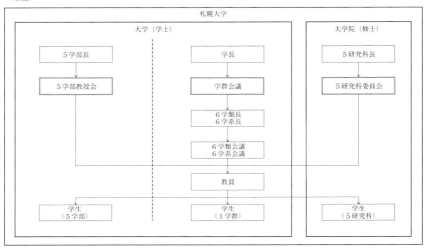

(平成27年4月1日からの体制)

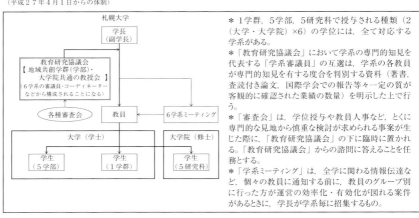

図7.6　組織改革の変遷
出典　札幌大学提供

は「学長は理事会において選任する」となっており，寄付行為上，学長選挙は選任の要件ではない。

理事会は教育の統括を託す学長には学内外を問わず，広く有為な人材を求めるべきで，新しい寄付行為では，前任者からの推薦を引き続き尊重する一方，これまでも他の有識者からの推薦を排除してこなかった事を確認し，多様な人材からの最善の学長候補を選任する柔軟性を確保することを心がけた。2015（平成27）年3月に次期学長が選任された。

組織改革の第3段階は，2015（平成27）年4月かう開始された意思決定の仕組み，すなわち全学で唯一の意思決定に関わる審議・調整機関である教育研究協議会の創設である（図7.6参照）。この協議会創設の目的は，各学部に分散していた意思決定の権限を学長の下に集約することで，決定までのスピードを上げることである。教育研究協議会は常任メンバーを限定し，各審議に必要な非常任メンバーは臨時に招集する仕組みを採用している。この教育研究協議会の設置により，学長，副学長，副学長補，各学系の審議員（全教員から互選で選出），事務局参与（局長相当者）または参事（次長相当者）に全学の意思統一が委ねられることとなり，1学群化のコンセプトがより徹底された。

教学組織改編に対応した事務局組織

札幌大学は2002（平成14）年9月に事務局組織を5部1室13課体制から4オフィス体制に改編し，さらに2004（平成16）年に3オフィス体制に再改編した。そして2013（平成25）年4月から，教学組織を改編し，5学部6学科を1学部13専攻としてスタートすることとなり，その体制に対応するために事務局組織再編を再度行った。

2001（平成13）年9月に「学生の立場に立った大学づくりを目指すこと」を目的に，事務局組織の検討が始まった。当初の事務局組織改編の契機は文科省の大学における学生生活の充実方策に関する報告書で，今後の大学の在り方として「教員中心の大学」から「学生中心の大学」への転換を求める内容であった。学生が事務室へ来て，その事務室で対応できないときは，別の

事務室へという，いわゆるたらい回し現象は日常的に起きていた。その改善策として「ワンストップサービス」で行うことが改革の柱となった。それは出来るだけ大きな組織（オフィス）に改編し，一つのところで解決できるように2002（平成14）年9月に13課の事務室を4オフィス（運営事業オフィス，学生支援オフィス，広報渉外オフィス，学術情報オフィス）にまとめた。その2年後の2004（平成16）年4月に広報渉外オフィスを発展的に解消し，現在の3オフィスに再編した。

　事務局組織改編のもう一つの目的は，一人の事務職員が複数の業務を行う「マトリックス」体制である。一例をあげれば，学生支援オフィスの業務は学部業務（各学部に付随する業務）と学部横断業務（教務・学生・就職・システム）があり，これを少人数の事務職員で担当しなければならないので，効率的に業務処理が可能な体制として導入したのが「マトリックス」である。このマトリックス体制は当初多少問題はあったが，現在は有効に機能している。

　2013（平成25）年度から5学部6学科から1学群13専攻へ教学組織が新たなスタートを切った。これと時を併せて，事務局組織はこれまでのオフィス体制を見直し，運営系，教学系，交流系に改編し，新たに法人政策の企画立案に関わる財政，人事等の情報収集，データ分析を行う政策集団とすることを目標とする経営企画室を設けた。運営系には総務・人事・財務・施設を，教学系には教務・学生・就職・入試を，交流系には国際交流・孔子学院・地域交流・図書館・研究所・埋蔵文化財展示室をそれぞれ配置した。

今後の改革の方向

　札幌大学の改革は始まったばかりである。1学群化は到達点というより，これからの一連の改革の出発点である。「地域共創人」育成の仕組みづくりは，1学群制をベースとする最初の改革であるが，今後，専攻の新設や改廃など，様々な改善が加えられていくことになる。

　必要とする改革を適切なタイミングをとらえて断行して行くには，最終的な責任者が排他的にもつ専決権を明らかにし，意思決定を迅速に行うことが

不可欠である。しかし，札幌大学は二重に，このガバナンス整備の面で後れをとってきた。

一つは，理事会が持つ各種の権限が大学の教学執行部へ実質的に委譲されてきたことにより，大学において責任なき権限行使が行われてきたことである。もう一つは，大学の執行部の中でも，学長の統括権の多くに学部長が関与し，学長がリーダーシップを発揮できずにいたことである。

理事会（理事長）のイニシアティブが実質的に放棄されてきた不幸な歴史にこそ，札幌大学の学部制が社会の支持を失って大幅な定員割れに陥り，1学群化という大勝負に打って出なければならなくなった根本的な要因が隠されている。学校法人札幌大学はこの反省に立ち，形式的な行使にとどまってきた理事会のイニシアティブを改めて取り直す作業にかかっている。

一方，教学において学長のリーダーシップが分権的統治に制約される問題は，札幌大学のみならず，多くの私立大学が共通に抱える困難である。そして前述の理事会イニシアティブの不全とあわせると，かつての札幌大学には全体の統率をとる仕組みはなく，学校法人全体が「学部の共同体」のような状態になっていたと考えられる。

幸い後者の分権的統治の困難は1学群化＝学部制の廃止とともに解消されつつある。学長が学群の長を兼ねることにより，学長のリーダーシップが確立されようとしている。また，理事会のイニシアティブの取り直しも，1学群化による学長のリーダーシップの確立と軌を一にして進められている。このように札幌大学にとっての1学群化は教学改革だけでなく，学校経営におけるガバナンス再整備をも支える，諸改革の礎として位置づけられる。

⑷　3私立大学の挑戦から見えてきた大学改革の方向

以上の3私立大学の改革の取り組みには共通する点がある。それは1学部1学科構成という新しい形で従来の学部・学科の枠組みにとらわれない柔軟な教学組織を母体に教育改革を進めようとしている点である。長岡大学は経済経営学部経済経営学科，共愛学園前橋国際大学は国際社会学部国際社会学科，このように両大学で母体となる教学組織は「コース」，札幌大学は地域

共創学群（学部に相当）人間社会学域（学科に相当）で母体となる教学組織は「専攻」という形で，社会の動向に柔軟に対応し易い教育（学生）組織にしていることである。芝浦工大は1学部1学科構成のデザイン工学部デザイン工学科に「教育領域」という名で，同様な試みを行った。機能的には共愛学園前橋国際大学のコースに近く，ミニ学科の役割を持たせ，学生・教員もそこに張り付けて所属意識をもたせた。従来の学科という枠は，設置基準に拘束されるために，個々の大学にとって社会の急激な変化に柔軟に対応できる教育組織ではないと筆者は見ている。少なくとも教員数と学生定員などの縛りがあり，変化に対応しづらい形態である。

　この柔軟な教学組織であるコース，専攻も3大学で学生定員の量的な差もあり，温度差がある。長岡大学のコースは履修モデルに近い。共愛学園前橋国際大学の場合は各コースでの教育目的，教育内容，履修モデルを明確にして複数の学科を設置することと同等の効果をねらった。コースに教員を配置し，当初学科一括で学生を募集していたが，後にコース毎に学生を募集する形にした。元々は国際社会学部国際社会学科では何を学べるのか，高校生にはわかりづらいという議論があって，学ぶ内容を明確にするという学生募集の観点からコース制の導入は出発した。コース制にして学生募集の点では成功した。長岡大学，共愛学園前橋国際大学ではコース制が一定程度成果を収めている。

　札幌大学は5学部を廃止再編し，全学を地域共創学群に一本化，すなわち1学群に統合する組織改革と学部自治運営を解消するガバナンス改革の二つの改革を併行して進めたことが注目される点である。前者は学群の教育課程を基盤教育と専門教育に分け，専門教育は13専攻別のカリキュラム構成とした。学位授与プログラムは核となる専攻別に編成され，5種類の学位を引き継いだ。

　後者の改革は学部廃止に伴い管理運営体制も見直したことである。教員は学系の所属となり，専攻（教育プログラム）の運営と切り離すことで，専攻の改廃が担当教員の身分と連関せずに随時行えるようにし，柔軟な教育プログラムの見直しが可能となる体制を整えた。この両者の改革によって，社会

の動向に応えられる教育の供給が可能となる。

　筆者は，21世紀を迎えて社会が大きく変化する可能性を秘めている時代に，従来型の縦割りの専門学部制は大都市圏の大規模大学なら兎も角，特色ある教育を実現する上で有効であるか多少疑問を感じていた。地方の中小規模大学では，地域独自に求められる人材すなわち地域の社会経済の基盤を支える生産性の高い中間層の育成が必要とされているからである。

　札幌大学の改革は「定員割れ私大の改革の方向性を示す」という小見出しで2012（平成24）年6月25日の日本経済新聞で取り上げられた。記事の内容は以下のとおりである。

　　多くの大学は学部自治の名の下に学部が強い権限を持っている。大学が生き残りのために抜本的な改革を進めたくても，うまくいかない大学が少なくない。大学進学率が50％を超える状況下では，目的意識や学ぶ意欲が乏しい学生も増え，入学後の専攻とのミスマッチに戸惑う学生が目立つ。大学ガバナンスの面からも，学部・学科ごとの縦割り組織を堅持し，入学時に細分化された専攻を選ばせる今の制度はいずれ厳しくなるという指摘もある。ただ学部廃止といっても札幌大学の場合は現在の教員をそのまま引き継ぐ。入試も従来の学部縦割りを踏襲する専攻入試が中心で学群入試は募集の2割にも満たない。「地域共創学群だけでは，何を学べるのか，高校生にはわかりにくい。ブランド力が弱い大学が一気に変えることは難しい。徐々に学群入試の比率を高めていく」と説明するが，従来の枠組みを色濃く残したままではごった煮になるだけで，教育の質が向上する保証はない。一方で，参加メンバーを教員の1割程度に抑える学長主宰の学群会議などの導入などで，学内ガバナンスは強化される見通しである。

　以上が内容であるが，後段の部分は筆者と見解が異なる。特に「地域共創学群だけでは，何を学べるのか，高校生にはわかりにくい」とのことだが，これは共愛学園前橋国際大学の国際社会学部国際社会学科でも同様なことがあった。それの解決はコース制を前面に押し出した広報戦略だった。札幌大

学でも同様に，専攻入試という形で専攻を前面に出して何を学べるのか，高校生に分かり易くする努力はなされている。入学時のミスマッチは専攻の壁を低くして2年次になる時に転入できる仕組みを担保すれば解決できるのではないか。札幌大学の場合は当初から考えられていた専攻の改廃，新設などへの取り組みが必要となる。それは学長がポイントに挙げていた教学組織に求められる特性の一つ，可塑性の追及である。その点が達成できれば学生募集の面でも改革の成果が反映されるものと確信する。

　また，これを進める上でガバナンス改革を有効に機能させることがポイントである。それには第5章で述べた教員人事委員会のような役割を担う司令塔的な組織体が必要であると筆者は考えるが，学群会議あるいは教育研究協議会にその機能を持たせるのも一案である。

　長岡大学と共愛学園前橋国際大学の規模も小規模，前橋と長岡という地方小都市に位置している共通性があるが，地域と連携した教育の実践が大学にとってプラス方向に機能している。それを下支えしているのが文科省「地（知）の拠点整備事業（COC）」である。長岡大学に象徴されるようにこの補助金によって教育経費は潤沢となり，大学にとってはユニークな教育の実現を後押しし，その地域に期待される人材の輩出を助けている。他の大学でも大変参考になることである。

第8章

私立中学・高校再生のパラダイムシフト

　私立の中学高校は大学に比べて極めて厳しい環境下にある。中学・高校の人口減少は，大学にとっての2018年問題以前から既に始まっている。高校では中学からの進学率は98％強である。高校の公立私立の割合は大学の場合とは真逆で私立25％，公立75％である。学費の安い公立優先の市場である。

　そのような背景の下で，千葉県の2高校法人の民事再生事例がある。また生徒確保が厳しい状況下の都内の中学入試でパラダイムシフトがあった。ブランド力に乏しく，進学実績がほとんどない中学校が1年で志願者数，入学者数が前年比10倍となる奇跡を起こした。最後にその奇跡の事例にも迫る。

私立高等学校を取り巻く経営環境
(1)生徒数の推移

　2015（平成27）年度の全国の高等学校の生徒数は332万人で，ピーク時の1989（平成元）年度の564万人と比べて41％減少している。東京都では中学3年生の生徒数で比較すると15.7万（1986（昭和61）年度）から10.6万人（2015（平成27）年度）の32％減，千葉県では9.8万人（1986（昭和61）年度）から5.5万人（2015（平成27）年度）の44％減であり，この20数年間の生徒減は私立学校にとって深刻な状況になっている。中学校から高等学校への進学率は98.4％と高いため，生徒減がそのまま入学者数の減少に結びついており，学校経営の氷河期と呼ばれている。

　公立私立の割合を見ると，全国では高等学校数4,939校中，私立高等学校

は1,320校（その内中高一貫校　445校）で27％であり，学費の安い公立優先の市場となっている。首都圏での生徒収容状況で見ると，東京都が公立：私立4.5：5.5，千葉県が7：3となっている。多くの私立学校は，生徒確保に活路を見出すために中学校経営に進出し，学校独自の特色を持った中高一貫教育に力を注いできた。

　大学の学生数も高等学校に3年遅れで少子化の波は押し寄せてくるが，4年制大学進学率がこの20数年で40％から50％超に上昇し，少子化の中で4年制大学進学者数はむしろ増加してきたため，問題は学生数ではなく，質の低下が問題となってきた。

　(2)特色ある学校づくり

　中教審は一人一人の個性を生かした教育を軸に特色ある学校づくりの推進を提唱した。私立学校は従前よりまさに個性を生かした教育実践を行っており，生き残りをかけてさらに，他校との差別化を明確にして多様化した特色ある学校づくりに取り組んできた。その特色のキーワードとは，国際バカロレアなどグローバル教育（英語力および国際理解），スーパーサイエンスハイスクールなど理科教育（理数系教育の充実），ICT教育（コンピューター活用とコミュニケーション能力の開発），中高一貫，高大連携，進学実績の確保，選択授業，習熟度別授業，行き届いた生徒指導，進路指導，スポーツ活動，文化部活動の強化などこれらの特色ある教育を，多くの私立学校は建学の精神のもと実践するために，カリキュラム・学校行事などで工夫を凝らしている。

首都圏の私立中学の入試動向

　首都圏の私立中学入試状況はこの10年間募集定員は4.6万人程度を維持している。1991（平成3）年の受験者数5.1万人をピークに中学受験者数はバブル崩壊とともに1999（平成11）年まで一時減少の一途をたどった。2000（平成12）年度以降，公立校教育への不信感が追い風となり受験者数は回復し始め，2015（平成27）年度はバブル直前を上回る5.4万人となり私立中学受験は活気を帯びている。中学受験では一人平均5～6回の出願をするため，首都

圏の応募総数は2015（平成27）年度では27.6万人となった。この増加を助長した背景に公立の中高一貫校の登場を見逃せない。公立でも中高一貫教育を学力向上の柱とするならば，中学では中高一貫教育を選択するという傾向が高まり，中高一貫教育の選択は，高学費の私立学校でも子供への投資として魅力を増加させることになった。少子化にあっても応募総数は増加した。中高一貫校から入学する東大・京大合格者の比率を見ると，東京都が60〜70％に対して，千葉・埼玉では30〜40％である。これは，中高一貫校の優位性で，東京では私立学校が高く評価されているが，千葉・埼玉では私立学校志向より，地域の公立志向が高い現状を示している。

中高一貫付属校（併設校・系列校などの関係を含めて付属校と呼ぶ）の進学状況を分析すると，①偏差値および内部進学率がともに高い学校は他大学志向をとらないブランド力の強い小中高大の接続教育が実現できている。②偏差値および内部進学率共に低い場合は，接続の視点からすれば大学側の重荷になっている学校である。③付属からの内部進学率は低いが偏差値が高い学校の場合は他大学進学実績で評価を得ている。

高校法人の財政課題

高校法人は他の法人に比べると，平均人件費比率及び平均人件費依存率がそれぞれ62.2％と118.2％と異常に高く，特に人件費依存率が100％を超えていることは，学納金で人件費を賄えていないことを表しており，今後の補助金削減への対応策が必要である。ここで帰属収入に補助金の占める割合は中学では25％前後，高校でも30％前後で大学の場合と比較して占める割合が大きい。さらに1989（平成元）年と比較すると，人件費比率が7.2ポイント，人件費依存率が15.2ポイントも上昇した高止まりの状態であるため，人件費の構造改革が必要である。高校法人の財政規模は，大学・短大法人に比べれば一般的に小さく，財政が変化しだすとそのスピードは速く，早めの対策が必要である。

少子化が私立中学高校に与えた影響は生徒数の減少であり，1校当たりの生徒数の減少が顕著である。1校当たりの生徒数を1992（平成4）年度と

2015（平成27）年度と比較するとほぼ全ての都道府県で減少している。同様に1校当たりの教職員数も殆どの都道府県で減少している。しかし生徒数の減少幅と比較して，教職員数の減少幅が小さいために教職員1人当たりの生徒数は殆どの都道府県で減少している。

　生徒数が減少すれば，学納金収入が減少する。学納金収入は帰属収入の構成比率上過半を占めているため，学納金収入の減少は帰属収入に大きな影響を与える。消費支出の最大の割合を占めているのは人件費であるため，消費支出の削減を考える場合，人件費の削減が大きな課題となる。一方，帰属収支差額比率は1995（平成7）年度から下降傾向を示し，この比率がマイナスになる場合は著しく経営が窮迫していることを意味する。1992（平成4）年度から2015（平成17）年度にかけて，帰属収支差額比率がマイナスの高校法人が急激に増加し，最近は全体の37％に及んでいる。

　今後将来的には校舎など施設設備の建替え，リニューアル等の課題がある。公立高校の場合，校舎が老朽化すれば必要に応じて公的資金が導入され建て替えが行なわれる。しかし私立高校の場合は，自ら蓄積した資金がなければ建て替えは不可能であり，借入金によったとしても，いずれ自らの資金で返済をしなくてはならない。

　また，最新式の校舎が必要であれば，さらにその分も上乗せして資金手当てをしなくてはならない。一部施設関係の補助を受けられる場合もあるが，基本的には経常的経費に対する補助はあっても，臨時的・資産的費用に対する補助がないのが私立学校である。

　大学法人等規模の大きい法人の場合は，特定の学校の分として用意した資金を別の学校の建替えに流用するなど，資金の遣り繰りが可能となることもあるが，一般に規模の小さい高校法人の場合は建替え即全面建替えとなるケースもあり，建替え前は金融資産の割合が高く健全財政法人であったものが，一気に財政悪化法人に転落するケースもある。

　学校法人の運営に当たっては，人件費や教育研究経費のほか，施設・設備維持の為に支出が必ず生じる。それは単に修繕のための費用ということではなく，耐用年数を経過した施設・設備の取替えも含まれるし，また社会環境

の変化に応じて新たに必要となる施設・設備購入のための支出も含まれる。しかし，施設等に係る支出は毎年度生じるものではないため，必要に迫られるまで考慮されないことがある。そのような場合施設等の取得は，その財源の大部分を借入金に求めることとなり，利払いの負担が上積みされて，財政悪化の悪循環に陥ることになる。

　1989（平成元）年度までの高校法人の基本金組入れ額は私学事業団の調査によると20％前後であった。現在の比率に比べれば高めの比率だが，この時期間近に迫った生徒減少期に備え，建替えを必要とする建物は建替え，返済することのできる借入金は返済してしまうという学校法人が少なくなかったことが影響している。また少人数教育といった公立学校が打ち出している諸施策も，消費支出比率が80％未満の状態であれば，私立学校であってもある程度対応が可能と考えられるが，そのような学校の数は急速に減少しており（1989（平成元）年度41.1％→2013（平成25）年度5.5％），大方の学校は経費を伴う教育改革は不可能になりつつあり，憂慮される事態である。

人件費に配慮した教員人事

　2015（平成27）年度は全国の私立高校全体（1285校）の71.4％の学校（918校）で定員割れ状態であり，生徒数が減少すれば，学納金収入が減少し，学納金収入がその過半を占めている帰属収入も減少する。収支をバランスさせるためには消費支出の最大の割合を占めているのは人件費であるため，消費支出の削減を考える場合，人件費の削減が最も大きな課題となる。人件費ではその多くは教員の人件費であり，大きく影響するのは教員数である。しかし，生徒数は減少しても，それに比例して教員の数を減らすことは専任教員の範疇だけで考えるとそれほど容易な話ではない。

　私学事業団は10年ほど前に全日制の高等学校817校を対象に私立高等学校の経営改革を進めるために調査を行い，その報告がなされた。その中から人件費に関連する内容をみよう。但し，これは10年前のアンケートで，現在の高校の財政状況はより厳しく，報告内容もその点を踏まえて捉える必要がある。

「専任教員数の削減をこれまでに実施したことの有無」については，「有る」が38.4％で，「無い」が57.8％であった。10年前は6割近くの高校が専任教員数の削減をしたことがなかった。

　「専任教員数の削減について実施した取組み」については，新規採用の抑制が74.2％，専任教員から非常勤教員への移行が31.2％，専任教員の担当科目の増加が17.5％（異種免許取得に対し助成し，本免許以外の授業を担当してもらう，複数の教科を兼務），任期制の導入が15.9％，定年の引き下げが12.4％，その他では，早期退職制度，教員から職員への移行などがあった。専任教員から非常勤教員への移行では定年退職者の補充を非常勤教員にて対応，定年退職者を非常勤教員として採用，専門科目，部活動等の一部を非常勤教員へ移行などである。新規採用の抑制は定年退職者の補充をしないということであった。

　任期制を導入したことにより，即戦力の教員を補填でき，専任教員に緊張感がもてるようになったとの意見もあった。定年の引き下げは経過措置を取りながら定年を引き下げ，給与の高い教員の雇用期間を短くすることのねらいがあったようである。

　効果があった取り組みについては新規採用の抑制が24.8％，それに続いて専任教員から非常勤教員への移行が11.1％の回答であった。専任教員の担当科目の増加については4.1％で最も少なかった。

　さらに専任教員の給与の抑制に関しては賞与の抑制が79.1％，給与表の見直しが42.8％，諸手当の抑制が42.4％，定期昇給の抑制が37.8％で，退職金の抑制は11.9％の回答であった。最も効果のあった取り組みとしては賞与の抑制が33.2％，給与表の見直しが15.8％で，定期昇給の抑制は11.4％の回答であった。

　定年年齢では教員では60歳が55％，65歳が28％，職員では各々57％と26％で，過半の学校では教員，職員とも60歳定年であった。専任教員の早期退職者に対する割増制度については64.6％，教員の人事考課制度についても76.4％が実施していないとのことであった。

ここで参考のために中学校及び高等学校の設置基準上の教諭数についてふれておく。

中学校及び高等学校の設置基準による教諭数について

　中学校に置く教諭等（主幹教諭，指導教諭及び教諭）の数は，1学級当たり一人以上とする。教諭等は特別の事情があり，かつ教育上支障が無い場合は校長，副校長，若しくは教頭が兼ね，または助教諭若しくは講師をもって代えることができる。中学校に置く教諭等は教育上必要と認められる場合は，他の学校の教諭等と兼ねることができる。（中学校設置基準第6条）

　高等学校に置く副校長及び教頭の数は当該高等学校に置く全日制の課程又は定時制の課程ごとに一人以上とし，教諭等（主幹教諭，指導教諭及び教諭）の数は当該高等学校の収容定員を40で除して得た以上で，かつ教育上支障がないものとする。教諭等は特別の事情があり，かつ教育上支障がない場合は助教諭又は講師をもって代えることができる。高等学校に置く教諭等は教育上必要と認められる場合は，他の学校の教諭等と兼ねることができる。（高等学校設置基準第8条）

　なお養護教諭等は相当数を置くよう努めなければないと別に定めている。

中学・高校の教諭数は，この設置基準からは必ずしも多くの数を定めているとは思われない。全国レベルでは一つの目安として1クラス当り2人の教諭が実情のようであり，公立では2人以上の体制へ移りつつある。

中学高校では非専任教員では一般に非常勤講師が中心であるが，芝浦工大の併設校では2001（平成13）年度から任期制の特別任用教諭（略称：特任教諭）を制度化した。その詳細は以下の規定を参考にして頂きたい。

特別任用教諭規定

（目的）

　第1条　この規定は学校法人芝浦工業大学の中学校及び高等学校の教育内容を充実するために採用する特別任用教諭について必要な事項を定める

ことを目的とする。
（資格）
　第2条　特任教諭とは，本学の中学校及び高等学校の教育上もしくは学校運営上，特に必要とする者で，職務の内容や給与等の適用について格別の取り扱いをもって任期を定めて採用する者をいう。
　2．特任教諭は，本学以外に本務先を持つことはできない。
　3．特任教諭となることができる者は，採用する年度の4月1日において満65歳未満である者とする。（手続）
　第3条　特任教諭の任用手続は，学校長が推薦し，理事長のもとに設置する委員会の議を経て理事長が任命する。
（任用期間）
　第4条　特任教諭の任用期間は，1年以内とし，更新は，2回を限度とする。
（職務等）
　第5条　特任教諭が担当する職務は，原則として中学校及び高等学校の授業，その他専任教諭に準ずる業務とする。
　2．特任教諭の担当する授業等の時間数は，週14時間以上とする。
　3．特任教諭の労働時間等雇用条件については，理事長と特任教諭がとりかわす契約により定める。
（給与）
　第6条　特任教諭の給与は本法人が命じる職務内容等により決定する年俸とし，この年俸の12分の1を月額本俸として毎月支給する。
　2．通勤手当は，実費支給を原則とし，通勤手当支給規程により支給する。
　第7条～第12条　略

　東京都と千葉県にある芝浦工大の二つの併設中学校高等学校では，この特任教諭は制度化してほぼ10年を経過したが，各学校10名前後の特任教諭が雇用されている。年齢的には20歳代後半から30歳代前半ぐらいが中心で，勤務

内容は担任を持たない（副担任は担当）以外，専任教諭とほぼ同等である。その他クラブ活動顧問は一つだけ担当している。規程に定められているように更新は2回まで，最長3年間の勤務までである。待遇は教員免許状取得年度後の経過年数と週当たり担当授業時間数で定まる。なお3年の雇用期間終了後は，芝浦工大の併設校や他校の専任講師，他校の常勤講師，非常勤講師へと異動する。芝浦工大ではこの特別任用教諭制度は定着したと考えている。今後は専任教諭に限定せず，このような柔軟な教員制度の活用が一つの選択肢としてある。

　別の考え方であるが，生徒数が減少している中では中長期的には学校全体の定員数の削減も視野に入れることも必要ではないか。その過程で定年となる教諭数の推移を見比べながら，新規採用教員の抑制をしつつ，学校全体のダウンサイズを実現するのも別な選択肢としてある。

千葉県の私立高校経営破綻，特待生制度響く　負債5億円超す

　私立高校の生徒数は1992（平成4）年度の約152万から2015（平成27）年度は約104万人に減った。各校は進学実績などの特色づくりにしのぎを削るが，特に地方では破綻の危機が現実のものになっている。

　平成に入ってから高校を主力に経営する5つの学校法人が倒産した。このうち，千葉県鴨川市の私立高校（生徒数約160人）では，2012（平成24）年当時，5億数千万円の負債を抱えて経営破綻状態に陥っていた。同校は1929（昭和4）年創立。2005（平成17）年に当時の経営陣になった。不登校児を受け入れる一方，東京都内の有名私立大合格者も出したが，生徒数は伸びなかった。最盛期の1980年代に1,200人いた生徒数は，160人まで落ち込んだ。進学実績をあげようと授業料免除の特待生を全校生徒の2割まで抱え込み，さらに人件費のかさむ予備校の教員を受け入れたために収支が悪化した。職員給与の未払いも明るみに出た。約50人の教職員への給与未払いは2012（平成24）年6月からストップ。その後，1.5か月分の給与が支払われたが，再び未払いが続いた。

　また職員からの「預り金」として計上している社会保険料や税金を滞納し

ていることがわかった。未納額が少なくとも6千万円に達する見込みだが，経営悪化を受けて監査を強化していた千葉県も気づかなかった。職員の年金や社会保険料などの預り金は会計上，学校の運営費とは明確に区別して管理する必要がある。しかし同校では区別されず，赤字が続く中で学校の運転資金に回されていた。滞納していたのは，年金のほか，医療や介護，雇用の社会保険の掛け金や拠出金などであった。退職金の積立金と合わせ，未納の総額は少なくとも6千万円。国の所得税や市民県民税も700万円を超える滞納が起きていた。

　民間の信用機関によると，2008（平成20）〜2010（平成22）年度は年間7千万円の赤字で負債総額は5億数千万円。社会保険料や税金の滞納，給与の遅配などで未払い金も約2億円に達しているとの状態であった。教職員の一部は給与支払いを求め千葉労働局に申し立てた。

　もともと公立志向の強い地域で，学校関係者によると，公立高の授業料が原則として無償化された10年以降，私立離れが一気に進んだようである。

千葉県の積極的対応，学校法人に特別検査実施

　監督官庁の千葉県は，通常は5年に1回程度，私立学校の財務状況などを監査している。経営悪化を受けて同校には毎年監査をしてきたが，給与未払いが発覚したその年の夏の監査まで，社会保険料の未納は気づかなかったようである。退職金の積立先になっている県私学教育振興財団によると，1か月でも未納があると退職金は一切支払われない。

　千葉県は経営陣の刷新を要求，翌年度の生徒募集の凍結を指導し，その学校を経営する学校法人に決算書類も作成させ，12月に予定していた教員給与などに充てられる運営費補助金約4,100万円の交付を凍結する異例の措置に踏み切った。千葉県は，教員給与などに向けた運営費補助金の凍結解除の条件として，学校側に未払いの社会保険料や税金の完済を求めた。

　千葉県によると，在校生のいる私立高校が経営破綻するのは極めて珍しいという。千葉県は「不明朗な決算を明らかにし，税金や社会保険料を支払わなければ補助金は出さない。学校側と支援者の協議を見守る」とした。学園

の理事長は「職員増員など子供たちのための手立てが経営悪化につながってしまった。経営能力が欠けており，経営が杜撰だったと認めざるを得ない」「生徒や関係者に申し訳ない。経営再建のために内部改革を進めたい」としている。

千葉県学事課は2013（平成25）年度から，所管する学校法人から毎年6月，財務計算書類の提出を受け，書類の精査を始めた。財務比率から，①総負債比率が30％を超えている，②流動比率が100％に達していない，③帰属収支差額が2期連続してマイナスである，これらの内，2項目以上該当した法人には特別審査を実施した。この特別審査は2013（平成25）年度で23法人，2014（平成26）年度で8法人を対象に行った。このような監視強化は，鴨川市の学校を運営する学校法人が2012（平成24）年に経営難に陥り，2013（平成25）年に民事再生法の適用を受けたのが契機となった。監視強化は，県側が経営の実情を把握する一方，法人側は，経営難の兆候が表面化する前に，経営改善計画を提出することで，財務健全化を図ることが出来る効果が期待されている。

存続へ，横浜市の法人が引き継ぐ

同校を経営する学校法人は2013（平成25）年2月に東京地裁に民事再生法の適用を申請し，同日保全命令を受けた。同校に対し，横浜市の学校法人が翌日，再建を目指して経営を引き継ぐ方針を千葉県に伝えた。学校を存続させる意向を示し，千葉県は凍結していた新年度入試の実施を認めた。支援を名乗り出た横浜市の学校法人は通信制の大学や高校のほか，経理や医療系の専門学校を運営している。同校を経営する学校法人は横浜市の法人から理事の受け入れを決め，理事長など経営陣が入れ替わった。千葉県学事課によると，横浜市の法人側は，高校を存続させたうえで，約6億円の債務を返済させるとの計画を示し，千葉県も大筋で了承した。

苦しい私学，補助金頼み

一部の学校は経営が限界に近づいている。少子化で私立高校に通う生徒数

は減ったが，学校数は横ばいのままである。多くの学校は行政の補助金で息をついでいる。全国の私立高校に通う生徒数は，2015（平成27）年度は1992（平成4）年度の3分の2の約104万人。一方私立高校の数は1,320校で，20年前とほぼ同じ。各地で統廃合が進み，この10年で1割以上減った公立校とは対照的である。その結果，私立高校では「定員割れ」が慢性化している。私学事業団の調べでは，全国の私立高校のうち生徒数が学則で定めた定員の半数を割り込んでいる学校は11.5％にのぼる。そんな私立学校を下支えするのが補助金である。

　文科省によると，各都道府県が私立高校の運営費に出す補助金額は，生徒一人当たり全国平均で322,939円。この10年で1人当たり約2万円増えた。東京都内のある私立高校は，都の補助金が年収の3割強を占め，補助金が減ると，学校経営にかなりの痛手である。補助金額は生徒数や教員数，学級数などで決まる。経営難の学校が「少人数指導」として学級数を増やし，補助金の増額を求めることもある。実際には，学級増に見合うほど教員を増やさなかったり，給与の安い非常勤教員を充てたりして支出を抑えるという。高校無償化によって，私立高校の生徒にも，1人当たり約12万円近い就学支援金（尚，所得制限があり，年間所得910万円以上は支援の対象外）が支払われるが，原則無料の公立の魅力は強く，生徒募集が難しいとの声もある。

地方で経営破綻など続出，千葉でもまた

　静岡県と和歌山県で高校を運営していた学校法人（静岡県菊川市）も12億7千万円の負債を抱え，2011（平成23）年に静岡地裁に民事再生手続きを申し立てた。少子化に加え，全寮制で年間約120万円かかる学費・寮費が負担となり生徒数が減少し，2012（平成24）年度からは通学制も導入した。地元企業の支援を受けながら，中学校で不登校を経験した生徒を積極的に受け入れ，企業と連携して生徒の就職先や研修先を確保。現在は手続き申し立て前の約3倍の生徒が集まり，2013（平成25）年夏には民事再生手続きを終了した。全寮制時代は県外出身の生徒ばかりだったが，通学制にして地元から集まるようになった。私学も地域密着型の学校経営でなければ成り立たなくな

っている好例である。

　千葉県君津市の中学・高校を経営する学校法人は2014（平成26）年5月，経営再建のため東京地裁に民事再生法の適用を申請したと発表した。負債総額は約30億円。授業など学校の存続には影響はないとしている。同校は1992（平成4）年4月に開校した。しかし経営が悪化し，2010（平成22）年に前理事長を含む経営陣が総退陣して現体制に刷新された。その後，再建策として①大学合格実績の向上，②部活動の活性化，③明るい校風の実現，などに取り組み，高校の新入生は3年前の85人から今年は170人に増加。中高を合わせた生徒数は3年前の419人から572人に増えた。この結果，収入は2012（平成24）年度の約4.5億円から2014（平成26）年度は約6億円となる見込みで，単年度のキャッシュフロー（現金収支）も2010（平成22）年度は約2100万円のマイナスだったが，2013（平成25）年度は約6千万円の黒字に改善した。

　しかし開校時に学校施設建設費として約25億円を長期借入金で調達したが，元金が現在も約16億円残っている。その上に年14.5〜15.0％の遅延損害金が生じているため，これらが返済額を上回り，長期負債は総額30億円に膨らんでいた。そのため，民事再生の手続に入ることにした。債権者には申請前に報告し，長期債務の大幅な圧縮をお願い，民事再生手続きが始まり，5ヶ月間で再建計画を策定する予定。保護者，生徒には現状を説明した。理事長は「長期借入金の支払いを除けば経営は安定している。生徒数が増えているので，職員の数を増やさなければならない状態」としたうえで「授業など学校運営には支障はない」と話している。

　この民事再生申請に，千葉県学事課は「財務体質の強化が狙いで，前向きの選択」との見方を示した。2013（平成25）年2月の鴨川市の高校に次ぎ県内では2例目だが，経営が破綻していた鴨川市の高校とは状況が違うとした。千葉県学事課は2013（平成25）年9月，当該中高に特別検査を実施，前経営陣から引き継いだ負債を問題点として指摘し，経営改善計画の策定を求めていた。千葉県は今後も，民事再生手続きを進行中の2校に対しては，半期に1回程度の進捗管理を行い，様子を見守るとのことである。

奇跡が起こった，入学者22名から223名へ急増（三田国際学園中学校・高等学校）

　東京の世田谷区用賀にある戸板中学校，戸板女子高等学校は，2015（平成27）年度4月から大胆な教育改革に舵を切り，共学化し，「三田国際学園」へ校名変更を行い，大成功を成し遂げた。それは2015（平成27）年度の中学校の志願者数（2,118名），入学者数（223名）において対前年比の約10倍の急激な増加の実現であった。2014（平成26）年度までは，いわゆる女子校で東京都にあっても大変苦戦している学校であった。中学校の入学者数は入学定員160名に対し，2013（平成25）年度は25名，2014（平成26）年度は22名であった。中学校の収容定員480名に対し，2014（平成26）年5月1日現在の生徒数は100名で充足率は2割強であった。高校は収容定員564名に対し，同日現在の生徒数は217名で，中学高校全体の収容定員に対する生徒数の割合は約3割の危機的な状況であった。その結果，学校を経営している学校法人戸板学園の経営状態は，瀕死の状態であった。

　従来の私立の中学高校の生徒募集は，多くはその学校の進学実績に基づく偏差値，さらにブランド力に依拠しているようで，それが生徒募集に反映され，入学者数の増減となって現れているのが実情のようである。戸板中学校，高校と同様に多くの女子校は入学者数の定員確保に必死な状況で，しかし定員充足は厳しい状況下にある。私立の中学高校では，いわゆる出口である進学実績をあげると，それが入口の中学あるいは高校の生徒募集に好影響をもたらすということが従前の考えである。したがって教育改革を行っても，その効果は3年もしくは6年後にしか現れず，前節で述べた現下の厳しい経営環境下では，それまでに息切れする学校は少なくない。勿論，従来そのような道を歩んでブランド校になった私立の中学校，高等学校もあることも事実である。筆者はその点を考えると，三田国際学園中学高校の躍進は大変評価に値する事例である。

　学校法人戸板学園の事業活動報告書によれば，戸板中学校，戸板女子高等学校では，教育骨子の抜本的な見直しを行い，社会のグローバル化に対応できる21世紀型教育をすべく多岐にわたる教育改革を実践した。この教育改革

の全体方針に則り2015（平成27）年度より共学化を決定し，「三田国際学園」への校名を変更し，以下の具体策に取り組んだ。

新たな教育目標は「知的好奇心が刺激されて考えること自体が楽しくなる教育の中で，学びの姿勢が活発になり，自由に発想していくことの大切さを知り，その積み重ねが，目標達成や成長に繋がることを学ぶ生徒を育成する」ことである。別な表現をすれば三田国際の生徒と言えば，「積極性，発想力，プレゼン力が語学力と共にすぐにイメージできるような生徒」を育成する。

（1）学園教育実現のため，各教科との連携を図り，授業方針やスタイルに統一性を持たせ，学園教育の意図が明確に生徒や保護者に伝わっていくように作り上げていく。魅力的な授業づくりを完成させていき，結果として授業の信頼度をさらにあげていく。それを実現するために

①思考力，自由な発想力を重視する「相互通行型授業」の深化

「受け身の教育から脱却」し，PBL等のアクティブ・ラーニングで，思考力，自由な発想力を育成する。

②教員研修

春期・夏期・冬期教員研修では，「トリガー・クニスチョン」→「テーマ」→「情報収集」→「解決」→「レポート」→「プレゼンテーション」を基本とする相互通行型授業の指導法研究を行い，模擬授業を通じて21世紀型教員としての研鑽を積むと同時に，各教科で応用可能な授業に学校を挙げて取り組む。

③ICTテクノロジーに対する親和性の育成

2014（平成26）年度中学1年生，高校1年生から1人1台タブレット端末を持ち，「相互通行型授業」に活用し，ICTテクノロジーに対する親和性を高めることに努める。

（2）三田国際としての広報は2015（平成27）年度募集に向けて，学校価値を上げていくこと，「三田国際で学べば，わが子が伸びる，将来につながる」と思ってもらえる取り組みを伝えて，ブランディングを成功させる。

①育成する生徒像の明確化

21世紀のグローバル社会で活躍できる人材育成を目指す

・「Contribution〈貢献〉」という学びの姿勢の共有。自分自身で考え，自分の意見を表明することこそが，クラス全体の学びに〈貢献〉でき，それによって世界に羽ばたいていくための学園の文化が形作られていくという学びの姿勢を共有する。

②受験マーケットの価値観の変化

受験生を持つ現在の親世代が求める学校教育が，従来の学校選択基準とは違う視点に立っていることを共有する。

③高校1年生3コース制の実施

2014（平成26）年度の高校1年生では，本科コース，スーパーイングリッシュコース（SEC），スーパーサイエンスコース（SCC）が導入され，それぞれの特色に応じた教育を実践した。

④中学インターナショナルクラスの設置

これからの教育に求められる，コミュニケーションツールの英語を使いこなし，異文化を理解する豊かな感性，多様性を受け容れる姿勢を育成するため，中学インターナショナルクラスを設置する。

以上が奇跡への道程であった。

三田国際学園の大胆な学校改革は他の学校でも実績を挙げられた学園長のリーダーシップに依るところが大きい。学園が将来育成する人材像を描き，募集の対象とする層のターゲットを定め，新たな21世紀型教育を訴えていく手法は多くの父母に訴えることに成功した。

三田国際中学校・高等学校を経営している学校法人戸板学園の経営状況に多少触れておく。法人の経営状態は帰属収入は2013（平成25）年度に比較して2014（平成26）年度は4.4億円の増収であったが，未だに帰属収支差額比率は2014（平成26）年度時点でマイナスという赤字経営，累積赤字も相当な額に達し，学園は財政的には未だ危機的状態にある。

学校法人戸板学園は三田国際のほかに戸板女子短期大学を擁している。この短期大学は服飾芸術科，国際コミュニケーション学科，食物栄養科の3学

科構成であるが，2014（平成26）年度は収容定員を充足していなかったが，2015（平成27）年度は収容定員を充足した。さらに三田国際学園の中学高校は2015（平成27）年度で入学定員を充足し，学年進行とともに中学・高校の収容定員を充足することは時間の問題である。従って，1，2年後には法人全体が単年度黒字経営になることは間違いない。あとはその状態を維持して時間をかけて累積を解消することである。学園の再生はうっすらと見えてきたと筆者は感じた。

参考文献

1． 青木生子著「女子大あれこれ」IDE 現代の高等教育　No.413　1999年
2． 赤岡功，筒井清子，長坂寛，山岡熙子，渡辺峻共著　「男女共同参画と女性労働」ミネルヴァ書房　2000年
3． 飯野正子著「女子大学のこれから」大学時報　No.334　2010年
4． 池井優著「女子学生興国論」中公文庫　1996年
5． 石渡朝男著「私学の財政と経営戦略」法友社　2005年
6． 石渡朝男著「実務者のための私学経営入門」法友社　2008年
7． 岩田雅明著「地方・小規模大学の生き残り戦略」私学経営 No.406，2008年
8． 大江淳良著「非常勤教員と大学経営」IDE 現代の高等教育　No.381，1996年
9． 大森昭生著　「共愛学園前橋国際大学の草創期における大学づくり　〜共に活き，共に生かされる大学を目指して〜」「共愛の教育」創刊号　2004年
10． 大森昭生著「「学生の成長」という成果の可視化の重要性」 Between 2015年4－5月号
11． 岡本史紀著「私学の再生経営」成文堂　2013年
12． 岡本史紀著「続私学の再生経営（第1回）「私学経営と定員充足問題」」私学経営 No.462，2013年
13． 岡本史紀著「続私学の再生経営（第2回）「経営健全化のための教員人事政策」」私学経営　No.463，2013年
14． 岡本史紀著「続私学の再生経営（第3回）「経営改善のための教学諸施策」」 私学経営　No.464，2013年
15． 岡本史紀著「続私学の再生経営（第4回）「再生への出発，『繕い』から『創造』へ」」私学経営　No.468，2014年
16． 岡本史紀著「続私学の再生経営（第5回）「女子大の低迷はなぜ，その

再生は」」(上) 私学経営　No.472, 2014年
17. 岡本史紀著「続私学の再生経営（第6回）「女子大の低迷はなぜ，その再生は」」(下) 私学経営　No.473, 2014年
18. 岡本史紀著「財政の健全化と教員人事に関わる諸政策」私学経営 No.480, 2015年
19. 小國隆輔著「労働契約法改正のポイントと私学の対応」法友社　2012年
20. 喜多村和之著「現代大学の変革と政策」　玉川大学出版部　2001年
21. 喜多村和之著「アメリカ合衆国における高等教育機関の新設，統廃合，吸収・合併について」株式会社住信基礎研究所「STB Research Institute」1999年8月
22. 黒木比呂志，瀬戸友子共著「芝浦工業大学の21世紀戦略」日経BP企画　2003年
23. 桑原真人著「札幌大学の学部再編」IDE 現代の高等教育　No.550, 2013年
24. 桑原真人著「札幌大学の組織改革」IDE 現代の高等教育　No.578, 2016年
25. 小杉礼子著「女子学生と労働市場」IDE 現代の高等教育 No.334, 1992年
26. 小林　浩著「2020年を展望する」リクルートカレッジマネジメント175, Jul.-Aug. 2012
27. 佐伯弘治編「日本私立大学連盟50年史」成文堂　2003年
28. 早乙女徹著「芝浦工業大における人件費構造改革のその後」私学経営 No.409, 2009年
29. 篠田道夫著「大学戦略経営論」東信堂　2010年
30. 橘木俊詔著「女性と学歴」　勁草書房　2011年
31. 寺裏誠司著「加速する，都市部へのキャンパス再配置」リクルートカレッジマネジメント195, Nov.-Dec. 2015
32. 長野了法著「人件費枠の設定（Full-Time Equivalent）―龍谷大学財政基本計画より―」私学経営 No.353, 2004年

33. 野中郁江，山口不二夫，梅田守彦共著「私立大学の財政分析が出来る本」大月書店　2001年
34. 野田一夫著「大学経営者の立場から見た非常勤教員問題」IDE 現代の高等教育　No.381，1996年
35. 原　陽一郎著「いま，なぜ大学改革か・・・21世紀の新しい大学像は」長岡大学ブックレット⑰　長岡大学（2009年）
36. 原　陽一郎著「個性が輝く大学を目指して・・・・崖っぷちからの脱出大作戦」私学経営 No.421，2010年
37. 朴澤泰男著「大学進学率の地域格差の変化と課題」大学時報　第365号，2015年
38. 松本源太郎著「生き残りから再生への大学改革―札幌大学の悪戦苦闘―」大学マネジメント　Vol.9, No.6，2013年
39. 丸山文裕著「私立大学の経営と教育」　東信堂　2002年
40. 山田玲良著「全学1学群化と総合的教養教育の推進―札幌大学の取組み―」私学経営　No.468，2014年
41. 李　尚波著「女子大学生の就職意識と行動」　御茶の水書房　2006年
42. 学校法人芝浦工業大学編「芝浦工業大学の歩み」1927～2011　2012年
43. 河合塾編著「「深い学び」につながるアクティブラーニング―全国大学の学科調査報告とカリキュラム設計の課題」発行　東信堂　2013年
44. 「京都橘大学　意思決定スピードが改革成功を生む」リクルートカレッジマネジメント　179　Mar.－Apr. 2013年
45. 「共愛学園前橋国際大学　グローカル人材の育成と地方・小規模・新設大学の革新」カレッジマネジメント191，Mar.-Apr. 2015
46. 「札幌大学　組織の一元化による教育の可塑的な提供の実現」カレッジマネジメント192，May-Jun. 2015
47. 社団法人日本私立大学連盟「私立大学の経営と財政」開成出版　1999年
48. 「特集　都市部を目指す大学「活発化するキャンパス再配置と拡大戦略」」リクルートカレッジマネジメント163，Jul.－Aug. 2010
49. 日本女子大学女子教育研究所編「女子大学論」ドメス出版　1995年

50. 日本私立大学連盟経営委員会「学校法人の経営困難回避策とクライシス・マネジメント（最終報告）」2002（平成14）年3月
51. 日本私立学校振興・共済事業団「私立高等学校の経営1「財務の見方と改革の事例」」私学経営情報　第18号　平成13年10月
52. 日本私立学校振興・共済事業団「私立高等学校の経営改革を進めるために「いま知り，明日に備える」」私学経営情報　第23号　平成19年2月
53. 日本私立学校振興・共済事業団　学校法人活性化・再生研究会「私立学校の経営革新と経営困難への対応」最終報告　2007（平成19）年8月
54. 「2015年度版私立大学『大学・学部単位』10年間の志願者動向データ集」株式会社大学ソリューション・パートナーズ　2015年
55. NPO法人オンデマンド授業流通フォーラム大学イノベーション研究会「地域に愛される大学の進め」株式会社三省堂　2011年

おわりに

　本書を通して私立大学を様々な角度から検討してきたが，新たに見えてきたことがある。

　先ず，少子化問題であるが，18歳人口減少は少なくとも18年前には明らかになっていることである。多分，一般の企業であれば既に手を打っているはずである。少子化が進行しても，一方では大学進学率が時代と共に上昇してきた為に，それへの更なる期待もあって希望的観測に依存していたのが実情であろう。間近に迫らなければ真剣に考えられない大学という組織体に問題があるのではないだろうか。

　動物の世界の話では，どんな生き物が最後に生き残るか。マンモスのような力の強い生き物ではない，頭の良い生き物でもない。ダーウインは，「最後に生き残るのは変化に対応できる生き物である」と答えている。私立大学など組織体でも同じで，環境の変化に適合できる大学こそ最後まで生き残れる。ここでの環境の変化とは社会状況の変化である。

　私立大学をどのようにして環境に適応できる大学へ変えるか，それを実現するためには，理事長・学長などのガバナンス体制の確立と強いリーダーシップが要求される。

　経営の安定という点では，収入増と支出減がポイントであり，収入増策としては安定的な学生確保が第一であることは言うまでもない。安定的な学生確保には社会の変化に対応した（もしくは時代を先取りする）教育の実現と出口（就職）確保が必要である。そのためには大学が環境の変化に如何に対応できるかが鍵である。第7章にその事例を紹介したように，従来の学科の枠組みではないコース制の導入も一つの方法である。さらに従来の教育組織＝教員組織ではない新しい考え方である，教育組織（学生組織）と研究組織（教員組織）という二重組織の考え方も一案である。社会の変化が急激なため，従来の大学の終身雇用型の教員組織では社会が必要とする教育の実現は難しい。変化を伴う教育内容への柔軟な対応と教員の身分保障を切り離して考えることが一つの解決策ではないか。

次に支出減策としては，支出の過半（50％〜60％）を占める人件費，中でも教員人件費の適正化が主な課題である。安定的な学生確保が容易でない時代には第5章で述べたように学納金収入，あるいは帰属収入から人件費の規模を定めるのも一つの考え方である。人件費比率が比較的に高いのは，教職員の給与水準が高いか，設置基準からの必要教員数に比べて，多くの教員数を擁しているか，もしくは教員の平均年齢がかなり高いことが多くの場合の主因である。人件費の適正化は短期的な解決は困難であろうが確実に一歩一歩改善する方向に対処することが必要である。時間を要する課題である。

　21世紀になって私立大学は予想をはるかに超える動きや展開があった。本書では私立大学で起こっていることの多分一部分しか語ることができていない。1986（昭和61）年以降，危惧されていた大学倒産の時代がいよいよ現実味を帯びてきた。私立大学は，今後も未知なる方向に向かって進んでいくであろう。この書が多くの読者諸兄に私立大学の動きを理解する一助となれば幸いである。

岡本史紀　経歴

1968年3月　早稲田大学理工学部機械工学科卒業
1983年2月　工学博士（東京工業大学）
1983年4月　芝浦工業大学助教授
1985年4月～1986年3月　ロンドン大学インペリアルカレッジ客員教授
1989年6月　芝浦工業大学教授
1996年12月～2008年12月，2009年4月～2011年3月　学校法人　芝浦工業大学評議員
2000年6月～2006年6月　学校法人　芝浦工業大学常務理事（学務担当）
2006年6月～2009年6月　学校法人　芝浦工業大学常務理事（財務担当）
2009年4月～2011年3月　芝浦工業大学デザイン工学部長
2011年3月　芝浦工業大学定年退職
2011年4月～2012年3月　芝浦工業大学　学長室シニア教授
2011年6月　芝浦工業大学名誉教授

著書
⑴　『工学基礎　流体力学』森北出版　1995年
⑵　『電子機器冷却設計ハンドブック』（４．１流体を担当）日本機械学会　1995年
⑶　『熱流体フォーラムシリーズ①～⑥』日刊工業新聞社　1996年
⑷　『MOT イノベーション―進化する経営―』森北出版　2004年
⑸　『私学の再生経営―――私立大学破綻からの再生――』成文堂　2013年

私立大学に何がおこっているのか
── 「成長」を超えた「発展」か、忍び寄る「破綻」か ──

2016年7月1日　初版第1刷発行

著　者　　岡　本　史　紀
発行者　　阿　部　成　一

〒162-0041　東京都新宿区早稲田鶴巻町514番地
発行所　　株式会社 成 文 堂
電話 03(3203)9201(代)　Fax 03(3203)9206
http://www.seibundoh.co.jp

製版・印刷・製本　藤原印刷
©2016　S.Okamoto　Printed in Japan
☆乱丁・落丁本はおとりかえいたします☆
ISBN 978-4-7923-5066-6 C3034　　　　　検印省略

定価（本体2800円＋税）